일제하 한인지배층 연구

김 영 모 저

고 헌

머 리 말

일제는 1876년 한일수호조약(개항)과 정한론[1] 이래 꾸준히 조선 침략을 획책하여 왔다. 그 주요한 역사적 사건으로 갑신정변, 갑오개혁, 을미사변, 을사보호조약, 정미한일협약 등에서 찾아 볼 수 있다. 이러한 것을 검토하여 보면, '일제 지배 36년'이란 표현은 잘 못된 것 같다. 적어도 1905년 을사보호조약 이후 40여년간을 일제하 지배로 보아야 할 것이다.

그 이전에도 각종 협정서를 통하여 내정간섭, 통신권 등을 빼앗겼지만 1907년 한일협약 이후에는 일제 통감이 일인 차관 및 한인 고등관 등의 인사권과 시정개선, 법령제정을 비롯한 왕권(국권)을 장악하였기 때문이다. 특히 1895년 을미사변을 통하여 친청 민비세력을 거세한 후 일제는 대한제국에 각종의 조약체결과 이권을 독식하면서 친일세력을 형성하였다.

그리하여 저자는 일제 침략과정에 체결된 각종 한일간 협약 및 조약을 누가 주도하였는지, 그리고 그 당시의 내각 대신 등 관료지배층의 성격을 파악하는 것이 주요한 연구 목적이다. 그 뿐만 아니라 해방 후 한국사회 권력지배층의 사회적 기원이 주로 일제시 관료와 지주 부농에서 찾아 볼 수 있기 때문에 이에 대한 연구를 하지 않을 수 없었다. 또한, 갑오개혁의 핵심인 신분개혁과 관제개혁은 일제시 뿐만 아니라 오늘날 까지도 주요한 영향을 미치고 있기 때문이다.

한편, 상실되어 가는 왕권(국권)의 회복을 위하여, 특히 동학농민과 의병들의

---

1) 사이고 타카모리(西鄕隆盛)는 일본의 각료인 참의, 육군대신, 근위도독)가 주장한 정한론(征韓論)이 1973년 6월 12일 메이지(明治)정부의 묘의에 붙여진 후 일본 조야가 시끄러웠다. 사이고는 전국 2백만 이상의 몰락 사족(사무라이 계급)을 구하기 위하여 해외 원정밖에 없다는, 즉 조선왕조의 쇄국정책을 쳐야한다고 주장한 반면 다수의 대신들은 일본의 내정개혁론(문명개화, 부국강병)을 주장하였다. 명치 지배층은 다수가 하층 무사계급 출신이고 이들은 대부분 서구적 교육과 혁신적인 정치활동을 한, 교토(29.6%)와 사쓰마(17.5%)및 조슈(8.3%) 출신이다. 사이고 타카모리와 조선통감을 지낸 이토 히로부미 및 데라우찌 마사다께도 규슈(九州)출신이다.(Bernard Silberman, *Ministers of Modernization, Elite Mobility in the Meiji Restoration*, 1868~1873, The University of Arizona Press, 1964, pp.52, 60, 78)

반정부, 반일 항쟁이 치열하였는데 이들의 신분 및 항쟁의 성격을 동시에 규명할 필요성이 있었다. 이들은 국권상실에 대한 외세, 즉 일본 제국주의 침탈에 대한 반일, 반제 투쟁 뿐만 아니라 친일 관료지배층의 부정부패(매관매직, 탐관오리 등)에 대한 탄핵 운동이며, 동시에 자신들의 신분해방운동이었다. 다시 말하면 반봉건, 반외세의 민족해방운동이라 할 수 있다.

이러한 운동에 대하여 친일 봉건 관료지배층은 외세와 결탁하여 관군과 일본 헌병들로 하여금 동학 농민과 한말 의병들에 대한 대대적인 토벌을 무자비하게 진행하였다. 그러한 결과 일제는 1910년 '일한병합조약'을 강압적으로 체결하여 36년간 한반도를 식민지화 하였다.

일제와 조선 관료지배층이 조약 체결시 전제한, 조선의 자주권과 일본과의 평등권(강화도수호조약)을 보장하지 않고, 또한 조선이 부강할 때 까지 기다리지 않고(을사보호조약) 아예 잡아 먹어버린 것이다. 그리하여 일제는 한일합방에 주도적 역할을 한 관료지배층과 왕실 및 척신들을 조선 귀족으로 예우하고, 일반 관료를 초기에는 식민지 관료로 대부분 유임하였지만, 일제는 36년간 한민족의 고혈을 빨아 부강하였다.

이러한 식민지 착취에서 일제에 협력한 한인 관료 및 관료지배층(고등관)은 누구이며 이들은 어떻게 하여 형성되었는 가를 규명하는 것이 본 연구의 주요한 과제이다.

이러한 과제를 탐구하기 위하여 저자는 특히 일제시 관료지배층이라 볼 수 있는 한인 도지사와 참여관, 그리고 군수들의 사회적 배경을 분석하여 그 성격을 파악하여 보았다.[2] 그 뿐만 아니라 고등관료가 되려면 문관시험이나 중학 이상 전문 교육을 받아야 판임관 이상이 될 수 있기 때문에 고등관료를 가장 많이 배출한 경성제국대학과 경성고보, 경성중학 및 대구고보 졸업생들의 신분배경과 사회적 진출도 동시에 분석하여 보았다.

---

2) 저자가 사회적 배경분석에 의하여 권력 지배층 또는 정책 결정자를 연구하는 것은 현재까지 비교연구 결과에서 3가지 요인, 즉 ① 사회구조가 정치적 기회에 영향을 미치고, ② 퍼스낼리티 구조가 정치적 동기를 제공하며, ③ 정치적 기술이 정치적 성공도에 영향을 미친다는 가정에서 출발하였다.(Donald R. Matthews, *The Social Background of Political Decision-Makers*, Random House, N, Y., 1954, p.57)

이와 같이 갑오개혁 후 50여 년간의 관료지배층을 분석하여 보면, 일제시 전통적인 관료지배층(문관)은 합방후 실질적으로 정치권력에서 배제되었지만, 이들이 재계(대지주 또는 상공인 등)를 주도하였으며, 이러한 물질적 기반으로 친일 무관 출신들은 무사계급(사무라이) 출신인 통감 및 총독 통치하에서 승승장구 하여 일제가 한인지배층의 핵심이 되었다. 그리고 권력에서 배제된 조선귀족은 일제시 자손들이 유학 등 신제 교육을 통하여 식민지 관료 및 지식인 등 화이트 칼라로 재등장하고 있었다. 또한 관료지배층이 되려면 문관시험에 합격하거나 전문대학 출신이 되어야 하기 때문에 재력과 친일성이 강한 관공리와 지주부농 및 향리 출신들이 용이하게 상승 이동하고 있었다. 이러한 결과는 학벌주의와 소위 빽 및 연줄이 출세의 지름길로 인식하게 되었다.

저자는 오래전「한말지배층연구」와 '독립운동의 사회적 성격'을 발표한 바 있다.[3] 그 후 작성하여 발표한 3편의 논문[4]과 최근 새로 작성한 2편의 논문(비발표)을 본서에 게재한다. 그간 본 연구를 위하여 지원해 준 한국정신문화연구원 관계자 분들에게 먼저 깊은 감사를 드린다.

마지막으로 본 서에 소개된 사진은 대부분「사진으로 보는 한국 백년」(동아일보사, 1978)에서 채록하였다 특히 전산입력과 편집에 수고해 준 고헌복지재단 이지은 양에게 깊은 감사를 드린다.

2008년 3월

김 영 모

---

3) 김영모,「한말 지배층연구」, 서울대학교 한국문화연구소, 1972
「조선지배층연구」, 일조각 1977, 고헌 2002
독립운동의 사회적 성격,「아세아연구」, 통권 59호, 고려대 아세아문제 연구소, 1978,
「한국지배층연구」, 일조각, 1982

4) 김영모, 갑오개혁의 법제적 양상과 일제의 간섭,「한국의 사회와 문화」, 제 11집, 한국정신문화연구원, 1990
일제하의 지주계층,「한국의 사회와 문화」, 제 7집, 한국정신문화연구원, 1986
일제하의 사회정책,「한민족독립운동사」, 5, 국사편찬위원회, 1990

목 차

< 표 목차 >

제 1 장 갑오개혁의 주도세력과 일제의 간섭

관료의 신분(품계)

고종과 조신들

김홍집 총리대신

전봉준 동학 지도자

제 1 장 갑오개혁의 주도세력과 일제의 간섭

1. 서 론

조선왕조 말기에 무능하고 부패한 세도정권(풍양 조씨와 안동 김씨 및 여흥 민씨 등)을 타도하기 위하여 전국적으로 민란이 많이 일어났다. 또 이것을 조직한 동학당이 폐정개혁을 요구하며 반정부 투쟁을 전개하였다. 한편, 임오군란(1882년)을 계기로 친일 개화파와 친청 수구파의 갈등이 심하여[1] 마침내 개화당이 우정국 개청 축하연을 계기로 갑신정변(1884년 10월)을 일으켰다. 갑신정변이 일어난지 10여년만에 온건 개화파가 동학당과 개화당이 주장한 개혁안의 연장 선상에서 갑오개혁을 실시 하였다. 개화당이 일으킨 갑신정변은 비록 '3일 천하'를 이루었지만, 김옥균, 박영효, 홍영식 등이 15년전 일본에서 일어난 명치유신을 보고서 조선에서 문명개화와 부국강병을 위한 혁명(쿠데타)을 일으키게 된 것 같다.[2]

---

1) 갑신정변 전후의 개화당 및 보수당의 각료와 독립협회의 간부들의 출신 배경은 저자가 지은, 「조선지배층연구」(일조각/고헌, 1977/2002) 제 1편 제 1장 2절을 참조하고 정치적 갈등은 제 2편 제 1장을 참조하기 바람.

2) 갑신정변은 1868년 1월 3일 일본 교토에서 일어난 쿠데타, 즉 명치유신의 지도자들이 새로운 국가(문명개화와 부국강병)를 건설하려는 것에 큰 영향을 받은 것 같다.
갑신정변을 혁명(쿠데타)이라고 말한 것은 개화당이 우정국 사건을 계기로 친청 민비의 보수 세력(대제학 민태호, 협판 민영익, 병판 민영목, 예판 조영하, 협판 윤태준, 어용대장 한규직, 판윤 이조연 등)을 처단하고 개화당의 개각(영의정 이재원, 좌의정 홍영식, 전후영사 겸 좌포장 박영효, 호참 김옥균, 외무독판 서광범 등)을 발표하였으며(김옥균 원저, 조일문 역주,「갑신일록」, 건국대 출판부, 1997) 또한, 홍범 14조를 발표하였고, 미국 공사와 영국 및 독일의 영사가 왕을 모신 경의궁을 방문하는 등 3일 천하를 이루었기 때문이다. 그러나, 민비의 책동으로 청군(1,500명)이 왕궁을 포위 공

갑오개혁은 청일전쟁(1894년)에서 승리한 일제의 간섭에 의하여 당시에 뜻을 이루지 못한 개화세력(김홍집, 박영효, 어윤중 등)이 추진한 근대적 개혁이었다.

갑오개혁은 비록 '위로 부터의 혁명'이었지만, 그 개혁내용은 조선 왕조 말기에 일어났던 민란과 동학혁명 및 갑신혁명의 국정개혁안을 수용하였으며, 동시에 근대적인 서구문화, 즉 부르조아 문화를 모방한 개혁안이었다.[3)]

이러한 개혁내용(1, 2차 법제개혁)이 일제시 뿐만 아니라 해방후 한국의 모든 영역에 있어서 주요한 근대적 서구적 변화를 초래하였기 때문에 매우 중요한 의미를 지니고 있다.

이와 같은 갑오개혁에 대하여 지금까지 크게 두 가지의 견해가 있다. 하나는 일본인 학자들이 주로 주장하고 있는 견해로서, 그것은 일본이 봉건적 조선을 문명개화 시킨 근대적 개혁이었다고 한다. 반면, 한국사가들의 견해는 주로 일본이 조선을 군사적으로 점령하여 식민지화 시킨 과정으로 보는 것과, 또는 내외의 압력으로 조선의 상층 개혁파, 또는 일본의 간섭자가 단행한 것으로 보는 견해가 있다.[4)]

격하면서 왕궁을 호위하던 일본군(100명)은 일본 공사의 지시로 철수하여 갑신정변이 실패하였다. 갑신혁명에 참여하였던 홍영식(우정국 총판)을 비롯한 77명이 처단되었고, 김옥균, 박영효, 서광범 등 개화당 핵심 인사는 일본으로 망명하였다.

이광린은 개화당은 1879년 박규수와 유대치의 영향을 받은 김옥균, 박영효, 홍영식 등이 중심이 되어 양반관료 뿐만 아니라 중인, 무관, 승려 등이 참가한 근대적 성격을 지닌 집단이라고 하였다.(「개화당연구」, 일조각, 1975, p.65) 최근 박은숙은 개화당 핵심인사를 제외한 77명의 신분은 상한(常漢)이 전체의 51%이고, 나머지는 양반(13%), 중인(6%), 미상(30%)이라고 하면서 갑신정변은 반침략, 반봉건의 부르조아 혁명(강재언, 「조선근대사연구」, 일본평론사, 1970, p.130)이 아니라 아래로 부터의 개혁운동이라고 한다. (「갑신정변연구」, 역사문제연구소, 2003)

3) 갑신,갑오개혁의 성격을 북한에서는 '부르조아 개혁'이라고 말하고, 김인순 등도 그렇게 보고 있다.
이종현, 「근대조선역사」, 일송정, 1988, 제 3, 6장
최윤규, 「근현대 조선경제사」, 갈무지, 1988, 제 2, 3장
박종근 · 김인순 외, 「갑신, 갑오기의 근대적 변혁과 민족운동」, 청아출판사, 1983, p.250

4) 金雲泰, 「朝鮮王朝行政史」, 近代篇, 一潮閣, 1975, p.164

사실 이러한 개혁이 누구의 요구(주장)였으며 누가 어떠한 상황에서 주도적으로 추진했느냐 하는 것이 매우 중요하다. 그 뿐만 아니라 개혁의 내용이 과연 누구를 위한 것이었느냐를 규명하는 것도 매우 중요하다. 이러한 것이 규명된다면, 갑오개혁의 자율성 또는 타율성이 어느 정도 해명될 수 있고, 또 그것이 양면성을 지니고 있는 지를 알 수 있을 것이다.

그리하여 저자는 갑오개혁을 단순히 갑오년(1894년)에 이루어진 개혁 조치만을 다루지 않고 을미년(1895년)의 개혁 조치까지 포함하여 갑오개혁의 개념으로 파악하며, 나아가 갑오년 이전의 개혁조치 까지 함께 다루어 보면서 갑오개혁의 주도세력에 대한 올바른 이해를 하여 볼까 한다.

2. 갑오개혁의 추진체

갑오개혁은 1894년 6월 22일 대원군·김홍집의 연립정권이 들어선 후 군국기무처가 행한 일련의 개혁 조치와 1894년 10월 20일 김홍집·박영효의 연립내각이 들어서면서 중추원이 행한 일련의 제도적 개혁 조치를 말한다. 이러한 개혁 조치는 약 1년 동안 이루어졌는데 군국기무처는 초기 3개월 동안 약 210건의 제도 개혁 또는 정책 건의를 의결하였으며 중추원도 1985년 봄에 213건의 개혁안을 제정하였다. 선자를 갑오 1차 개혁이라 하고 후자를 갑오 2차 개혁이라 한다. 그리고 전자는 의안의 형식이 장정 또는 의정안이고 후자의 경우는 칙령 또는 법률이었다.

이러한 개혁안은 단시간에 엄청나게 많이 제정된 것이지만 내외 정국이 어수선 하여 이것이 제대로 실현되지는 못하였다. 그러나 이것은 일제가 우리나라에 침략할 수 있는 좋은 발판이 되었다.

저자는 갑오개혁을 1894년과 1895년에 있었던 일련의 개혁으로 규정하였기 때문에 갑오년의 개혁을 추진시키는데 중심적 역할을 한 군국기무처와 을미년의 개혁을 주도한 金弘集·朴泳孝의 연립내각, 그리고 갑오개혁 직전에 국왕에 의하여 자주적인 개혁을 시도한 교정청을 중심으로 당시의 개혁 주체가 누구였는 지를 파악하여 본다.

1) 교정청

1894년 6월 초 오오도리(大鳥) 공사의 내정개혁 요구에 의하여 조선정부가 파견한 申正熙・金嘉鎭(또는 金宗漢)・조민승과 협의한 개혁안이 제시되었을 때 고종은 긴급히 시원임 중신회의를 개최하였지만 이에 金弘集(判中樞府事)만이 찬동하고 金炳始(領敎寧府事)만이 반대하였다. 나머지 분들은 국왕의 결심에 따르는 것이었다. 또한 고종은 동학당의 폐정개혁안과 같은 내재적 요구 등이 있었기 때문에 묘당에 전교한 대로 누적된 폐정을 자주적으로 일신한다는 의미에서 1894년 6월 11일에 교정청이라는 내정개혁기구를 설치하였다. 그 총재관에 시원임 대신을 임명하고 6월 13일 교정청 당상에 15명과 랑청 2명을 임명하였다.

교정청이 설립된 것은 일본 공사가 일본 대군을 서울에 주둔시키면서 내정간섭을 하는데 대한 대응작용으로서 조선의 내정개혁을 스스로 행한다는 자주의식에서 나왔던 것으로 보아야 할 것이다.

이러한 자주의식은 왕의 전교와 12개 정치혁신 조항 등에서 찾아 볼 수 있다.

왕의 전교에서는 '국가재정이 어렵고 민생이 곤란하여 국가가 쇠약해 졌으나 이를 수습하지 않고 구습만 따르고 있다. 법은 해이되고 폐단은 고질화 되었으나 개혁하지 않고 상하는 안이하게 보고만 있다. 분발독려하고 정치를 일신하려는 생각에 일전에 나는 교서를 내린바 있으니 신료들은 마음을 다하여 따르고, 나의 뜻을 백성에게 알리도록 하라'고 하였다.[5)]

교정청이 의정한 12개 혁폐 조건은 다음과 같다.[6)]

① 세금을 많이 떼 먹은 자는 절대로 용서하지 말고 법대로 시행할 것.

② 공사채를 막론하고 가족에게 징수하는 일은 절대로 못하게 할 것.

③ 지방관은 그 관할지 내의 땅과 산소를 점유하지 말되 만일 위반했으면 땅을

---

5)「承政院日記」高宗 31년 6월 11일,
李光麟, 「韓國史講座」, 근대편, 一潮閣, 1984, p.315

6)「續陰晴史」갑오년 6월 24일

국가에 귀속하고 무덤은 파 옮길 것.

④ 빚의 소송이 30년 지난 것은 받아 들이지 말 것.

⑤ 각 읍의 아전을 뽑는 일은 신중히 부안(付案)대로 하되 한결 같이 순서대로 임명하고 만일 뇌물을 받거나 법에 위배 되면 장물죄로 처리할 것

⑥ 권세를 믿고 남의 무덤을 빼앗은 것은 엄금하며, 오래된 묘라도 하나 하나 적발하여 세금을 물릴 것.

⑦ 각 읍의 관수 물자는 시가에 따라 쓴 즉 중앙에 올리는 물건들도 시가대로 처리해 주고 관청에 예산도 삭감하도록 할 것.

⑧ 보부상 외에는 이름을 걸고 무리를 모으는 자는 엄히 금할 것.

⑨ 서울의 각 관청별 세금을 정할 때는 반드시 정부에 보고 하여야 하고 만일 사사로이 백성에게 세금을 거두면 엄히 탄핵할 것 임.

⑩ 토지의 원결 외에 배정을 하거나 호포 외에 거두는 것은 엄히 금하고 만일 적발되면 곧 논의해서 처리할 것.

⑪ 서울에 거주하면서 자기 고을의 일을 보는 사람(경주인)에게 무는 쌀은 옛날 예에 의해 시행하고 이십년 이래의 것에 더 추가하는 일은 없앨 것.

⑫ 지방 관청의 비용으로 사용하기 위해 백성들로 부터 모은 곡식의 창고를 없앨 것

교정청의 개혁 내용을 보면, 민폐를 제거하기 위하여 주로 지방 관리이 횡폭과 가렴주구를 금지 시키고, 이것을 주도하는 아전들의 선임을 부안대로 하여 지방민의 조직화를 예방하기 위한 것이다. 이러한 개혁 내용은 조선 말기에 극심하였던 향리의 토색과 민란을 예방하기 위한 민심 수습책으로 매우 소극적인 개혁내용이다.

그 밖에도 국왕의 명에 의하여 오오도리(大鳥) 공사의 개혁 요구에 대한 협상대표였던 신정희(독판내무부사)와 김종한 · 조인승(협판내무부사) 등은 연명으로 大鳥 공사에게 보낸 다음과 같은 글에서도 교정청 설립의 자주성을 엿볼 수 있다.

일본 정부의 권고는 감사하다. 그러나 조선 정부에서도 10년 이래 내정개혁의 필요성을 알고 점차 착수하였으나 아직 실효를 완전히 거두지 못한 때에 남도에서

민란이 일어나고, 또 다른 지방에서도 민요가 계속됨으로 차제에 개혁을 단행하고자 왕께서도 엄중한 칙령과 아울러 교정청을 설치하고 위원을 임명하였으나 아직 얼마 안되어 다만 쇄신의 정(政)을 볼 수 없었을 따름이다. 그런데 귀 공사가 대군을 주둔시키고 기한부로 간섭을 실행하려 함은 내정 간섭일 뿐만 아니라 병자수호조약도 귀 공사의 청구에 응한다면 조선과의 조약국들도 균점의 예에 따라 마음대로 요구할 터인 즉 조선의 자주의 체면을 상할까 두렵다. 대군 주둔은 민심을 소요케 하여 도저히 간섭의 목적을 달성할 수 없으니 개혁추진 방안강목과 분조규한책자(分條規限冊子) 등을 철회하고 주재 일군을 속히 철병할 것을 요구하며 개혁은 우리 자신이 하겠다.7)

<표 1> 교정청의 당상관과 낭청의 출신배경

현 직	성명	연령	본관	과거	외유	父직위	최종직	통리아문
지중추 부사	金永壽	65	광산	문		첨정	이판	
이조 판사	尹用求	41	해평	문		군수	이판	
호조 판서	朴定陽	53	반남	문	일 · 미	목사	총리대신	
병조 판서	閔泳奎		여흥	문		공참	의정대신	
한성 판윤	申正熙	61	평산	무		병판	병판	
대 호 군	李裕承							
〃	金晩基							
〃	趙鍾弼							
협판 내무부사	沈相薰							
대호군 협판내무부사	金宗漢	50	안동	문		이참		
〃	曺寅承							
〃	金恩轍		연안	문			이참 · 특진관	주사
예조 참판	朴容大	45	밀양	문				
개성부 유수	李容植					승지		
한성부 우윤	魚允中	46	함종	문	일 · 청		호판	
부 사 과	金珏鉉	30	광산	문		진사	협판	
〃	鄭寅杓	39	동래	문				

(비고) 1894년 6월 11일 현재

이러한 것을 보면, 국왕의 내정 개혁의지가 매우 강하였고 또 개혁내용에서도 밑으로 부터의 요구라 볼 수 있는 동학 농민군의 폐정개혁안의 일부

7) 「通理交涉通商衙門日記」, 高宗 31년 6월 14일, 「高宗時代史」3권, p.482

를 수용하고 있음을 알 수 있으며, 동시에 우리의 자주적 개혁의 실천을 주장하였음을 알 수 있다.

그러나, 교정청의 내정개혁 작업은 제대로 이루어지지 못하였다. 그것은 교정청의 당상관들이 칭병을 이유로 회의에 불참하고, 또 간섭 의지도 대단히 부족하였기 때문이다.

교정청의 당상과 개혁의지가 약하다는 것은 <표 1>에서 볼 수 있는 바와 같이 그들의 거의 대부분이 전형적인 문과 출신이고 명문 출신이기 때문이다. 비록 박정양과 어윤중과 같은 당상이 일·미 또는 일·청의 외유 경험이 있었지만 그들은 소수에 불과하였다. 이와 같이 소수의 개화세력이 있지만 대부분은 매우 보수적인 정치세력이다.

2) 군국기무처

군국기무처는 약 3개월 동안 41차의 회의에서 210건에 달하는 의안을 제정하였다. 이와 같이 많은 법령을 제정한 군국기무처는 갑오개혁을 추진한 초정부적 입법기관이라 할 수 있다.

군국기무처가 많은 개혁적 법령을 제정하였는데 과연 누가 이 기관을 만들었으며 이 기관의 기능이 무엇이며, 또 거기에 종사한 관료들은 어떠한 사회적 성격을 지니고 있는 지를 밝히게 되면 갑오개혁의 성격을 규명하는데 큰 도움이 될 것이다.

먼저 군국기무처의 형성과정을 검토하여 보자.

일본 정부는 친청파인 민씨 정권의 타도를 위하여 대원군을 내 세웠으나 그는 민씨 정권의 타도에 대해서는 이해를 같이 하지만 보수와 반일이라는 점에서는 민씨파와 동일한 것이었다. 그리하여 일본 정부는 자기들이 계획한 내정개혁을 추진하기 위하여 대원군을 실권에서 소외시킬 필요가 있었다. 그러한 대안으로 생기게 된 것이 군국기무처이었다.

1894년 6월 22일 杉村서기관은 대원군과 회견한 자리에서 서로 의견대립이 심해지자 영의정을 조속히 임명하되 김홍집이 최적임자이며 그 비서관에는 유길준 외 1명으로 하자고 제의한 데 대하여 대원군은 수락하였으며,

다시 杉村은 친정부 조직의 예비로서 하나의 평의회를 조직하여 군의를 통일하자고 제의한데 대하여서도 대원군은 이의를 제기하지 않았다고 한다.8) 이 평의회가 바로 군국기무처인 것이다.

<표 2> 군국기무처 회의원의 출신배경

현직	성명	연령	본관	과거	외유	부 직위	지관	동리 아문	피살	가족 관계	비고	1차 김홍집내각
영의정	金弘集	52	경주	문	일	이참	영의정	○	○		총재	총리대신
내무독판	朴定陽	53	반남	문	일미	목사	총리대신	○				학무대신
내무협판	閔泳達	36	여흥	문		군수	호조판서					내무대신
강화유수	金允植	59	청풍	문	청		외무대신	○			자작	외무대신
내무협판	金宗漢	51	안동	문		이판	예조판서				남작	궁내협판
장위사	趙義淵	38	평양	무	일청	경력	군부대신				남작	장아사
대호군	李允用	40	우봉		일	판사	군부대신			庶	남작	경무사
외무협판	金嘉鎭	48	안동	문	일	예판	군부대신			庶		외무협판
우포장	安駉壽	41	죽산	유학	일		군부대신		○	庶		경무사
내무참의	鄭敬源		연일	문			법부협판					학무대신
〃	朴準陽		반남				참의		○			
〃	李源競		전주				법부협판					
〃	金鶴羽	32	김해		청일		법부현판		○	庶		법무협판
〃	權瀅鎭		안동									
외무참의	兪吉濬	38	기계	유학	일미	동추	내협판		○			의정부,도헌
〃	金夏英		원주				참위	○				
공조참의	李應翼		전주	음			참위	○				
부호군	徐相集		대구	문	육영공원							

(비고) 1894년 6월 25일 성립

이러한 군국기무처는 총재에 영의정인 김홍집이 부임하였고 회의원 17명은 갑신정변 때와 같이 민씨 일파를 제외한 개화파·중간파·대원군파의 연합이었다. 인재의 이용이라는 면에서 김홍집·김윤식 등을 표면에 내세우고 있지만 실질적으로는 조의연, 안경수, 김가진, 유길준, 김학우, 권영진 등이 일본 세력을 배경으로 그 중심이 되어 있다. 오오도리(大鳥)공사는 군국기무처는 일본파, 즉 개화주의자를 집합한 것이라고 陸奧 외상에게 보고 하였다.9)

---

8) 杉村濬, 明治 27년 「在韓苦心錄」, 1944, pp.61~63

그러면, 군기청에 임명된 21명의 회의원은 어떠한 성격을 지녔는지를 그들의 경력과 출신배경을 중심으로 검토하여 보자.

<표 2>를 보면, 군기청의 회의원은 대부분 문과 및 명문 출신이고 일본과 청국에 외유의 경험이 있다는 것을 알 수 있으며, 또 1차 김홍집내각에 그들은 대신 또는 협판으로 들어 갔다는 것을 알 수 있다. 그 뿐만 아니라 이들 중에 젊은 층(30대와 40대)은 출신의 미상이 많고 서(庶)출신이 많다는 것을 알 수 있다. 그리고 이들 중에 10여년전 통리아문과 같은 개혁기구에 참여한 적이 있고, 또 타살에 의하여 천수를 다하지 못한 것을 알 수 있다.

군국기무처의 회의원은 1894년 6월 21일의 쿠데타 이후 대원군과 일본공사관 측의 배려로 발탁된 인물이 많기 때문에 자연히 친일 개화파와 대원군파로 구성되어 있으며, 특히 전자가 지배적인 세력이 되었다.

그 후 회의원이 추가되기도 하였으나(3명의 대원군파) 대원군파는 큰 힘이 없었으며 또 외직을 겸하기도 하여 실질적으로 군기청을 주도한 회의원은 11명이었을 것으로 추정한다.(즉 김홍집, 박정양, 김윤식, 어윤중, 김가진, 안경수, 조유연, 유길준, 김학우, 이윤용, 권재형이다.)[10]

이들의 공통된 특징은 다음과 같다.[11]

첫째, 그들은 갑신정변(1884년 12월)에 참여할 정도로 급진적인 친일개화파는 아니었지만, 1885~1894년간 조선의 내·외정을 감시했던 청국의 주차관 원세계(1860~1916)로 부터 친일 혹은 친미·친러시아파로 지목되어 정치적 박해를 받고 관계에서의 승진이 정지된 인물들로서 대체로 반청 독립사상이 강한 사람들이었다. 그들중 일부(김가진, 안경수, 권재형)는 일본 공사관의 신임이 두터운 소위 왜당이었고 다른 일부(박정양, 이윤용)는 미국 내지 러시아 공사관과 인연이 깊은 소위 친미·친러시아파였다.

둘째, 그들은(김가진, 이윤용을 제외하고) 19세기 조선의 정권을 농단했던 전주 이

---

9) 朴宗根 외, 「甲申甲午期의 近代的 改革과 民族運動」, 청아, 1986, pp.165~166.
田保橋潔은 하나의 평의회는 杉村濬, 岡本柳之助, 安駟壽, 兪吉濬 등과 협의한 후 만들었다고 한다(상게서, p.39),

10) 斥倭洋論者인 대원군은 개화파를 '附日賣國의 무리'라 하였고, 황현은「梅泉野錄」에서 '倭大臣'이라 하였다. 伊藤博文 編,「朝鮮交涉史料」, 中卷, p.635

11) 柳永益, 軍國機務處 議案의 分析, 「淸日戰爭과 韓日關係」, 一潮閣, 1985, pp.179~180

씨, 안동 김씨, 풍양 조씨 및 여흥 민씨 등 소위 세도 가문과 거리가 먼 한미한 가문 출신으로서 개인적인 능력으로서 출세한 업적지향형 인물들이었다. 특히 김홍집, 박정양, 김윤식, 어윤중, 조의연 등을 제외한 소장 인사들은 조선의 전통적 사회체제 내에서 고위 관직에로 출세가 불가능했던 양반의 서자이거나 과거에 등과하지 않고 외국유학 또는 외국 전문지식으로서 관계에 등용된 자들로서 조선 왕조의 신분체제 내지 정치체제에 대해 불만이 많은 인물이었다.

셋째, 그들의 거의 전부는 1894년 이전에 외교, 문화사절(신사유람단, 영선사, 보빙사 등)이나 유학생으로서 일본, 청국, 미국, 러시아 중 한 나라 이상에 유학한 경험이 있어서 외국어에 어느 정도 능통하고 근대적 문물에 선각한 인물로서 국내에서는 주로 외교통상 관계기관 혹은 기기국, 전환국, 연무공원과 같이 근대적 기관에 종사했던 인물들이었다. 그리고 군기청의 서기관(낭청)에 유정수(전 사과), 오세창(전 주사), 김인식(유학) 등이 임명되었는데 이들도 중인 등, 명문출신이 아니었다.

이러한 것을 본다면, 군기처에 핵심 인물은 비명문 출신에다가 외래문화에 접하였기 때문에 기존 체제에 대한 불만이 많고, 따라서 개혁적 성격을 많이 지녔다고 볼 수 있다.

당시(1884~1894)의 관료지배층(당상관)을 보면, 문과 출신이 전체의 67.2%이고 무과출신은 16.0%이며, 문음출신이 8.8%, 잡직출신이 0.8%, 미상이 7.1%이다.[12] 이러한 배경에 비하면 군기처 회의원의 신분배경은 매우 낮은 편이다. 물론 갑오개혁 이후 1910년간 당상관은 문과 출신이 44.5%이고, 무과출신(16.6%)과 잡과 출신(3.4%), 그리고 미상(28.7%)이 많은 것을 보면, 새로운 사회신분 출신이 대량으로 나타나고 이들이 사회개혁에 기여하고 있음을 알 수 있다.[13]

그러면, 1차 개혁시에 중추적 역할을 하였던 유길준의 경력 <표 3>을 통하여 군기처 의원의 사회적 성격을 보기로 하자.

유길준은 1856년 10월 24일 서울 계동에서 전통적인 양반 가문에서 태어났다. 자기의 조부 유치홍은 청송 부사를 지냈고 부 유진수는 진사출신으

12) 金泳謨, 「朝鮮支配層硏究」, 一潮閣, 1977, p.76
13) 상게서, p.76

로 동추를 지냈다. 그리고 매형 유정수도 탁지부 협판을 지냈고 형 유회준은 참봉, 동생 승준은 일본 유학(경응의숙, 명치법률학교)한 후 내무 협판과 충남도지사 등을 지냈다. 그의 아들 유만겸은 동경제국대학을 졸업하여 한일합방 후 충남도 참여관과 충북 도지사를 지냈다.

<표 3> 개화기 관료지식인의 유형

유길준 (본관 기계)	윤치호 (본관 해평)
1856 서울 계동에서 유진수(동추)의 차남으로 출생	1865 충남 아산에서 윤웅렬(협판)의 장남으로 출생
1864 가정 수학	1875 김정언에게 한문 수학(9세 서울 이주)
1869 외조 이경식(도정)에게 수학	1879 어윤중 문하에서 수학
1873 박규수(전 우상)의 지도로 배움	1881 어윤중 신사유람단 수행원, 同人社 입학
1881 어윤중 신사유람단 수행원	1883 네델란드 영사관에서 영어수학
동경 경응의숙에 입학	1885 갑신정변(부친 병판)으로 망명
1882 수신사 박영효와 귀국	상해 중서서원 입학
1883 통리교섭통상사무아문의 주사	1888 미국 벤더빌트대학 입학(24세)
견미사절의 수원으로 미국 시찰	1889 중서서원 본넬 교수로 부터 기독교인 세례
1884 메사추세츠주 담마학교 입학	1897 미국 에모리대 입학
1885 유럽 여행하고 홍콩, 일본 경유 귀국	1893 상해 중서서원 교사
1894 통리교섭통상아문의 주사, 참의	1895 10년만에 귀국, 의정부 참의, 학부협판(31세)
군국기무처 회원	1898 독립협회 회장, 중추원 부의장
보빙대사 의화군과 일본 시찰	1899 덕원 감리, 삼화 감리
1895 내각총서	1903 천안 군수, 외부 협판
내무협판	1906 대한자강회 회장, 한영서원 설립
내무대신	1912 부친 윤웅렬의 남작(사망)을 습작
1896 황제의 아관파천으로 일본 망명	1912 105인 사건 주모자(징역 6년 언도)
1907 순종 황제의 은유로 귀국	1916 조선중앙기독교청년회(YMCA) 총무, 회장(1920)
흥사단, 융희학교, 은로학교의 설립	1922 송도고보 교장
1908 한성부민회 회장	1928 조선체육회 회장
1909 경성상업회의소 고문, 사회단체의 고문	1938 조선군 사령부에 1만엔 국방헌금
1910 경성고아원장, 훈일등 태극대교장,	1939 조선지원병 후원회장(72세)
남작 거부	1941 연희전문학교 교장
1913 중앙학교장	1945 칙선 귀족원 의원
1914 사망, 사회장(59세)	1945 개성자택에서 사망(81세)

(자료) 「兪吉濬傳」　　(자료) 「윤치호 일기」

이러한 명문에서 태어나 일본, 미국 등 유학과 유럽 시찰을 통하여 근대적 식견을 지녔기 때문에 우리나라의 근대화를 위한 제도개혁이 절실하다는 것을 알게 되었을 것이고, 이것을 실천할 수 있는 요직(1차 개혁시 군기처 위원, 참의, 의정부 도헌, 그리고 2차 개혁시 내각 총서, 내부 협판, 대신)을 맡아서 갑오개혁을 가능하게 하였을 것이다. 그리하여 일제하에 그 형제와 자손들은 출세하였다.

윤치호는 비록 10여년 늦게 태어났지만 거의 같은 시대에 유사한 학력과 경력을 지니면서 부친의 망명 등에서 충격을 받아 이중적 성격의 개화인사가 되었다. 그는 소극적인 친일과 외유를 하면서 한말 개화세력과 깊은 유대를 갖는다. 그러나, 그는 말년에 결국 친일파가 되고 말았다.

그러면, 군국기무처는 과연 어떠한 기능을 할 수 있는 지 군국기무처의 조직과 기능을 보도록 하자.

군국기무처의 조직과 기능을 밝혀 주는 의안은 6월 26일에 기초된 「군국기무장정」과 6월 28일에 채택, 발표된 「의정부 관제」속의 군기처 조항, 그리고 군기처의 기능을 규정한 의정안(2건) 등이 있다.

「군국기무처장정」에 의하면, 군기청은 '회의군국기무처 일절경장지처'(會議軍國機務處 一切更張之處)로서 규정되어 있어서 독재적 권한을 가진 초정부적 입법기관이었다. 그러나, 이 장정은 고종, 대원군, 군기처 회의원간의 이견이 있었고, 일본 공사의 제지 등으로 공표된 일이 없었다. 따라서 공적 효력이 없었고, 단지 회의원간의 내규 정도로 활용된 것 같다. 그러나 며칠 후 의결, 공포된 「의정부 관제」의 군기처 조항에 다시금 규정되었는데 여기에서는 군기처가 '전의국내대소사무'(專議國內大小事務)를 할 수 있는 정책 의결 기관으로 의정부 산하 9개 기구 중에 수위 부서였다. 그 주요한 기능은 다음과 같다.14)

① 군기처는 군국의 기무 및 일체의 사무의 개혁을 관장한다.
② 군국의 기무는 본 처에서 의결한 후 품지 시행한다.
③ 본 처는 총재 1인, 부총재 1인, 의원 10인 이상 20인 이하, 서기관 2인 또는 3인을 둔다.
④ 기무처의 관장 사항은 다음과 같다.

14) 田保橋潔, '近代朝鮮た於ける 政治的 改革', 「근대 일선 관계연구」하권, pp.42~44

㉠ 경외 제 관아의 관제, ㉡ 주현의 직제, ㉢ 행정, 사법에 관한 일체의 규칙, ㉣ 전부화세(田賦貨稅) 및 각 항의 재정에 관한 일체의 규칙, ㉤ 학정, ㉥ 군정, ㉦ 식산·홍업 및 영상에 관한 일체의 사무, 이상 각 항 이외 모든 군국에 관련된 일체의 사무는 모두 회의에 상의할 것.

⑤ 기무처 회의는 회의원 반수 이상이 왔을 때 개회할 것.

⑥ 회의원이 심의하는 것은 가부의 다수에 의하여 결정함.

⑦ 본처의 의사는 의장, 부의장 및 회의원이 이를 제안하며 회의에 부칠 필요가 인정될 때는 별도로 기초의원으로 하여금 의안을 기초케 함.

⑧ 각 아문의 일체 사무는 회의의 작개하는 바에 따라 타정할 것, 해당 장관별로 상의하여야 할 사건이 있으면 초본을 개구하여 자신이 회의에 출석하고 혹은 속원을 파견하여 설명, 응답케 할 것.

이러한 것을 보면, 군기처는 국가정책을 결정하는 매우 민주적인 최고 의결기관이라는 것을 알 수 있지만 과연 이러한 민주적인 방식에 의하여 운영되었는 지는 의문이 간다. 왜냐하면 당시의 정치문화적 배경도 있지만 오오도리(大鳥) 공사가 군기처의 고문이었고 또한 군기처가 杉村서기관, 岡本柳之助, 안경수, 유길준 등과 협의하여 발상되었기 때문에 이들의 입김이 크게 작용한 것 같다. 유길준은 서양견문에서 구미의 의회제도를 연상할 수 있었을 것이고, 또 일본의 원로원(1875년 6월 3일 설치, 1890년 9월 7일 폐지)이나 추밀원(1888년 3월 18일 설치)의 관제를 모방할 수 있었을 것으로 생각한다.

이와 같이 막강한 힘을 가진 군기처는 보수적인 왕실과 대원군의 입김을 벗어나기 위하여 만든 것이었다. 또 국정개혁을 급속히 추진하기 위하여 일본파, 개혁파의 협조하에 이루어졌기 때문에 일본의 간섭이 없었던 것이 아니다.

3) 김홍집·박영효의 연립 내각

1차 갑오개혁이 군국기무처에 의하여 이루어지고 있었으나 대원군의 소극적인 자세 등으로 내정 개혁의 실효를 거두지 못하게 되고, 또 청일전쟁을 일으켜 일본이 득세하게 되자 일본 정부는 주한공사 大鳥圭介를 소환하고 이미 강화도 조약 및 갑신정변 등으로 조선에서 경험이 많은 일본 내무대신 이노우에(井上馨)를 주한공사에 임명하여 조선의 내정개혁에 박차를 가하였다. 사실 일본은 그간 이권 획득을 위한 잠정회동 조관(暫定會同 條款)과 조선의 자유, 독립을 핑계로 한 청국에 대한 군사동맹인 조·일맹약을 체결하여 동학 농민전쟁에서 볼 수 있듯이 우리나라 국민의 반일감정을 매우 자극시켰다.

이러한 상황에서 井上馨은 내정간섭에 장애가 되는 대원군을 퇴진시키고 갑오정변으로 일본에 망명하였던 박영효를 귀국시켜 서광범과 함께 대역부도의 죄를 사면시켜 주었다. 그리하여 총리대신 김홍집과 국왕 및 민비의 후원을 받는 박영효와 상의하여 각 대신 및 협판의 인선을 하였다.

<표 4>와 같이 소위 김홍집·박영효의 연립내각이 1894년 11월 21일에 탄생하였다.

제 2차 김홍집 내각(소위 연립내각)의 대신과 협판은 다음과 같은 특성을 지니고 있다.

첫째, 그들의 평균 연령이 과거에 비하여 매우 젊다.

둘째, 그들의 거의 대부분이 명문출신으로서 문과에 합격한 전형적인 엘리뜨이다.

셋째, 이들의 거의 대부분이 특히 일본에 외유 경험이 있는 개화세력이다.

넷째, 이들의 대부분이 갑신정변 및 군국기무처에 참여한 경험을 지니고 있다.

이러한 특성을 본다면, 군국기무처의 위원들에 비하면 보다 친일적인 개화세력이라는 것을 알 수 있고 10여년 전 갑신정변의 꿈을 실현시킬 수 있는 호기회라고 볼 수 있다.

당시의 연립내각이 김홍집 총리대신을 중심으로 한 온건한 개화세력이 다수이지만 사실은 일본공사와 국왕 및 민비의 후원을 받는 내무대신 박영효가 2차 갑오개혁의 주도적 역할을 하였다고 볼 수 있다. 2차 개혁안 213

건 중에 63건을 박영효가 서명하였다.

박영효는 갑신정변으로 말미암아 비록 오랫동안 일본에 망명을 하였지만 그는 철종의 부마였고, 또 왕실과 일본의 강력한 지원이 있었기 때문에 김홍직 총리대신 보다도 실세였다고 볼 수 있다.

한편, 2차 갑오개혁의 주도적 역할을 이노우에(井上)공사와 일인 고문관 등 일제의 간섭에서 찾는 경우도 있다.[15] 井上公使가 부임한 이래 대원군을 정권에서 퇴임시키고 군국기무처를 폐지시키며 고종의 친정체제를 확립시켜 박영효 중심의 내각을 조직하였다. 또 각 아문에 일본인 고문관을 배속시켰다.

<표 4> 제 2차 김홍집 내각 각료의 출신배경

현직	성명	연령	본관	과거	외유	부 직위	종직	통리 아문	교징청	군기처	피살	비고
총리대신	金弘集	52	경주	문	일	이참	영상	참판		영상	○	총재
탁지대신	魚允中	46	함종	문	일·청		호판		한성우윤			
학무대신	朴定陽	53	반남	문	일·미	목사	총리대신		호판	내부독판		
궁내대신	李載冕	50	전주	문		대원군	영사			강화유수		
외무대신	金允植	59	청풍	문	청	학생	총리대신					자작
내무대신	朴泳孝		반남		일		대신					후작
군무대신	趙義淵	38	평양	무	일·청	경력	군부대신			장아사		남작
법무대신	徐光範	35	대구	문	일·미	참판	법부대신					
공무대신	申箕善	43	평산	문			군·법부대신					
농상대신	嚴世永	63	영월	문	일		판윤					
내무협판	李重夏	48	전주	문		현감						
외무협판	李完用	36	우봉	문	일	판서	총리대신					후작
탁지협판	安駉壽	41	죽산	일유학	일		군부대신			우포장		
학무협판	高永喜	45	제주	역	일		탁지·법무대신					남작
군무협판	權在衡									내무참의		
법무협판	鄭敬源		영일	문			법부협판			외무협판		
공무협판	金嘉鎭	48	안동	문	일	예판	군부대신					남작
농상협판	李采淵		경주	문								
경무사	尹雄烈	54	파평	무	일	현령	군부대신					남작

(비고) 1894년 11월 21일 성립

15) 원유한, 윤병석,「한국사 대계」, 조선말기, 1973, pp.89~90

예컨대 내각에 石塚英藏(일본 법제국 참사관), 내무에 齋藤修一郞(전 농상무차관), 탁지에 仁屋惟茂(대장성 주세관), 군무에 岡本柳之助(전 육군소좌), 楠瀨辛彦(일본공사관, 육군중좌), 법무에 星亭(전 중의원의장), 경무에 武久克造(외무성 경시) 등이다. 외무의 미국인(그레이크 하우스)를 제외하면 일인 고문관이 전부를 차지한다. 그리고 내각에 일본에 유학한 조선인 관료들이 많이 있어서 이들의 실질적 역할이 가능했다고 볼 수 있다. 그러나 이에 대하여 비판적인 견해는 1895년 4월 10일 3국 간섭으로 요동반도의 환부가 있게 되면서 일본인의 위신이 떨어져 일본인 고문관들이 감히 개혁안을 제시하지 못하였다고 한다.16)

그러나 당시의 역사적 상황, 즉 일본의 침략성을 고려한다면 과연 군기처 및 연립내각을 통한 자주적 개혁이 가능했을까 하는 의문이 간다. 예컨대 1895년 7월 명성황후가 주한공사 三浦梧樓(전직 육군중장)의 지시와 岡本柳之助(전 육군소좌, 한국 황실 고문)의 지휘하에 일본 군대와 낭인배들에 의하여 비참하게 시해된 사실에서 그 당시의 역사적 배경을 이해할 수 있을 것이다.

2차 개혁을 추진한 중추원은 종전의 군무기무처를 통합시켰으나 그 기능을 그렇게 강하지 못하였던 것 같다.

1895년 3월 22일 제정된 중추원 관제 및 사무장정(칙령 제 40호)의 주요한 내용은 다음과 같다.17)

제 1조 중추원은 내각의 자문에 응하여 법률 칙령안과 임시로 내각에 자문하는 사항을 심의 의정한다.

제 2조 중추원은 의장 1인, 부의장 1인(칙임), 의관 50인 이하(1등 주임의관, 2, 3등 참서의 관), 참서관 2인 이하(주임), 주사 4인(판임)의 직원을 둔다.

제 3조 의장, 부의장 및 의관은 칙임관의 직에 있던 자, 국가에 공로가 있는자, 정치, 법률, 이재의 학식에 통달한 자로 내각 회의를 거쳐 내각 총리대신의 주청으로 칙선함.

---

16) Lew Young Ick, *Op. cit,* 이광린, 전게서, p.344

17) 「高宗實錄」, 高宗 32년 7월 2일

제 4조 의장은 중추원에 속하는 일체 사무를 총괄하고 중추원이 보내는 일체 공무에 서명함.

제 5조 참서관은 의장의 지휘를 받들어 중추원의 상무를 관장함.

제 6조 주사는 상관의 지휘를 받아 서무에 종사함.

제 7조 의안은 반드시 내각으로 부터 교부함.

제 8조 중추원 회의에서 의안 자체를 부결하든가 약혹첨삭 수정을 행하더라도 내각에서 원안대로 시행하는 필요가 있을 때는 상주하여 재가 받아 시행 함.

제 9조 법률 칙령을 급시하기를 요하여 중추원에 자문할 시한이 없는 경우는 발표한 후 내각으로 하여금 동원의 검시에 부함.

제 10조 중추원은 법률 칙령의 제정 및 개정에 관하여 내각 총리대신에게 건의함.

제 11조 국무대신이 의안을 명하여 그 주임하는 사항을 내각의 위원으로서 중추원에 가서 의안의 이취를 변명케 함.

제 12조 국무대신 및 협판은 중추원에 내회하여 의관으로 참석할 수 있으나 주임사항의 결의권이 없음.

제 13조 본령은 개국 504년 4월 1일 부터 시행함.

이러한 것을 보면, 중추원이 관선 입법적 기능을 갖고 있으나 주로 내각의 영향권에 있었기 때문에 근대적 입법 기능을 다 하지 못하였다.

3. 갑오개혁의 역사적 배경

갑오개혁을 추진한 사람이 누구이냐에 대하여 올바르게 지적한다는 것은 매우 어려운 것이다. 갑오개혁을 추진한 공식적 기구는 고종시대에 대원군과 김홍집의 연립정부가 조직한 군국기무처이다. 따라서 기무처의 회의원들이 주도적 역할을 하였으리라고 생각하기 쉽다. 그러나, 그 이전에 우리나라의 내정개혁을 위한 정치적 · 사회적 개혁운동이 강력히 존재하였고, 또한 일본의 간섭이 집요하게 존재하였다.

그러한 것의 대표적인 것으로 갑오개혁이 있기 10여년 전 개화당이 중심이 된 갑신정변이 있었고, 19세기 후반에 광범위하게 전개되었던 소위 민란, 특히 동학혁명이 있었다. 이러한 혁명을 통하여 갑신정변시 신 내각의 14개조 혁신정책과 동학당의 폐정개혁 12개 조가 제시되었다. 한편, 1894년에 일제는 고종에게 주한 일본공사인 大鳥圭介가 내정개혁안 5개조를 건의하고 井上馨도 내정 개혁안 20개 조를 제시한 바 있다.

이러한 것을 본다면, 갑오개혁이 단순히 1894년 군기처에 의하여 이루어진 것이라기 보다는 그것이 역사적, 사회적, 정치적 필요성에 의하여 이루어졌다는 것을 알 수 있다. 물론 이러한 개혁의 필요성이 왕과 정부에 의하여 인정되고 수용된 직접적 동기가 없는 것은 아니지만 그 만큼 내정개혁의 필요성은 성숙되었던 것이다. 그리하여 김홍집은 일본과 연합하여, 동학농민군의 요구를 일부 수용하면서 탄압하여 소위 위로부터의 개혁을 추진하였다.

이러한 필요성을 침략사관의 입장에서 본다면 개항, 정한론, 차관, 유학생, 청일전쟁, 내정 개입 등에서 찾아 볼 수 있을 것이고, 또 한편 민족사관의 입장에서 본다면 실학, 개화당, 갑신정변, 통리아문, 동학농민혁명 등에서 찾아 볼 수 있을 것이다. 이러한 역사적 사실이 조선시대에 분명히 있었던 것이다. 그러한 것에서 요구된 내정 개혁이 갑오개혁의 경우와 일치하느냐, 아니면 다르냐 하는 것이다. 따라서 이들의 주요한 주장을 통하여 갑오개혁의 그것과 비교하여 봄으로써 그 성격을 분명히 할 수 있다.

이와 같이 갑오개혁은 다양한 정치적, 사회적 세력이 그 필요성을 주장하였다. 그 필요성은 첫째로 '위로 부터의 개혁'이라고 볼 수 있는 개화당의 요구이고, 둘째는 '아래로 부터의 개혁'이라고 볼 수 있는 동학당의 요구이며, 셋째는 '외부로 부터의 개혁'이라고 볼 수 있는 일본의 간섭이라고 볼 수 있다.

1) 위로 부터의 개혁

위로 부터의 개혁안은 개화당의 주장에서 찾아 볼 수 있다. 개화당을 주도한 김옥균이 갑신정변시 공표한 정령을 후에 기억하여 기록한 것이 14개조인데 그것은 다음과 같다.[18)]

① 대원군을 조속히 귀국케 하고 청국에 대한 조공허례를 폐지할 것
② 문벌을 폐지하고 인민 평등의 권(權)을 제정하고 재능에 의해 인재를 등용할 것.
③ 전국의 지조법(地租法)을 개혁하여 간리를 근절하고 국민을 구제하고 국가재정을 충실하게 할 것.
④ 내시부를 폐지하고 그 중에 재능 있는 자 만을 허통하여 등용할 것.
⑤ 그 동안 국가에 해독을 끼친 탐관오리 중에서 가장 심한 자를 처벌 할 것,
⑥ 각 도의 환상(還上)을 영구히 면제할 것.
⑦ 규장각을 폐지할 것
⑧ 조속히 순사를 두어 도적을 방지할 것.
⑨ 해상 공국을 혁파할 것
⑩ 그 동안 유배 또는 금고된 죄인을 다시 조사하여 석방할 것
⑪ 4영을 합쳐 일영으로 하되, 궁중에서 장정을 선발하여 근위대를 조속히 설치하고 육군대장은 왕세자로 정할 것.
⑫ 일체의 국가재성은 호조로 하여금 관할케 하고 그 밖의 재무관청은 폐지할 것
⑬ 대신과 참찬은 날짜를 정하여 의정부에서 회의하고 정령을 의정, 공포할 것.
⑭ 의정부 6조 이외 일체 불필요한 관청을 혁파하되 대신, 참찬으로 하여금 이를 심의하여 품계토록 할 것.

이러한 정황을 보면, 개화당이 무엇보다도 청국으로 부터의 자주독립을 열망하고 양반관료 지배사회의 모순인 문벌, 탐관오리, 매관매직, 궁민, 지조법 등의 사회적·경제적 개혁을 통하여 국가재정·치안이 확립된 근대국가를 건설하려는 개혁의지가 강하게 나타나고 있음을 알 수 있다. 이러한 의지는 실학 및 개화세력의 전통을 이어 오는 우리나라의 근대적 관료지식인에 의한 변혁을 의미하는 것이다.

2) 아래로 부터의 개혁

밑으로 부터의 개혁안은 동학당의 폐정개혁안에서 찾아 볼 수 있다.[19]

---

18) 李光麟, 「開化黨硏究」, 一潮閣, 1975, p.167
金玉均, 趙一文 역, 「甲申日錄」, 건국대 출판부, 1977, pp.98~100
19) 한우근, 동학군의 폐정개혁안 검토,「역사학보」, 제 23집, pp.55~69

동학당의 폐정개혁안은 여러 가지가 있으나[20] 동학군이 전라도 일대를 장악한 후 집강소를 설치하고 직접 서정지침을 제시하였는데 그것은 다음에 소개하는 12개 조의 내용이다.[21]

① 도인과 정부간의 반감을 씻어버리고 서정에 협력할 일.
② 탐관오리는 그 죄목을 사득하여 일일이 엄징할 일.
③ 횡폭한 부호배는 엄징할 일.
④ 불량한 유림과 양반배는 징벌할 일.
⑤ 노비문서는 소각할 일.
⑥ 칠반천인의 대우는 개선하고 백정두상에 평양립은 벗어 버릴 일
⑦ 청춘 과부는 재혼을 허락할 일.
⑧ 무명 잡세는 모두 폐지할 일.
⑨ 관리 채용은 지벌을 타파하고 인재를 등용할 일.
⑩ 왜(倭)와 간통하는 자는 엄징할 일.
⑪ 공사채를 막론하고 그 이전의 것은 모두 무효화 할 일.
⑫ 토지는 평균적으로 분작케 하는 일.

이러한 폐정개혁안을 보면, 동학혁명이 왜 일어났는지를 짐작할 수 있다. 따라서 이들의 정치적 요구는 봉건사회의 여러 가지 모순과 비리를 제거하기 위한 것이다. 다시 말하면 반봉건, 반제운동이 바로 동학혁명의 목적인 것이다. 이것은 개화당의 요구보다도 훨씬 진보적 성격을 지니고 있다.

3) 외부의 간섭

외부로 부터의 개혁요구는 일제의 간섭을 의미한다. 일본의 간섭은 주로

20) 金仁順 외, '조선에 있어서 1894년 내정개혁 연구', 「갑신갑오기의 근대변혁과 민족운동」, 청아출판사, 1986, pp.181~182
21) 吳知泳, 「동학사」, 영창서관, 1940, pp.126~127
신용하,「동학과 갑오농민전쟁 연구」, 일조각, 1993, 제 6장
동학도가 전주성을 퇴각한 이후 장성에서 전라감사 金鶴鎭에게 제시한 13개 조와 전주성을 점령한 전후에 순변사 이지회에게 제시한 14개 조 및 24개 조의 폐정개혁안이 있다.(申福龍, 「동학당연구」, 탐구당, 1973, pp.208~111)

일본 공사인 오오도리(大鳥圭介)와 이노우에(井上馨) 등이 조선 정부에 제시한 내정개혁안에서 찾아 볼 수 있다.

이 내정개혁안은 1894년 5월 12일 일본 각의(수상 이등박문)에서 결정된 조선국 내정개혁안에 기초하여 있다.[22] 이 개혁안은 조선사변의 난민 진정과 난민 평정 후에 ① 재정을 조사할 것, ② 중앙정부 및 지방에 있어서 용관(冗官)을 도태할 것, ③ 군대를 개편하고 국내의 안녕질서를 유지하는데 충족한 생활사업 진흥에 필요한 자금에 충당할 것 등이다. 이것은 오오도리(大鳥) 공사가 제시한 내정간섭 사안강령과 매우 유사하다.

1894년 5월 23일 大鳥圭介가 고종을 알현하여 내정 간섭을 상주하고 동시에 조선측 대표(조사의원)를 파견하여 일본공사와 협의하도록 요구하였다.

일본 大鳥 공사가 제시한 내정간섭 사안강령 세목은 다음과 같다.[23]

제 1조 중앙 정부의 제도 및 지방제도를 개정하고 인재를 채용할 것.

① 관사(官司)의 직수를 명백히 할 것.

내치 외교를 총리하는 기무는 이를 모두 의정부에 복구하고 육조 판서로 하여금 각각 그 직분을 지키게 하고 세도집권의 폐정을 폐지힐 것.

내외 성부와 궁중 사무를 분명하게 구별하여 궁중에 봉사하는 관리는 일체 정무에 간섭하지 못하게 할 것.

② 외국 교섭상무의 일은 중요하며 국가에 대신하여 그 책임에 당하는 대신으로서 이것을 주재하게 할 것.

③ 정사를 시행하는데 필요한 관아만을 존립시키고 나머지는 모두 폐지하고, 또한 갑 관아의 사무를 을 관아에 합병하여 간편하게 할 것.

④ 현재의 부군현치는 그 수가 과다하면 마땅히 작량하여 이를 폐합하여 민치에 방해되지 않도록 소수에 그치게 할 것.

⑤ 사무 집행에 필요한 관원을 두고 그 나머지 쓸데 없는 인원은 도태시킬 것.

⑥ 종전의 격식을 타파하고 널리 인재를 등용하도록 개방할 것.

---

22) 田保橋潔, 「近代日鮮關係硏究」, 하권, pp.343~344

23) 「統理交涉通商事務衙門日記」, 高宗 31년 6월 9일~10일
「日本外交文書」27-1권, 396호 明治 27년 7월 9일,
「高宗時代史」3, pp.477~478

⑦ 매관의 악폐를 철폐할 것.

⑧ 시세를 참작하여 관리의 봉급을 정하여 생계에 도움이 되고 청렴을 기르는데 충족하게 할 것.

⑨ 대소 관리의 수뢰색전의 악습을 엄금할 것.

⑩ 지방 관리의 정폐를 교정하는 법을 설치할 것.

제 2조 재정을 정리하여 부원(富源)을 개발할 것.

① 국가의 수입 지출을 조사하여 그 제도를 정할 것.

② 회계 출납을 엄정히 할 것.

③ 화폐제도를 개정할 것.

④ 각 도의 전묘를 정사하여 조세를 개정할 것.

⑤ 기타 제 세법을 개정하여 신세를 설정할 것.

⑥ 불필요한 지출을 줄이고 아울러 수입 증가의 방법을 강구할 것.

⑦ 국도 통행을 확충 개수하고 아울러 경성과 중요 항구간에 철도를 건설하여 전국의 중요 성시에 통하는 전신을 가설함으로서 통신 왕래의 편리를 도모할 것.

⑧ 각 개항장에 있는 세관은 한결 같이 조선 정부가 스스로 관리하고 타국의 관여를 불허할 것.

제 3조 법률을 정돈하고 재판법을 개정할 것.

① 구법 중 시대에 적합지 않는 것은 이를 혁파하거나 혹은 신법을 제정할 것.

② 재판법을 개정하여 사법의 공정함을 명확히 할 것.

제 4조 국내외 민란을 진정하여 안녕을 보장하는데 필요한 병비 및 경찰을 설치할 것.

① 사관을 양성할 것.

② 구식 수육병은 일체 폐하고 재력이 허용되는 범위 내에서 신식병을 설치할 것.

③ 경성 및 각 성읍에 엄정한 경찰을 설치할 것.

제 5조 교육제도를 확정할 것.

① 시세를 참작하여 학제를 새로 정하고 각 지방에 소학교를 설립하여 자제를 교육할 것.

② 소학교의 설립 준비를 기다려 점차 중학 및 대학을 설립할 것.

③ 학생 중 준수한 자를 선발하여 외국에 유학시킬 것.

위에서 보는 바와 같이, 이것은 7월 3일 제출된 大鳥 공사의 5개 조를 대 항목으로 하고 陸奧 대신이 7개 조 및 내훈·사신을 대 항목에 따라 배열한 것이다. 이 개혁안은 왕권을 약화시키기 위한 것이 가장 중요한 목적이었고, 그 밖에 인재등용과 재정정규 및 경찰제도 등을 확립하는데 있었던 것 같다. 이것은 개화당과 동학당의 개혁안에 비하면 주로 행정적 개혁으로 우리의 정치적·사회적 요구와는 거리가 대단히 멀었다. 다시 말하면 일제가 조선을 침탁하는데 있어서 필요한 권력과 재정 등의 재편성에 주된 관심을 지녔다.

이러한 大鳥 공사의 내정개혁안에 대하여, 심지어 그 시행 기한을 명시하여 줄 것을 요청하는데 대하여 申正熙(무과 출신)는 내정간섭이라고 하면서 이것은 병자수호조약의 1조, '자주지방'에 어긋난 짓이라 하여 거절하였다.[24]

또한, 독판교섭통상사무 조병직도 일본 大鳥 공사에게 대군을 도하에 주둔시키고 내정간섭안을 강제함은 근면후의에서 나왔다고 할지라도 화평의 본지에 어긋나는 것이라고 지적하고, 동 공사가 먼저 주둔병을 철수시키고 화목을 분명하게 히면 우리나라도 진력·강구하여 차차 조치할 것이라고 하였다. 이러한 논지는 독판내무부사 신정희와, 협판내무부사 김종한(김가진), 조인승 등도 연명으로 항의한 적이 있다.[25]

그렇지만, 조선 정부는 부득이 동년 6월 5일 신정희, 김가진, 조인승의 3인을 위원으로 임명하여 일본 공사와 협의케 하였다.[26] 신정희는 비록 무반의 출신이지만 김가진은 문반 출신으로 일본에 외유한 경험이 있으며 조인승은 그 신분이 미상이다.

이러한 大鳥 공사의 내정간섭안에 대하여 당시 시원임 중신회의에서 김홍집만 찬성을 하였고 김병시만 반대하였지만 대부분의 중신들은 국왕의 결

---

24) 「統理交涉通商事務衙門日記」, 高宗 31년 6월 13일
25) 상게서, 高宗 31년 6월 14일,
「日本外交文書」27권 411호, 明治 27년 7월 18일
26) 조선사 및 한국계년사에 따르면. 申正熙, 曺雲承, 金嘉鎭 대신 金宗漢(內協, 禮參) 이라고 한다.

심에 따르는 입장이었다.

그리하여 고종은 동학란 등에서 볼 수 있었던 폐정개혁의 요구가 있었고 李鴻章의 권유도 있고 하여 교정청을 설치하였다. 이 교정청은 고종이 묘당에 정교한 대로 폐정을 개혁하기 위한 기구이다.[27] 이 교정청에는 시원임 대신을 총재관으로 임명하고 당상관 15명과 낭청 2명을 임명하였다. 그러나 교정청의 당상관으로 임명된 사람의 대부분은 전형적 보수주의자이고 시류에 휩쓸리려 하지 않는 보신주의자들이었다. 그들의 대부분은 교정청의 회의에 칭병을 이유로 참석하지 않았기 때문에 자주적인 개혁이 어려웠다.

한편, 조선 정부가 파견한 3인은 노인정에서 일본측과의 3차 회의에서 강경한 태도로 내정간섭 전에 일군을 철거시키고 개혁실시 기한의 철회를 요구하였으며, 또한 교정청의 설치로 자주적 내정개혁이 있을 것이라고 주장하였으나, 大鳥 공사는 이를 거부하고 예정대로 군사행동을 실시하였다. 1894년 6월 21일 새벽에 일군 2개 대대는 경복궁을 칩입하여 왕과 왕비를 감금하였으며 여단주력은 경성내 조선군의 무장을 해체시키고 민비정권 대신에 대원군을 집정케 하였다. 즉 고종은 서정과 군무는 대원군의 재결을 받으라고 전교를 내리고 정부 요직을 친일계 내지 중립계로 경질함으로써 대원군 정부는 조직되었다.[28] 즉 대원군을 수반으로 하여 김가진(외협), 안경수(우포장), 조의연(장위사), 유길준(외상) 등 친일 인사와 그 밖에 일본에 유학한 어윤중(선해당상)과 일본과 교섭한 경험이 있는 신정희(통위사) 등으로 구성 되었다. 친일 인사들은 신 정권의 성립에 공적이 컸고 비교적 해외 사정에도 밝으며 영어, 일어 등을 해독하고 있음으로 내정 간섭에 있어서 일인들은 이들에게 크게 의존하였던 것이다.[29]

대원군은 민비 정권의 타도에 있어서 일본 정부와 동일한 이해관계를 가지고 있었지만 내정간섭에 있어서는 생각이 달랐다. 그리하여 杉村서기관, 岡本柳之助 등은 당시의 형편으로 대원군을 정권으로 부터 추방하기 곤란하

27) 「日省錄」, 高宗 甲午年 6월 6일
28) 「高宗·純宗實錄」(중) 甲午年 6월 21일, 「日省錄」, 高宗 甲午年 6월 22일
29) 金雲泰, 상게서, pp.171~172

기 때문에 새로운 개혁기구로서 군국기무처를 구상, 설치하게 된 것이다.

이러한 군기처가 1차 갑오개혁을 실천하는데 중추적 역할을 하였다.

그러나, 2차 갑오개혁은 大鳥圭介 공사의 후임으로 부임한 井上馨 공사의 적극적인 내정 간섭의 요구에서 비롯되었고 또 친일적인 김홍집, 박영효의 연립내각에 의하여 가능하였던 것이다.

井上 공사는 1차 개혁을 반대해 온 대원군을 술책에 의하여 정권에서 퇴진시키고 이틀 뒤인 1894년 10월 23일 국왕을 알현하고 20개 조의 내정간섭 강령을 받아들이도록 강요하였다. 그 내용은 다음과 같다.30)

① 정권은 모두 하나의 일도(一途)에서 나와야 함.
② 국왕은 정무친재의 권이 있으며 또한 법령 준수의 의무가 있음.
③ 왕실 사무는 국정으로 부터 분리되어야 함.
④ 왕실의 조직을 정해야 함.
⑤ 의정부 및 각 아문의 직무 권한을 정해야 함.
⑥ 조세는 탁지아문에 통일시키고 인민에게 부과하는 조세는 일정한 비율로 하되 어떤 명의로도 이를 징수하지 못함.
⑦ 왕실 및 각 아문의 경비를 예성해야 함.
⑧ 군제를 정해야 함.
⑨ 배사허식을 폐하고 과대의 폐를 교정해야 함.
⑩ 형율을 제정해야 함.
⑪ 경찰권을 통일해야 함.
⑫ 관리 복무규율을 제정하여 이를 이행해야 함.
⑬ 지방관의 권리를 축소시켜 이를 중앙정부에 이관해야 함.
⑭ 관리 임면의 법규를 제정하고 관리의 임면을 사의로 하지 못하게 함.
⑮ 권력의 쟁탈이나 시기이간의 폐를 엄금하고 정치적 보복의 관념을 품지 못하게 함.
⑯ 공무아문의 필요성은 아직 인정하지 않음.
⑰ 군국기무의 조직 권한을 개정해야 함.

30) 「高宗實錄」, 高宗 31년 10월 20일, 「日本外交文書」 제 27권 제 2책, p.126 「高宗時代史」 3권, p.653

⑱ 의정부 및 각 아문에 외국인 고문관을 초빙해야 함.

⑲ 유학생을 일본에 파견해야 함.

⑳ 독립의 기초를 견고히 하기 위하여 내정 개량에 필요한 사항을 국시로 정하고 종묘에 서약하여 이를 신민에게 선포할 필요성이 있음.

이와 같은 내정간섭안은 종래의 것과 큰 차이가 없으나 개혁기관을 군기처 대신 국왕의 친정체제로 하고 법치주의를 요구하고 있다. 특히 왕실과 정부의 분리, 탁지아문에의 재정 일원화, 일본에 유학생의 파견, 공무아문의 불필요 등은 매우 특징적인 요구라 할 수 있다.

이러한 요구를 고종은 수용하기로 동의하고 왕세자, 대원군, 종친, 군신을 거느리고 종묘에 나가서 '대조선국이 본래 당당한 자주독립국이더니 중간에 청국의 간섭을 받아 국체를 소손하고 국권을 점상하는 고로.....' 하면서 경고문을 바치고[31] 또 정치의 기본강령으로서 홍범 14조도 발표하여 자주독립과 내정간섭을 서약하였다.

홍범 14조의 내용은 다음과 같다.

① 청국에 부의(附依)하려는 생각을 버리고 자주독립의 기초를 세움.

② 왕실 전범을 제정하여 대위의 계승과 종척의 분의를 밝힘.

③ 대원군은 정전에 나가서 정사를 보되 친히 각 대신에게 물어 재결하고 후빈, 종척은 우예(于預)를 불용함.

④ 왕실 사무와 국정 사무는 곧 분리하여 서로 혼합되지 않도록 함.

⑤ 의정부와 각 아문의 직무와 권한을 명확히 제정함.

⑥ 인민의 출세는 모두 법령에 따라 율을 정하고 마음대로 명목을 붙여 징수를 남행하지 않음.

⑦ 조세의 과징과 경비의 지출은 모두 탁지아문에서 관할 함.

⑧ 왕실의 비용은 솔선 수범하여 각 아문과 지방 관청의 모범이 되도록 함.

⑨ 왕실비와 각 관부의 비용은 1년의 예산을 정하여 재정의 기초를 확립함.

⑩ 지방 관제를 속히 개정하여 지방 관리의 직권을 제한 조절 함.

⑪ 국중의 총준자제를 널리 파견하여 외국의 학술과 기예를 전습함.

---

31) 「高宗實錄」, 高宗 32년 12월 12일

⑫ 장관(將官)을 교육하고 징병법을 정하여 군제의 기초를 확정함.

⑬ 민법과 형법을 엄명하게 제정하여 감금과 징벌을 남용 못하게 하고 인민의 생명과 재산을 보전함.

⑭ 용인에는 문지에 구애 받지 말고 구사에는 조야에 두루 인재를 등용함.

이와 같은 내용은 비록 일본의 간섭으로 발표하게 되었지만 청국으로부터의 자주독립, 왕실과 국정의 분리, 탁지아문에의 재정의 귀속, 문지에 구애 받지 않은 인재 등용 등을 보아 비교적 근대적 국정지표를 제시하고 있다. 그리하여 이것은 조선 최초의 근대적 법의 성격을 지녔다고 한다. 이것은 동시에 2차 갑오개혁의 지침이 된다.

4. 갑오개혁의 1차 법제개혁

갑오년 1차 법제 개혁은 군기처가 성립된 후 동년 6월 22일 부터 주요한 의안 등을 제정 · 공포하다가 동년 10월 20일 군기처가 폐지될 때까지의 기간에 이루어졌던 것을 말한다. 이 기간에 약 210건의 제도 개혁안 및 정책 건의안이 의결되었다.

이러한 개혁안의 주요한 내용이 무엇인지를 보기로 한다. 갑오개혁의 주요한 내용을 정치개혁, 신분개혁, 관제개혁, 재정개혁, 동학당 대책 등으로 구분하여 검토하여 본다.

1) 정치 개혁

군기처에서 가장 먼저 개혁한 의안은 6월 28일의 정치, 관제 및 신분에 관한 것이었다.

먼저 정치개혁에 관한 의안을 보면 다음과 같다.[32)]

① 이후 부터 국내 외의 공사 문첩에는 개국 기년을 사용한다.

---

32) 「高宗實錄」, 高宗 31년 6월 28일
국사편찬위원회, 「高宗時代史」3권, p.508

② 청국에 대한 조약을 개정하고 각 국에 특명 전권공사를 파송한다.

이 의안은 조선 정부가 오랫동안 유지하여 왔던 전통적 외교관계, 즉 청국에 대한 사대와 일본에 대한 선린의 관계를 개혁하고 자주독립 국가 건설을 의미하는 것이라고 볼 수 있다. 그러나 이것은 일본의 간섭과 침략을 용이하게 하기 위한 수단이 될 수 있다. 왜냐하면 그간 끈질긴 일본의 주장과 침략을 보면 쉽게 이해할 수 있고, 또 동학 폐정개혁안에서 주장한, 반일에 관한 의안은 하나도 없기 때문이다.

일본 정부가 조선의 자주독립에 관심을 가지게 된 것은 그들이 내정간섭을 위한 노력과, 또 청국의 파병 및 일본의 조회에 대하여 청국은 '아조보호속방'(我朝保護屬邦)이라 하였기 때문에 이것은 국정개혁의 요구나 그들의 침략에 있어서 가장 큰 장애가 되었던 것이다. 그리하여 일본정부는 병자수호조약 1조에 규정된 '자주지방'(自主之邦)이라는 명목으로 조선 정부를 위협하여 청국과의 전통적 외교관계를 단절하도록 요구한 것이다.

동학당을 진압하기 위한 파병시에도 이러한 장애(즉 청국)를 제거하기 위하여 청일전쟁이 일어났던 것이다. 그리하여 청일전쟁 직후에 고종은 홍범 14조에 청국과의 부의를 단절하고 자주독립의 기초를 확립하려고 하였다.

이와 같이 갑오개혁의 정치적 의안이 상당히 친일적인 것이 나오고 심지어 일본군의 대량 주둔과 청일전쟁시에 일본에 협조한다는 조일맹약(군사동맹)을 체결할 정도이기 때문에 갑오개혁에 있어서 일제의 간섭 또는 친일파의 역할이 대단히 컸으리라는 것을 짐작할 수 있다.

2) 신분 개혁

군기처가 일찍이 개혁에 착수한 것의 하나가 조선사회의 가장 고질이었던 신분제도와 그것을 지속시켰던 관제의 개혁이라고 볼 수 있다.

조선시대의 신분제도는 반상(班常)과 적서(嫡庶)의 차별이 대단히 심하였고 또 문벌에 따라 입관의 차별적인 제도(법제)와 기회가 마련되었다. 예컨대 응과, 사관, 면역, 공부, 형벌, 봉사, 혈연, 의복 등에 신분적 특권이 차별

적으로 규정되어 있었다.[33]

이와 같이 엄격한 신분제도가 존재하였지만, 다른 한편으로 신분구조의 변화는 대단히 심하였다. 예컨대 17세기 말까지 호적상으로 소수의 양반와 다수의 상민으로 구성되어 있었으나 19세기 말에는 다수의 양반과 소수의 상민·노비의 구성으로 역신분화 현상이 나타났다.[34] 이러한 신분변화는 전국적인 현상이었으나 아직도 사회관습에 있어서는 차별적인 유제가 존재하였다.

군국기무처는 갑오개혁의 초에 다음과 같은 주요한 의안을 의결·공표하였다.[35]

① 문벌과 양반·상민 등의 계급을 타파하여 귀천에 불구하고 인재를 선용한다.
② 문무 존비의 구별을 철폐하고 다만 품계에 따라 상견의를 규정한다.
③ 죄인 자신 이외의 연좌율을 폐지한다.
④ 적실과 첩에 무자한 후라야 양자를 허용한다.
⑤ 남녀의 조혼을 금지하고 남자는 20세, 여자는 16세 이후에 가취를 허용 한다.
⑥ 과녀의 재가는 귀천을 물론하고 자유에 맡긴다.
⑦ 공사 노비의 법전을 혁파하고 인재의 판매를 금한다.
⑧ 평민 중에 누구라도 국리민복의 의견이 있으면 군기처에 상서토록 하여 회의에 붙이게 한다.
⑨ 각 아문의 조예(皂隷)는 가감을 헤아려서 항상 두게 한다.
⑩ 조관의 의복제도를 간소화 하고 공식 복장은 사모에 반령착유, 품대로 하고 연거의 사복은 칠립, 탑호, 사대로 하며 사서인의 복장은 칠립, 주의, 사대로 하고 병변의 의제는 근례대로 준행하되 장관과 병졸의 구별을 명백히 한다.

위에 지적한 10개 조의 의안은 이미 이완된 신분제도를 현실화, 합리화 시켜 주는 것이라고 볼 수 있지만 이러한 개혁을 통해서 조선사회가 안정될

33) 金泳謨, 「朝鮮支配層硏究」, 一潮閣, 1977, 제 2장 참조
34) 金泳謨, 「韓國社會階層硏究」, 一潮閣, 1982
35) 「日省錄」, 高宗 31년 6월 28일, 「高宗實錄」, 高宗 31년 6월 28일, 「高宗時代史」, 3권, p.508

수 있다는 판단에서 나온 것이라 할 수 있다. 특히 ① 의안의 봉건적 계급타파와 평등한 인재 선용은 신분개혁의 핵심인 것이다. 모든 차별적인 불평등을 합법화 시킨 문벌과 반상관계를 철폐하고, 또 이것을 뒷 받침하는 인재 선용을 개방한다는 것은 매우 뜻깊은 일이다. 당시의 인재 선용이 주로 과거와 취재에 의존하였지만 그 합격자와 관원들의 신분배경을 보면 거의가 관료, 양반과 음자제들이었다. 비록 조선 말기의 신분제도가 문란해지고 토지가 신분 또는 계급 결정의 주요한 요인이 되어가고 있지만 전통적인 신분제도의 개혁 없이 사회와 국가의 발전은 기대하기 어려웠던 것이다.

이러한 신분개혁 중에 문벌 폐지와 인재 등용은 이미 앞에서 본 바와 같이 10여년 전 갑신정변의 혁신정강 14개 조에서도 발견할 수 있고 동학혁명시 직강소의 폐정개혁 요강 12개 조에서도 발견할 수 있다. 이 12개조에서는 청춘 과부의 재혼 자유와 노비 해방(노비문서 소각)을 찾아볼 수 있지만 일본 大鳥 공사의 내정개혁안에는 신분 개혁에 대한 것은 하나도 찾아볼 수 없다. 그 밖에 문무차별 폐지, 연좌율, 적서무자후 양자제, 평민상소 등은 갑신정변, 동학혁명, 大鳥 공사안에서 찾아 볼 수 없는 사회개혁안이다.

한편, 갑오 1차 개혁에서는 갑오개혁안에서 주장하는 탐관오리의 처벌이나 동학개혁안에서 볼 수 있는 탐관오리의 응징, 횡폭한 부호배의 엄징, 불량한 유림과 양반배의 징벌, 반일적인 요구 등은 거의 찾아 볼 수 없다.[36] 이것은 갑오개혁의 주체세력이 동학혁명세력이 지탄하는 친일적인 정치지배층이었기 때문이다. 이러한 정치적 입장이 갑오개혁의 한계를 스스로 지니고 있다. 다시 말하면 갑오 1차 개혁안에는 탐관오리, 양반에 대한 응징이 없으며 품계에 따른 상견의, 차별이 완화된 의복제도 등에서 점진적 개량주의의 일면을 찾아 볼 수 있다.

며칠 후, 군기처는 특히 관원, 이속의 신분차별에 대한 개량주의적 개혁안을 의결·발표하였다.

---

36) 1차 개혁시에 장리와 탐관오리에 대한 의안이 없었던 것은 아니나(8월 14일 의안 등) 그것이 미진하였고 2차 개혁시에는 內務衙門의 강력한 훈시가 있었다.(3월 10일)

① 의정부 및 각 아문 통행규칙을 상확타정(商確妥定)할 것.
② 각 아문 실시 기한을 이미 정하였음으로 재정을 조사하여 주판에 대비할 것.
③ 대소 관원의 공 · 사행은 괴(乖) · 보(步)간 편한 대로 자유롭게 하며 평교자 · 초헌을 영구히 폐지하고 공사 출입을 물론하고 재관부액(宰官扶腋)의 예를 영원히 폐지하되 노병으로 견딜 수 없는 자는 예외로 하며 오직 총리대신과 일찍이 의정대신을 지낸 자는 궐내에서 산람여를 타는 것을 허락할 것.
④ 대소관, 사서인 등의 마규를 일체 활제(豁除)하고 고등관을 만나게 되면 다만 길을 사양토록 할 것.
⑤ 각 부, 각 아문 관원의 수행 인원을 정할 것.
⑥ 재관 친피의 규칙은 오직 자부, 친형제, 숙질 외는 구애받지 않고 개인 뜻으로 강혐 · 규피(講嫌 · 規避) 하는 풍습을 영구히 폐지할 것.
⑦ 장리의 율은 구전(舊典)에 의하여 엄중히 다스리며 장금은 변상케 할 것.
⑧ 각 부, 각 아문, 각 군문에서 함부로 체포, 시형치 못하도록 할 것.
⑨ 조관 품급은 1품에서 2품에 이르기 까지 정, 종을 두되 3품에서 9품까지는 그 구별을 없앨 것.
⑩ 역인, 창우(娼優), 피공(皮工)의 면천을 허락할 것.
⑪ 관인은 비록 고등관을 지낸 자일지라도 휴관한 뒤에는 임의로 상업을 경영할 수 있도록 할 것.

위의 의안 중에서 ①과 ② 및 ⑩을 제외하면 나머지는 모두 관인의 지위와 행동에 있어서 차별을 약화 시키고 하급자와 평민들이 편안하도록 검소한 행동을 요구하고 있는 것이다. 다만 ⑩의 개혁안은 칠반천역과 같은 천민의 해방을 규정하고 있다.

3) 관제 개혁

갑오개혁의 핵심은 관제 개혁이라 할 수 있다. 전체 의정안의 1/3에 해당하는 50여건이 정치 · 행정 개혁을 위한 것이다.

이러한 것은 행정제도의 근대화를 목적으로 한 것이라고 할 수 있지만 무엇보다도 왕권과 관권의 분리 및 제도화를 통한 왕권의 제약이 가장 큰 목적이라 할 수 있다.

조선시대에 있어서 관권은 왕권에 종속되어 있었고, 실제로 왕족·왕비족을 위한 궁중 부서가 동반 경관직의 4할을 차지할 정도였으며, 심지어 당상관 실직을 많이 차지하고 있었다. 물론 관료기구의 난립이나 행정의 비효율성이 있었지만 관권을 왕권으로 부터 분리시키지 않고는 일본의 행정 간섭이 매우 어려웠다.

그리하여 「대전회통」,「육전조례」와 같은 조선의 법령과 일본의 신식법전과 같은 각 국의 통례를 참고하여 근대 법치 국가의 내각제도를 마련하려고 하였다. 다시 말하면 전통적인 관제는 국왕 밑에 최고 정부기관인 의정부와 행정기관인 육조가 있었는데 갑오개혁으로 새 관제는 의정부와 궁내부로 크게 구분되었으며 상대적으로 의정부와 육조(8아문)에 권력이 집중되었다. 이러한 결과는 국왕의 전통적인 인사권과 재정권 및 군사권 등이 약화 되었던 것이다. 또한 대간 및 상소 제도가 폐지됨으로 말미암아 국민의 참정권도 약화 되었다. 사실 우리나라의 관료적 권위주의는 이 때 부터 강화 되었다.

한편, 1894년 6월 28일 군국기무처는 중앙관제의 대개혁에 착수하여 궁내부, 의정부, 각 아문의 관제와 직장을 심의·가결하여 국왕의 재가를 받아 공포하였다.

(1) 중앙 관제

중앙 관제는 왕족과 왕비족 등의 부지를 목적으로 한 궁중부서와 서정 및 국가 경영을 목적으로 한 의정부와 각 아문의 조직과 기능을 규정한 것이다.

궁중 부서는 궁내부가 있고 방계 조직으로서 종정부와 종백부가 있다. 궁내부에는 각 아문과 마찬가지로 대백, 협판, 참의를 두고 그 부속기관으로 승선원, 경연정, 규장각, 시강원 등 17개 부서가 있고 또, 종정부에는 이빈원과 돈령원이 있으며 종백부에는 종묘서, 사직서 등 8개 부서와 각 전, 궁, 묘, 능, 원 등이 소속되어 있다.

이러한 것을 보면, 궁중의 잡다한 기구를 궁내부 산하의 부, 원, 사, 서,

전, 궁 등으로 개편하여 기구를 간소화 및 체계화 시켰다는 것을 알 수 있다. 또한 궁중 부서의 관리운영 경비를 의정부 탁지아문으로 관장시켰으며 소속 관원의 수를 감축시키고 궁중과 부중의 관리를 상호 겸직을 금지 시켰다. 다시 말하면 일본식 궁내부 제도를 도입하여 비록 군주제는 인정하였지만 의정부로 하여금 상호 견제시켜 왕권을 제약하는 것이다.

한편, 의정부는 8개의 아문을 두고, 또 11개의 부속기관을 두고 있다. 의정부는 총리대신을 두고 백관을 총리하고 서정을 고르게 하며 국가를 경영한다.

이러한 의정부에는 6개의 국 이외에 갑오개혁을 주도한 군국기무처와 종래의 사헌부를 계승한 감찰기관으로서 감찰원, 또 중추부를 계승하여 후일 입법기관으로 발전한 중추원이 있었다. 도찰원장은 의정부의 좌찬승이, 중추원은 우찬승이 각각 겸임하였다. 그리고 각 아문에는 4~10개의 국이 있다.[37]

이와 같은 중앙관제의 개혁은 무엇보다도 궁중과 부중의 역할과 권한이 분리되고, 그것을 재 정립하고 있음을 알 수 있다. 그리고 중앙관제의 개혁에서 농상아문이 신설 되었고 또, 공무아문의 기능이 매우 세분화 되었음을 알 수 있는데 이러한 것은 오랫동안 주장되었던 실학사상과 개화사상의 수용이라고도 볼 수 있다.

반면에 군기처는 이국편민의 의견이 있는 평민에게도 상서할 수 있는 의안을 결의한 적이 있으나 이것은 평민의 불만을 해소하려는 것에 불과하였고, 조선시대에 오랫동안 국왕과 정부에 간언과 상소할 수 있었던 대간제도, 즉 사간원, 사헌부, 홍문관 등 언관 3사가 폐지되었다. 그리고 내무아문에 경무청이 신설되어 국민의 정부에 대한 비판과 정치활동을 사찰할 수 있는 강력한 경찰기구가 탄생하였다.

이와 같이 경무청은 국민생활의 전반에 관한 사무를 양조하고 범죄, 기

---

37) 「高宗實錄」, 高宗 31년 6월 28일,
「舊韓國官報」, 開國 503년 6월 28일
「高宗時代史」, 3권, pp.498~503

아 등의 사회문제 뿐만 아니라 결사, 집회, 출판 등을 감독하는 기능을 수행할 수 있게 되었다.

또한, 행정경찰장정에 의하면 행정경찰의 업무는 민의 재해를 막고 정밀을 훈치하는데 있으며 그 직장은 ① 위민 방해의 방호사무, ② 건강을 보호하는 일, ③ 방탕 음일을 제지하는 일, ④ 국법을 범하는 자를 은밀하게 탐포하는 일이라고 한다. 그리고 총순은 ⑤ 수시로 소관부내를 순시하여 그 정경과 순검의 근만을 사찰하며 또 인구, 호수, 민업 등을 파악하며, ⑥ 위경죄를 범한 자가 있으면 서장이나 서리하는 관리가 즉시 처결을 행할 수 있었다.

이와 같이 경무청은 국민생활의 전반을 감시하고 치안유지를 위하여 반정부 또는 반개혁운동을 탄압할 수 있었다.

(2) 인사제도

갑오개혁은 오랜 역사적 전통을 지닌, 우리나라의 관제 뿐만 아니라 이것을 운영하는 관료의 품계와 충원제도 까지 근본적으로 개혁하였다.

먼저 갑오년 6월 2일 조관 품급을 1품에서 2품에 이르기 까지 정·종을 두되 3품에서 9품까지는 정·종의 구별을 없애 버렸고, 그 다음 날(3일) 과문 취사(科文取士)는 조종의 정제여서 허문으로 수용하기는 어려우므로 실제(實才)에 대한 과거법을 상재를 거쳐 변동한 후 선거조례를 별정할 것을 의안으로 시행케 하였다.

갑신년 7월 12일 윤허·시행케 된 전고국 조례와 선거 조례는 다음과 같다.[38]

<전고국 조례>

① 전고국은 각 부아에서 보낸 선거인의 고시를 관장하며 시험에는 2가지가 있다. 하나는 보통시험이고 또 하나는 특별시험이다.

---

38) 「高宗實錄」, 高宗 31년 7월 2일, 3일
「官報」, 開國 503년 7월 2일, 3일
「高宗時代史」, 3권

② 보통시험은 국문, 한문, 사학, 산술, 내국 정략, 외국 사정, 내정 외사는 책(策)으로 출제한다.
③ 특별시험은 본인이 소지한 선장내에서 주명한 적용재기에 준하여 단거로 출제한다.
④ 보통시험 후에 특별시험을 치르되 합격하지 못한 자는 전고국에서 본인의 선거부아에 견문 통지하여 합격자에는 전시장을 성급하여 해당 대신의 빙고를 삼도록 한다.
⑤ 특히 전시장을 가진 자는 해당 국과내의 승차에 있어서 다시 시험이 필요치 않으며 또 퇴임자가 다시 동 국에 사관할 때도 시험이 불필요하다.

이와 같이 관료 후보자는 해당 대신의 추천과 전고국의 시험을 거쳐야 입관이 가능하지만 기술관인 경우는 그 재능에 따라 수용하고 자격에 구애받지 않고 봉급을 정하였다.

비록 신거조례에 의하면, 조야 신사, 경향 귀천을 가리지 않고 모든 사회신분에게 충원 기회를 주고 있지만 각 부, 각 아문의 대신은 자기 소관의 주임관과 판임관을 선취하여 전고국에 보낼 수 있는 권한을 가지고 있기 때문에 종래의 과거제에 의한 충원방법 보다도 오히려 더 패쇄성을 지니기 쉽다.

<선거 조례>

① 각 부, 각 아문의 대신은 소관 주임, 판임관을 선취한다.
② 조야 신사, 동향 귀천을 막론하고 품행, 재예, 예술이 있고 시무를 아는 자를 인진 선취하고 직, 성명, 년, 관, 거주를 상록하여 선장을 발급하여 전고국으로 위송하면 수재 전고케 한다.
③ 예선 인선장내에는 그 재기가 어느 국, 어느 과에 적용될 수 있는 가를 주명하고 전고국에서 시행하는 보통시험을 거쳐 특별시험을 재행한 후 각 부, 아문에 분국 충원한다.
④ 학교를 광설하여 인재를 양성하기 전에는 의정부에서 5도, 8도에 관절하여 향공법에 의하여 경기도 10인, 충청도 15인, 전라도 15인, 경상도 20인, 평안도 13인, 강원도 10인, 황해도 10인, 함경남북도 각 5인, 5도 및 제주 각 1인을 천성 경사로 보내

어 어느 아문으로 부임하기를 원하는 가에 따라 각 아문대신이 선취한다.

이것을 보면, 비록 관리 충원의 사회적 기반이 개방되어 있고 개인적·근대적 자질을 중요시 하고 있으나 선취권이 특정 관료에게 주어져 있기 때문에 오히려 연고성이 크게 작용하고, 따라서 충원기회는 폐쇄되어 있었다.[39]

한편, 갑오개혁으로 실직하였거나 종전의 무실 직인이거나 음관 등도 후에 취용할 수 있도록 군기처는 조치하였다.[40]

① 문관통정 이상의 무실직인, 문관 곤수와 은대 이상인, 음관 은대좌이 이상인, 음무관 현직인 등은 경장 후에는 산질하게 될 것이므로, 산반원을 설치하여 의정부에 소속시켜 작량 급봉하여 후일의 취용을 기다리게 하거나 혹은 달리 구처토록 하고 잡직, 이서, 조예의 작산자도 이 예에 의하여 권부하되 재경인원 외는 물허토록 할 것.

② 각 부 아문 주사 총액 중 1/3은 현역 이서 중에서 염근하고 문산이 있는 자를 택하여 전고국 시험을 거쳐 선임토록 할 것.

이러한 의안으로 말미암아 갑오개혁 이전의 관료들은 비록 실직을 하였을지라도 재 취용될 수 있게 되었고 조선시대의 중인, 조예도 일반 관료화 될 수 있는 기회가 마련되었다.

이와 같은 갑오년의 관제개혁, 특히 충원제도는 한일합병시 까지 기본제도가 되어 왔지만 한말 관료의 대다수는 그러한 전고에 의한 선취가 아니었다. 다시 말하면 과거와 각종 시험에 합격한 사람이 전체의 15.3%에 불과하고 근대적 교육(신학문)을 받은 사람도 44.9%에 지나지 않는다.[41] 이것은 전통적 교육과 추천에 의하여 입관한 사람이 대단히 많다는 것을 의미한다.

---

39) 金泳謨,「朝鮮支配層硏究」, 一潮閣, 1977, pp.269~271

40)「日省錄」, 高宗 31년 7월 8일
「官報」, 開國 503년 7월 8일

41) 金泳謨, 전게서, p.273

그리고 군기처는 관원의 복무 규율을 엄격히 하고, 또 징계를 엄정히 하기 위하여 관원 복무 규율과 관원 징계례를 허락 받아 시행케 하였다.

이러한 것을 보면, 우리나라에 있어서 근대적 인사제도와 복무 규정을 처음으로 도입하고 있다는 것을 알 수 있다.

한편, 각 부, 각 아문간 통행규칙을 보면[42] 합리적인 행정개혁과 더불어 행정조직의 권력 분립과 책임이 명확히 규정하였고, 또한 행정과 재정의 사무를 체계화 시키고 있다는 것을 알 수 있다.

(3) 지방 관제

관제개혁은 주로 중앙정부에 관한 것이고 지방제도의 개혁에 관한 것은 많지 않다. 그 주요한 것을 보면, 각 면의 인민이 유능한 대표자 한사람 씩을 선거하여 읍 단위로 향회를 조직하고, 이것으로 하여금 정부의 명령과 의료 등 지빙행정사업을 평의하고 공동으로 결정케 하는 일종의 지방자치제를 실시하도록 결의하고, 또 한성부와 감리서의 직권을 재 규정하면서 한성부가 종래 행사하였던 부민에 대한 경찰, 사법권을 경무청 또는 사법기관에 이관 시켰다.

그 밖에 지방관의 이용 규정을 만들었는데 이것은 감유(監留) · 곤사(梱師) 이하 규현 및 경력, 첨시 까지의 지방관과 한성부 부윤 및 3항 감리 등을 임명할 때는 총리대신이 각 아문대신, 찬성 및 도헌과 협의하여 공거 처리하고 2품 이상의 경우에는 국왕에게 비망 주문하여 차유토록 하였으며 중군 · 우후의 경우에는 도사신이 자벽한 뒤 개단 증송하여 총리대신으로 하여금 주문케 하고 찰방은 공무대신이, 감목관은 내무대신이, 녹보관은 군무대신이 그리고 감리서의 판임관 이하는 감리가 각각 내직의 판임관 선임례에 따라 임용하도록 규정하였다.

이러한 지방관의 임명권을 세분시킨 것은 내무대신의 권력(이준용서리)을

---

42) 「日省錄」, 高宗 31년 7월 14일
「高宗實錄」, 高宗 31년 7월 14일
「高宗時代史」, 3권, pp. 534~541

약화 시키기 위한 목적이라 할 수 있다.[43]

4) 재정 개혁

갑오개혁의 경제적 측면은 주로 국가재정의 일원화에 있었다. 종래는 왕실과 관부의 재정이 분리되어 있지 않아서 각 기관에서 독자적으로 다루어 세제가 대단히 문란하였다. 또한 징세의 금납화가 제대로 실시되지 못하여 현물 수납제로 화폐 유통구조가 문란하였다. 그리하여 회계, 출납, 조세, 국채, 화폐 등 일체의 재정사무는 탁지부에서 전관하게 되었다.

군기처 6월 28일 의안(의정부 관제)을 보면, 탁지아문이 전국의 재정, 양계, 출납, 조세, 국채 및 화폐 등 일체의 사무를 총괄하여 각 지방재무를 감독하고 국내부, 종백부, 종친부 등의 직장에서도 각 사의 응입 정곡은 탁지아문이 관장하고 일체의 응용도 탁지아문에서 균청하여 작발케 한다고 규정하였다.[44]

이러한 재정 일원화(국가재정의 탁지부 소관화)의 의미를 잘 몰랐던 국왕은 후에 궁내부 안에 내장원을 설립하여 궁내의 재정을 별도로 관리하였다. 한편 징세의 금납화도 화폐제도가 선행되어야 하고 또 현실적으로 물락 경제인 당시의 경제구조를 보아 이의 실현이 매우 어려운 것이었다.

또한 7월 11일의 의안과 신식화폐 발행 장전을 보면, 신식 화폐와 구식 화폐의 태환법은 조폐를 별정하여 7월 30일 부터 발행하게 하고 신식화폐는 은·백동·청동·황동의 4종으로 나누고 화폐의 최저위를 분(分), 10분을 전(錢), 10전을 양(兩)으로 한다고 규정되어 있다. 그리고 신식 화폐를 많이 주조하기에 앞서 외국 화폐를 혼용할 수 있다고 한다.

여기에서 문제가 될 수 있는 것은 당시의 경제가 미·포 등 실물화폐경제인데 이것을 금납화 경제로 전환시킨다는 것은 매우 무리한 것이다. 더욱이 외국화폐를 혼용할 수 있도록 조치한 것은 특히 일본 화폐의 조선내 유통을 합법화 시켰고 이것은 일제의 경제적 침탈을 용이하게 한 것이다.

43) 柳永益, '軍國機務處議案의 分析', 「淸日戰爭과 韓日關係」, 一潮閣, 1985, pp.199~200
44) 「高宗時代史」, 3권, pp.499~500

이와 같은 화폐개혁은 이미 갑신정변 당시에 국가재정을 호조에 전담 관리케 일반화 시키려고 한 것에서 그 전통을 찾아 볼 수 있다. 비록 국왕이 반대하여 화폐 일원화가 실패하지만(궁내부 안에 내장원의 설치) 매우 근대적인 것이라 할 수 있다.

5) 동학당 대책

이미 신분개혁에서 볼 수 있는 바와 같이 갑오개혁은 동학혁명 등에서 볼 수 있는 농민 등 피지배층의 폐정개혁 요구를 많이 수용하였다. 그 밖에도 공금 횡령과 상납금 착복을 엄금하고 전세의 문란과 잡세의 남징을 시정하려는 개혁조치도 있었다.

이러한 개혁조치로 민심이 수습되지 못하고 삼남지방을 중심으로 전국적인 농민투쟁이 일어나고 있었다. 농민들의 투쟁이 반정부적인 성격도 있었지만 반일본적인 성격이 강했다. 그리하여 군기처는 삼남수민이 도처에 경화하여 소와가 날로 더하고 있으므로 원임대신 중에서 도선무사를 특차하여 수재(守宰)를 엄근하고 인민을 달래서 귀화케 하고 타원을 별도로 파견하여 열읍을 대병 순행하여 진압도록 할 것[45]을 의안으로 올렸다.

이와 같이 동학당을 토벌하기 위한 건의를 다음과 같이 군기처는 여러 번 의안을 올렸다.

① 근일에 동학도들이 창궐하여 기전(畿甸)마저 범하고 있으므로 광직중의 지방관을 재촉 하송케 하고 죽안, 안산 양읍은 동학도들의 안주처이므로 간기인을 수령으로 차출하여 대병 전부하여 초포(勦捕)에 힘쓰라고 하였다.(9월 9일)

② 나주, 순창, 항주, 안의 등 4읍 수령에게 부근 각 읍의 동학도의 소무방책을 전위하도록 개하한 바 있는데 어떻게 품지되었는지 알 수 없을 뿐만 아니라 예천이민도 동학도를 출력 초토한 바 있으므로 나주, 순창, 홍주, 안의 등 4읍 수령 및 예천군 선창 토적인을 모두 품행 위임하여 즉시 초토하도록 할 것이라고 하였다.(9월 19일)

---

45) 「高宗實錄」, 高宗 31년 8월 4일

한편, 일본공사 大鳥圭介는 외무대신 김윤식에게 편지를 보내어 경성, 부산으로 부터 일본병 약간을 파견하여 본국 병을 원조하여 삼남 동학도를 토벌할 것임을 통보하고 이 뜻을 각 지방관 및 출정대관에게 통유할 것을 요청하였다.

이러한 것을 보면, 군기처는 농민들의 요구를 수용하면서 다른 한편으로는 그것을 토벌하는 식으로 그 이중성을 나타내고 있다. 더욱이 일본의 요구에 의하여 동학 농민을 토벌하고 심지어 일본군에 의존하기도 한다. 이러한 것은 군기처와 내각의 구성원들이 친일 개화세력이라는 것을 의미한다.

5. 갑오개혁의 2차 법제개혁

갑오 2차 개혁(또는 을미개혁)은 1894년 12월 17일에서 1895년 7월 7일까지 약 7개월간 추진된 개혁안을 말한다. 다시 말하면 김홍집·박영효의 연립내각이 성립된 시기에서 시작하여 박영효가 내무대신 직을 사임하고 다시 해외로 망명할 때 까지를 말한다. 이 기간에 제정된 개혁안은 모두 213건인데 조칙, 칙령, 법률, 주본, 각령, 포탈, 령, 훈령, 고시 등의 형식으로 공포, 실시 되었다.

그러면, 이 개혁안의 주요한 내용이 어떠한 것인지를 관제개혁, 사법개혁, 군사개혁, 교육개혁, 정치개혁, 사회개혁 등으로 구별하여 검토하여 본다.

1) 관제 개혁

(1) 중앙 관제

을미년 3월 25일과 26일 칙령으로 내각과 각 부 및 중추원의 관제가 공포되었고, 또 4월 2일 궁내부의 관제가 공포되었다. 그리하여 종래의 의정부를 내각으로 개칭하였으며 아문을 부로 개칭하였다.

먼저 내각 관제의 주요한 특징은 다음과 같다.[46)]

제 1조 내각은 국무대신으로 합성함.

제 2조 국무대신은 대군주 폐하를 보필하여 방국 경리하는 책임을 짐.

제 3조 내각 총리대신은 각 대신의 수반으로서 왕령을 받들어 행정 각 부의 통일을 기하고 모든 사무를 총리대신과 주임대신의 재가를 함께 받음.

제 4조 내각 총리대신이 행정 각 부의 처분 또는 명령이 다시 협의할 필요가 있을 때는 그 것의 실시를 중지하고 내각 회의를 거쳐 재가 받도록 함.

제 5조 내각 총리대신은 소관 관사를 통독하여 칙·주임관의 진퇴는 내각 회의를 거쳐 상주하고 판임관 이하는 전행 함.

제 6조 내각 총리대신은 내각 회의를 거쳐 소관 부의 관리의 서품 등을 상주 함.

제 7조 모든 법률 칙령은 내각 총리대신 및 관련 대신이 부서 함.

제 8조 다음의 사항은 내각 회의를 거치는 것이 마땅함.

① 법률 칙령안, ② 세입 세출의 예산 및 결산, ③ 내외 국채에 관한 사항, ④ 국제 조약 및 중요한 국제 조건, ⑤ 각 부간 주관 권한의 쟁의, ⑥ 신민의 상소를 특별히 대군주 폐하께서 하부하시는 일, ⑦ 예산 외의 지출, ⑧ 칙, 주임관의 임명 및 진퇴, 단 무관 및 사법관의 경우는 제외함, ⑨ 옛 법규의 존폐 및 변경과 관칭의 폐지 및 문회 등, ⑩ 조세의 신설· 변경· 관유 토지의 존폐, 산림·선박 등 관리·처분에 관한 일.

제 9조 주임 대신은 어떠한 사건이든지 총리 대신에게 제출하여 내각 회의를 개최함.

제 10조 내각 총리대신이 사고가 있는 경우 다른 대신이 임시 칙령을 받아 그 사무를 관리함. 각 대신이 질병 또는 기타 사고가 있을 때는 각 협판이 대신 내각 회의에 참석함.

이것을 보면, 井上 案대로 농상 및 공무 아문이 통합되었고, 또 내각이 각 대신들로 구성되는 합의청의 성격이 강하다는 것을 알 수 있다.

한편, 외부·내부·탁지부·군부·법부·학부·농상공부 등 7부 관제는

---

46) 「高宗實錄」, 高宗 32년 3월 25일
「高宗時代史」, 3권, pp.750~751

각 대신의 역할이 명시되어 있고 각 부의 직제와 정원이 규정되어 있었다. 내각 관제는 의정부 관제를 축소하였고, 각 부도 종래의 총무국을 대신 관방으로 개칭하고, 국을 축소하여 과로 하였으며 소속 관리는 대신·협판·국장·참서관·주사로 계서제를 형성하였다.

이와 같이 중앙 관제의 핵심이라 할 수 있는 각 부의 직제와 직무 및 정원이 명확히 규정되어 있어서 현대적인 관료제의 확립을 찾아 볼 수 있다.

그리고 각 부의 역할이 별도의 칙령에 의하여 규정·공포되고 있다. 예컨대 각 부 대신의 역할은 각 칙령의 제 1조에 있다.

① 외부 대신은 외국에 관한 정무를 시행하고 외국에 있는 본국 상사의 보호에 관한 사무를 관리하며 외교관 및 영사관을 감독함.(칙령 제 42호)
② 내부 대신은 지방행정, 경찰, 감옥, 토목, 위생, 지리, 사사, 사(寺), 출판, 호적 및 구휼에 관한 사무를 관리하고 지방관 및 경무사를 감독함(칙령53호)
③ 탁지부 대신은 정부의 정책을 총괄하여 회계, 출납, 조세, 국채, 화폐, 은행 등에 관한 일체 사무를 관장하고 각 지방의 사무를 감독함(칙령, 제 54호)
④ 군부 대신은 군정을 관리하고 군인 군속을 통독하며 군대 및 소관 각 관청 요색을 감독함. 군부 대신은 장관으로 임명함.(칙령 제 55호)
⑤ 법부 대신은 사법 행정과 은사 및 복권에 관한 사무를 관리하고 검찰사무를 지휘하며 특별법원, 고등재판소 이하 각 지방재판소를 감독함.(칙령 제 45조)
⑥ 학부 대신은 학교 교육에 관한 사무를 장리함(칙령 제 46호)
⑦ 농상공부 대신은 농업·상업·공업·우체·전신·광산·선박·어업 등에 관한 일체 사무를 관리함.(칙령 제 48호)

그 밖에도 각 국의 업무가 명확히 규정되고 협판, 국장, 참서관, 주사 등의 정원이 규정되어 있다.

다음에 궁내부 관제의 특징은 종전의 종정부와 종백부가 폐지되어 흡수되었다. 1차 개혁시 이미 국왕의 전제적인 권한을 제한하기 위하여 궁중과 부중을 독립시킨 바가 있지만 2차 개혁시에는 좀 더 명확히 축소시켰다고 볼 수 있다.

궁내부 관제의 주요한 내용은 다음과 같다.[47]

① 궁내부 대신은 왕실의 일체 사무를 총판하고 소속 각 관을 통독하며 귀족을 감독하고 국새, 어새를 보관함.
② 궁내부 대신은 왕실 전범에 규정되어 있는 것을 제외한 것 이외는 칙령을 받들어 왕실의 모든 법규를 제정, 시행하지만 법률, 칙령에는 저촉될 수 없음.
③ 궁내부 대신은 예규에 의하여 궁중 의식과 제전 과 동가 및 기타 주임사무에 관하여 신민에게 명령으로 고시할 수 있음.
④ 궁내부 대신은 수시로 칙령을 받거나 예규에 의하여 구휼, 포상, 증사하는 일을 시행함.
⑤ 궁내부 대신은 주임 사무에 대하여 경무사와 지방관에게 시명할 수 있음.
⑥ 궁내부 대신은 소속 칙, 주임관의 진퇴는 상주하고 판임관의 진퇴와 주임관 이하의 봉급을 정한 범위내에서 증감을 전행 함.
⑦ 궁내부 대신은 궁내관과 귀족, 신민의 서품을 상주, 봉선하고 아울러 문무관의 서품을 봉선함.
⑧ 궁내부 대신은 예규에 의하여 소속 관리를 징계할 수 있음.
⑨ 궁내부 대신은 매년 1월 전 년도의 수입 및 지출을 결산하여 상주하여야 함.
⑩ 궁내부에 협판 1인을 두고 칙임 2등 또는 3등으로서 궁내부 대신을 보조하여 부무를 관리하며 대신의 위임 사무를 전행함.
⑪ 궁내부에 장서관, 장리관을 각 2인 이하를 두고 주임으로서 궁내부 대신 및 협판의 명을 받들어 부사를 장리함.
⑫ 궁내부에 장례원, 시종원, 규장원, 회계원, 내장원, 재용원을 설치하여 사무를 분장시킴.
⑬ 묘, 사, 전, 궁, 능, 원에 대개 칙임 1인, 판임 1인을 둔다.

(2) 지방 관제

지방 관제개혁은 1차 개혁시에 미진하였으나 2차 개혁시에서는 대대적

---

47) 「高宗實錄」, 33권, 高宗 32년 4월 2일
「官報」, 開國 504년 5월 20일.

인 것이었다. 1895년 5월 26일 조칙에 의하면 본 조의 지방관제가 진선치 못하여 주현이 일정하지 못하고 용원이 많아서 가세 중렴하는 폐해가 백출하여 상혜가 하시치 못하고 하정이 상달치 못하여 감사, 유수 등의 구제를 폐지하고 부와 군의 신규를 정하고 폐원을 방지한다고 하였다.[48]

그리하여 칙령 제 97호는 경기도, 충청도, 전라도, 강원도, 황해도, 평안도, 함경남도의 감관과 함경북도의 안무관 및 개성, 강화, 여주, 수원, 춘천의 유수부, 그리고 해당 관찰사, 안무사, 유수 이하의 관직을 폐지하였고 칙령 제 98호는 전국을 23개의 행정구역으로 나누고 종래의 목 · 부 · 군 · 현의 명칭과 부윤 · 목사 · 부사 · 부윤 · 군수 · 제관 · 현령 · 현감의 관명을 모두 폐지하고 부의 명칭을 읍이라 하며 읍장의 관명을 군수라 한다고 하였다.

그리하여 전국에 23개의 부가 신설되고 337개 군이 그에 소속 되었으며 군수는 관찰사, 관찰사는 내부대신의 지휘 감독을 받게 되었다. 이것은 종래의 부, 목, 군, 현의 수령이 직접 이조의 지휘, 감독을 받는 것에 비하면 큰 변화이다.

이와 같이 지방 관제를 중앙집권화 시키고 있음을 엿볼 수 있다. 그리고 지방의 행정관과 경찰권도 관찰사의 권한에 통합시키고 있다.

이러한 지방 관제개혁은 井上 공사가 내무 고문관(齋藤修一郎)에 명령하여 내무 아문에서 만들어졌다고 하지만 당시 내부대신 박영효의 영향력이 강력했다는 것을 알 수 있다.[49] 그 구체적인 예로서 23명의 관찰사와 안무사 중에서 신제 관찰사에 임명된 자는 2명에 불과하고 나머지 17명은 거의 박영효의 입김이 크게 적용한 것 같다.

2) 사법 개혁

2차 개혁에 있어 주요한 내용 중의 하나가 사법권을 행정권으로 부터 분리, 독립 시킨 것이다. 1차 개혁에 있어서는 재판관이 법무 아문에 예속

---

48) 「高宗實錄」, 33권, 高宗 32년 5월 26일
49) 杉村濬, 「在韓苦心錄」, p.142
金雲泰, 「朝鮮王朝行政史」, 近代編, 一潮閣, 1975, p.226

되었으나 2차 개혁시에는 재판소 구성법(법률 제 1호)이 공포되었다. 그리하여 종래의 행정관이 재판을 하는 것을 이제는 재판소에서 사법관(판사, 검사)이 이를 행하게 되었다. 재판은 2심제가 마련되었는데 제 1심재판소는 지방재판소와 개항장재판소가 맡고 제 2심 재판소는 고등재판소와 순회재판소가 맡게 되었으며 왕족을 위한 특별법원도 있었다. 그러나 법부대신은 사법 행정과 은사 및 복권에 대한 사무를 관리하고 검찰사무를 지휘하며 특별법원, 고등재판소 이하 각 지방재판소를 감독하게 되어 있어(칙령, 제 45호, 법부관제 제 1호) 완전한 독립은 아니다.

이와 같은 것을 보면, 사법권이 행정권과 분리되고, 따라서 사법관을 양성할 필요성이 있게 되었다. 그리하여 칙령 제 49호로 법관 규정을 마련하였다.50)

이와 같이 비록 단기간이지만 사법관의 자질을 갖추도록 하기 위하여 법관양성소에 근대적인 법학과목(법학통론, 민법, 형법, 민사소송법, 현행 법률, 형사소송법 등)이 개설되었고 여기에 졸업한 자를 사법관으로 임명하였다는 것은 종래의 규범과는 판이한 것이다.

그리고 검사의 지휘도 받는 경찰제도는 1차 개혁시에 좌·우 포도청을 통합하여 내무아문에 경무청을 설치하여 서울의 경찰권을 일원화 했지만 내부의 지휘·감독을 받고 지방에는 관찰사의 지휘하에 두어 행정사무의 일부로서 경찰관을 어느 정도 독립시켰다.

이러한 행정권, 사법권, 경찰권의 분리 독립은 현재에도 그 특성을 지니고 있다.

3) 군사 개혁

1차 개혁시에 군무 아문을 설치하여 전국의 육군, 해군의 군정을 통할하고 군인, 군속을 감독하여 관내 제 부를 통솔한다고 규정하였으나 일본군의 경복궁 점령(갑오년 6월 21일)으로 조선 군대는 무장 해제되어 유명 무실하게

---

50) 「高宗實錄」, 제 33권, 고종 32년 3월 25일

되었다. 그러나 1차 군사개혁은 모든 군영을 혁파하고 군무아문에 귀속시키면서 육군장관 직제(칙령 제 10호)를 공포하였다. 즉 육군의 계급을 대장, 부장, 참장, 정령, 부령, 참령, 정위, 부위, 참위, 정교, 부교, 참교로 나누었다. 그리고 2차 개혁시에 군부를 대신관, 군부, 포공, 경리, 군법, 의무 등 6국으로 개편하였다. 박영효는 훈련대를 확장하였고 훈련대 장교를 양성하기 위하여 훈련대 사관양성소관제(칙령 제 91호)를 공포하였다. 이 제도의 주요한 내용은 다음과 같다.51)

① 학도는 귀천을 불문하고 일반 공중에게서 지원자를 모집하여 시험으로 채용한다.
② 교관은 모두 무관으로 하고 학, 술, 양과의 교수를 행한다.
③ 학도의 수학 기간은 3개월이다.
④ 본 소의 졸업자는 참위에 임명한다.

이와 같이 군의 장교 충원은 비교적 신분의 귀천을 가리지 않고 매우 개방적이었다.

이러한 군사제도의 개혁도 박영효가 반역 음모 혐의로 해외 망명함으로서 계획대로 되지 못하였다.

4) 교육 개혁

교육제도의 개혁이 내정 개혁에서 가장 낙후된 것이다. 갑오개혁 이전에 근대적 교육기관이 없었던 것은 아니지만 그것은 서양인 선교사가 중심이 된 것이었다. 물론 정부에서도 1886년에 육영공원을 설립하여 외국인 교사를 초빙하여 신교육을 실시한 바 있지만 역시 근대적 교육기관은 2차 개혁시에 설립된 한성사범학교에서 찾아 볼 수 있다. 한성사범학교 관제는 4월 16일 칙령 제 79호로서 그 주요한 내용은 다음과 같다.52)

---

51) 「高宗實錄」, 33권, 고종 32년 5월 16일
「官報」, 개국 504년 5월 20일
52) 「官報」, 開國 504년 4월 19일

제 1조 한성사범학교는 교관을 양성하는 곳으로 함.
제 2조 한성사범학교에 본과와 속성과의 2과를 설치함.
제 3조 본과는 2개년으로 졸업기로 함.
제 4조 속성과는 6개월로서 졸업기로 함.
제 5조 한성사범학교에 부속 소학을 설치하여 아동을 교육케 함.
제 6조 한성사범학교에 학교장 1인(주임), 교관 2인 이하(주임 또는 판임), 부교관 1인(판임), 교원 3인 이하(판임), 서기 1인(판임)의 직원을 둠.
제 7조 학교장은 학부 참서관으로 겸임케 하니 학부 대신의 명을 받아 교무를 장리하여 소속 직원을 통독함.
제 8조 교관은 생도의 교육을 관장함.
제 9조 부교관은 교관의 직무를 도움.
제 10조 교원은 사범소학교 아동의 교육을 관장함.
제 11조 서기는 학부 주사로 겸임케 하니 학교장의 명을 받아 서무회계에 종사함.
제 12조 본과와 속성과 및 부속 소학의 학과 정도는 학부 대신이 정함.

그리고 칙령 제 88호로 공포된 외국어학교 관제의 내용을 보면, 그 행정 조직은 한성사범학교의 경우와 유사하나 그 교육 목적은 물론 생도를 광모하여 제 외국의 어학을 교수하는 곳이라고 하고, 외국어의 종류는 시의에 따라 학부 대신이 정한다고 규정하고 있다.[53]

그 밖에 소학교령(칙령 제 145호)이 공포되어 국민교육의 기초를 마련하였다. 소학교령의 주요한 내용은 다음과 같다.

① 아동 신체의 발달함에 있어서 국민교육의 기초와 그 생활상 필요한 보통 지식과 기능을 교수함을 목적으로 한다.
② 소학교는 관령 소학교(정부 설립), 공립 소학교(부 · 군의 설립), 사립 소학교(사인이 설립)의 3종으로 한다.
③ 소학교의 수업 연한은 심상과는 3개년, 고등과는 2개년으로 한다.
④ 소학교의 심상과 교과목은 수신, 독서, 작문, 습학, 산술, 체조로 한다.
⑤ 소학교 고등과의 교과목은 수신, 독서, 작문, 습학, 산술, 본국지리, 본국

53) 「官報」, 開國 504년 4월 19일.

역사, 외국지리, 외국역사, 이과, 도화, 체조로 하고 여아를 위하여 재봉을 가한다. 시의에 의하여 외국어과를 가하며 또 외국지리, 외국역사, 도화 1과 또는 수과를 제한다.

⑥ 각 부군은 그 관내에 학령 아동의 취학할 공립 소학교를 설치한다.

⑦ 소학교 교장은 소학교 교원의 허장이 있는 자로서 시행한다.

이러한 소학교령으로 각 고을에 설립된 많은 민간학교를 폐지하고 공립학교를 설립케 하였으며, 그 동안 많은 변화를 거쳐 우리나라 국민(초등)교육의 기초가 되었다.

5) 재정 개혁

2차 개혁시에 재무행정의 독립성을 높이려는 노력이 관세사 및 징세서의 관제와 회계법에서 찾아 볼 수 있다.

먼저 세무 감독기관인 관세사 및 오늘날 세무서인 징세서 관제의 주요한 내용을 보면, 조세 및 기타 세입의 징수 사무를 담당하고 각 세를 관장하게 되어 있지만 이것은 탁지부 대신의 지위 및 감독을 받게 되어 있다.

이 밖에도 정부의 현금 및 물품을 관장하는 출납 관리는 그것에 대하여 일체의 책임을 부담하게 되어 있으며(제 31조) 또한 왕실 경비는 정액에 근거하여 매년 국고로서 지출하게 되어 있다.(제 37조)

이와 같이 회계법이 제정되어 왕실과 정부의 회계가 구별되고 각 대신의 책임하에 정부의 세입 세출이 합리적이고 명확히 되었다.

6) 사회 개혁

사회 개혁은 이미 1차 개혁에서 과감한 조치가 있었다. 이러한 조치로서 갑자기 개혁될 수 없는 것이 특히 사회제도라 할 수 있다. 그리하여 2차 개혁시에 내무아문에서 다시금 사회개혁을 위한 훈시를 하고 있다. 이 훈시는 1895년 3월 10일 각 도에 '우리나라의 고유한 독립 기초를 세우며 백도의 혁신한 예기가 인민과 갱시하여 문명역에 나아 가고자 백폐를 삼재하여 사민의 안녕, 행복을 기하여 훈시하니 이를 각기 준수하여 위반하지 않기를

바란다'고 하였다. 그 훈시는 모두 88개 항에 달하는데 그 주요한 내용은 다음과 같다.[54)]

① 백성을 임하는 길은 마음의 사용함을 공평히 하여 귀천과 친소로써 조금도 차별이 없게 할 것.
② 유임・향임의 차별을 없게 할 것.
③ 유・향임과 군문직을 공첩과 차함(借銜)이 없게 할 것.
④ 좌수의 맡김을 편벽하게 읍중 대성에게만 맡게 하지 말 것.
⑤ 관장이 서예에게, 그리고 주인이 고용에게 강폭으로서만 대하지 아니할 것.
⑥ 도유사 장의와 모든 유학생 등으로 과문 육례만을 습하게 하지 말 것.
⑦ 동학과 남학당의 각 읍을 각별히 금방할 것.
⑧ 인민에게 먼저 국사와 국문을 가르칠 것.
⑨ 궁곤한 환과 고독과 신체 불구한 자를 구호하는 법을 설할 것.
⑩ 기아를 반드시 법을 설하여 양육할 것.
⑪ 남녀가 음독하여 명을 해하고 신체를 혜상 함과 자못 부녀가 음독하여 나태함을 금할 것.
⑫ 과녀를 위협하여 개가함을 금할 것.
⑬ 음죄를 범한 여인을 관비에 몰역치 말 것.
⑭ 가부가 처에게 전히 강폭함을 금단할 것.
⑮ 유년의 가취 함을 금하되 기무처 의안에 의하여 남 20세, 여 16세에 허혼할 것.
⑯ 인민에게 효유하여 질병이 있거든 즉시 복약하고 무고의 저주(咀呪)를 용하지 말 것.
⑰ 토호의 무단을 일체 엄금할 것.
⑱ 반가 노예의 행패함을 일체 엄금할 것.
⑲ 관아의 령이 아니면 이민을 호래 촉거치 못하게 할 것.
⑳ 대죄가 아니면 교졸을 발표하지 말 것.
㉑ 좌보부상을 일체 엄단할 것.
㉒ 보부상의 탈부, 굴종하는 제반 폐습을 일체 금할 것.
㉓ 보부상이 타 상민에게 부의를 토색하는 폐를 일체 엄금할 것.

54) 「高宗時代史」, 3권, pp.731~736

㉔ 전답 중에 신장함을 허하지 말 것.
㉕ 상금을 걸어 토민으로 하여금 도적을 잡게 할 것.
㉖ 도적을 암량하는 포교와 포졸을 일체 엄금할 것.
㉗ 관민이 상접함에 있어 하청을 양찰하여 이서배로 하여금 거중 농간함이 없게 할 것.
㉘ 각 리의 현재 호수와 인구를 일일이 실록하여 탈루함이 없게 할 것.
㉙ 노호를 호주에 부치 말고 분호하여 응역할 것.
㉚ 근읍 관리의 불법과 탐학하는 일을 일일이 사탐하여 엄금할 것.

이와 같은 훈시의 내용에서 알 수 있는 바와 같이 반상천간의 여러 가지 차별과 관민간 또는 상민간의 비리, 그리고 징세 등 행정적, 사회적 부정과 비리를 없애고 인권 신장의 여러 가지 조치를 취할 것을 훈시하고 있다.

이러한 사소한 문제가 민심을 정부로 부터 이탈시키고 사회적 불안을 조성할 수 있기 때문에 행정기관을 통한 사회안정책을 강구하고 있다.

6. 갑오개혁과 일제의 간섭

앞에서 논의된 바와 같이 갑오개혁은 일제의 영향이 대단히 심하였다. 갑오개혁이 비록 우리의 필요성에 따라 왕과 조선 관리에 의하여 명문화 되었다 할지라도 당시의 상황으로 보아 일제의 간섭이 결정적인 역할을 하였다고 해도 과언이 아니다. 그것은 당시의 왕와 대신들이 일본이 바라는 내정 개혁이 너무 급격하다고 지적한 것에서도 알 수 있지만 약 1년간 223개 이상의 제도 개혁을 단행하였다는 것은 강제성이 작용하지 않고서는 거의 불가능한 일이다.

이와 같이 일제의 간섭과 영향은 갑오개혁 기간에만 나타난 것이 아니라 그것은 멀리 1876년 강화도 조약 및 정한론(征韓論) 등에서 비롯되었고 가까이는 1884년 갑신정변 및 1885년 을미사변(민비 시해)에서 찾아 볼 수 있다. 사실 일본은 조선을 식민지화 하려는 장기적인 계획하에 조선에 접근하였다. 갑오개혁도 그것의 일환이었다고 볼 수 있다. 다시 말하면 일본은 조선을 강화도 조약 제 1조에서 규정한 바와 같이 '자주지방'이라 하여 청국과의 관계를 단절시키고 그 다음에 문명 개화라 하여 왕권을 내각에서 분리시켰으며, 모든 제도를 일본화 시켜 침략을 용이하게 하려는 내정 간섭을 요구하였다.

이러한 접근을 여러 가지 측면에서 찾아 볼 수 있겠지만 구체적으로 특히 일본 공사의 내정 간섭 요구, 일본 군대의 무력 개입, 친일 세력의 육성, 그리고 일본식 제도 개혁 등에서 찾아 볼 수 있다.

1) 일본 군사의 무력 개입

일본의 대조선 침략은 군대의 무력 개입을 통하여 나타났다. 개항을 위한 강화도 수호조약도 무력 시위에서 비롯하였고 갑오개혁도 무력 개입을 통하여 가능하였다. 이러한 무력 개입을 여기에서는 모두 지적할 필요가 없겠지만 우선 갑오개혁의 추진기구가 나타나게 된 배경에서 그것을 찾아 보고자 한다.

일반적으로 교정청은 조선의 내정 간섭을 자주적으로 추진하기 위하여 설립하였다고 주장하고 있으나 大鳥 공사는 그것은 다만 명목상으로 개혁을 위장하기 위한 것이고, 일본 공사를 달래고 일본으로 부터의 군박(窘迫)을 면하기 위한 것이라고 한다.[55] 당시의 大鳥 공사가 내정간섭안의 시행 시한의 명시를 요구하는데 대하여 신정희 등은 노인정 회의 등에서 내정간섭이라 거절하였고 독판교섭통상사무인 조병직도 大鳥 공사에게 대군을 도하에 주둔시키고 내정 간섭을 강제함은 화평의 본지에 어긋난다고 지적하고, 먼저 주둔병을 철수시키고 화목을 분명히 한다면 우리나라도 스스로 점차 진력 강구할 것이라고 하였다.[56]

이러한 군사적 위협에서 교정청을 중심으로 자주적 개혁사업이 대단히 어려웠을 것이다. 더욱이 일본은 조선의 자주적 개혁을 통한 독립국가로서의 근대화를 지향하는 것은 그들의 침략정책과는 모순된 것이다.

---

55) 「日本外交文書」, 제 27권, 409호, 明治 27년 7월 15일.
56) 「統理交涉通商事務衙門日記」, 高宗 31년 6월 14일

그리하여 일본은 조선에 주둔하고 있는 청군을 쫓아 내고 실질적인 대역(代役)을 하기 위한 작업을 수행하였던 것이다. 당시의 실권자였던 민비를 제거함으로써 청국과의 관계를 단절시킬 수 있고, 또 친청 보수세력을 축출할 수 있다는 것이 그들의 계획이다. 이러한 민비세력을 견제할 수 있는 것은 비록 배일적이지만 대원군 뿐이었다. 그리하여 大鳥공사는 일본이 조선에 요청한 내정 간섭과 청한 종속관계 등에 대하여 일본측의 요구에 불응한다는 이유로 무력 사용을 계획하고 7월 23일 새벽 용산 주둔 일본군(혼성여단장 육군소장 大鳥義昌)으로 하여금 경복궁을 점령하여 민비정권을 타도한 쿠데타가 발생하였다.

그리하여 大鳥圭介 공사의 강권에 의하여 대원군은 일본군의 호위하에 입궐하였으며 마침내 김가진, 안경수, 조의연, 유길준 등 친일파 10인 정도와 함께 김홍집을 영의정 겸 총재로 하는 의정부와 군국기무처가 탄생하였다. 그들의 이러한 조치는 비록 대원군 및 고종과 협의를 했겠지만 일본 외무대신 陸奧宗光의 지시에 의하여 大鳥 공사, 杉村 서기관 및 岡本柳之助 등의 합작품이라 할 수 있다. 그리하여 군국기무처의 의안의 기초와 제안, 그리고 심의 및 의결 외에 있어서 이들의 영향이 지대하였을 것이라는 것을 쉽게 이해할 수 있다.

그리고 갑오개혁의 과정에 있어서 대량의 일본군(약 6천명)이 동학난으로 거류민 보호라는 명목으로 주둔하여 이것이 청군과의 갈등이 빚어지고, 마침내 청일전쟁으로 확대 되었지만 이러한 군사적 존재가 내정간섭에 지대한 영향을 미쳤으리라고 생각한다.

한편, 갑오 2차 개혁을 추진시킨 김홍집, 박영효의 연립내각도 청일전쟁에 있어서 승전의 분위기에서 새로 부임한 井上馨 공사의 영향으로 탄생된 것이다. 井上 공사는 먼저 반일적인 대원군을 책략으로 은퇴시키고 갑신정변으로 일본에 망명하였다가 귀국한 박영효를 내무대신에 입각시켰으며 미국에 망명하였던 서광범을 법무대신으로 입각시켰다.[57] 더욱이 그는 국왕에

57) 일본 공사관 서기관 杉村濬이 외부 협판 金嘉鎭, 도찰원 도헌 兪吉濬에게 서광범 등 3명이 인천에 와서 곧 상경할 것인 바 徐光範 등의 원직 회복을 요망하였

게 내정간섭 강령(20조)을 제출하고 이것을 채택하기로 동의 받았으며 나아가 국왕은 종묘에 가서 내정 개혁과 청국과 단절하겠다는 서고문을 바쳤으며 홍범 14조를 공포하게 하였다.

그리하여 김홍집, 박영효의 연립내각은 주로 박영효의 지도하에 2차 갑오개혁을 추진하였던 것이다.

2) 일본 공사의 내정간섭

일본의 무력 개입은 조선의 내정간섭을 통한 식민지 지배에 있었다. 내정간섭의 핵심적 목적은 일제는 문명 개화에 있다고 하지만 그것은 왕권을 약화 시키고 친일 관료의 권력 강화에 있었다 해도 과언이 아니다.

조선 말기에 있어서 내정개혁은 갑오개혁 이전에도 없었던 것은 아니다. 10여년전 갑신정변 뿐만 아니라 많은 실학자들의 개혁주장이 있었으며 심지어 민란, 동학혁명 등에서 볼 수 있는 폐정개혁의 요구가 많이 있었던 것이다.

그것이 구체적으로 나타난 것은 大鳥圭介 공사의 내정개혁방안 강령(5개조)이었다. 이것은 주로 행정・재정・사법・교육・군사에 관한 제도개혁을 주장한 것이다. 이러한 개혁안은 이미 일본 각의(수상은 伊藤博文)의 조선국 내정간섭과 거의 동일한 것이다. 이에 대하여 조정은 내정간섭 또는 주권 침해라고 반대하였으나 결국 그들의 요구를 수락하였다.

이러한 요구는 동학혁명에서 볼 수 있는 폐정개혁 요구와는 많은 차이가 있으나 이것은 주로 일본식의 제도에 기초한 것이라고 볼 수 있다. 이것이 1차 갑오개혁에 많이 반영되었다고 볼 수 있고, 더욱이 밑으로 부터의 요구라 볼 수 있는 신분개혁, 부정부패의 척결과 같은 요구가 많이 수용되었다고 볼 수 있다.

이러한 1차 개혁이 부진하고 정치적 혼란이 심하게 되니까 이것을 강력히 추진하기 위한 井上馨 공사가 새로 부임하게 되었다. 井上馨 공사도 내

다. 「高宗時代史」 3권, p.669

정개혁 강령(20개 조)을 왕에게 제시하여 수락 받았는데 이것의 내용도 大鳥 공사의 것과 큰 차이가 없다. 어쨌든 그들은 왕실(궁중)과 내각(부중)의 권한과 책임을 분리시키고 왕권을 약화 시키며 관료제를 확립시키는데 성공하였다.

2차 개혁을 추진시킨 연립 내각은 井上 공사에 의하여 친일 개화세력으로 구성 되었고, 또 일본에서 각 분야의 저명한 고문관을 초빙하여 왔기 때문에 일본식 제도를 입안하는데 큰 기여를 하였다고 볼 수 있다.[58)]

이와 같이 일본 공사가 국왕에게 적극적으로 내정간섭을 요구하고 이것을 성공적으로 추진하도록 친일 개화세력을 후원하여 입각시키면서 일인 고문관을 요소에 배치시켰다는 것은 일제의 매우 큰 간섭이라고 하지 않을 수 없다.

3) 친일 개화세력의 육성

일본의 내정간섭은 초기에는 주로 무력 개입을 통한 것이었지만, 후기에는 점차 친일 관료세력을 통하여 행하였다. 조선시대에 있어서 친일세력(유학생 등)은 개항 이후에서 부터 찾아 볼 수 있겠지만 무엇보다도 갑신정변 이후에 소위 개화세력으로 나타난 것이다. 이 당시에 주도적 역할을 했던 자 중에 사망한 경우도 있지만 일본 등에 망명하였다가 갑오개혁 전후에 다시금 귀국하여 내정 개혁에 기여한 자가 많다.

이러한 친일세력은 주로 개항 이후 신사유람단이나 유학 등으로 일본에 가 본 경험이 있거나 잡직 출신 또는 신교육을 받은 관료, 그리고 비교적 주변성이 강한 지식인들이다. 그렇지 못한 경우도 당시의 정치적 상황에 따라 나타날 수 있었다.

이러한 친일세력이 갑오개혁을 추진하는 기관에 참여하는 정도에 따라 내정개혁의 성취도가 달리 나타나고 있다. 예컨대 교정청 시절에는 친일 관료가 거의 없었지만 군국기무처 시절에는 초기에 10 여인의 친일 개화파가

---

58) 관제를 비롯한 많은 제도개혁이 일본식 명칭을 모방하고 있다. 예컨대 궁내부(구 종친부) 내각(구 의정부), 경찰청 칙 · 주 · 판임관 등이다.

위원으로 들어가서 비교적 보수파와 온건 개화파 등으로 구성되었으나 연립 내각 시절에는 거의 친일 개화세력으로 구성되었다고 볼 수 있다.

이와 같이 친일 개화세력이 지배적인 권력 지배층으로 충원된 것은 일본 공사 등의 후원이 가장 큰 이유이겠지만 무엇보다도 경시하지 못할 것은 일본 유학생의 대량 형성이라 할 수 있다.

일본 유학생에 대한 요구는 井上 공사의 내정개혁 강령(20개 조)에도 들어 있지만(19개 조) 그 보다 앞서 갑오개혁 이전에 30여명이 있었다. 1895년 제 1회 유학생 182명이 일본에 파견되었는데 그들은 학교수준에 따라 16개월(보통과) 또는 8개월(고등과)을 수학하였고 이들이 귀국하여 갑오개혁 이후에 친일 관료세력의 중추적 역할을 한 것이 아닌가 생각한다.59)

이러한 유학생의 신분배경은 1884년의 일본 유학생의 경우 양반, 중인, 상민 출신이 거의 대부분을 차지하고 요인의 자제는 없었다는 것을 보면 당시 친일 관료의 신분배경이 높은 편은 아닌 것 같다.60) 따라서 그들은 비교적 개혁적인 성향을 지닐 수 있었다

7. 결 론

갑오개혁은 조선 말기의 정치, 경제, 사회 등 모든 분야에 있어서 획기적인 제도 개혁이었다. 제 4장에서 서술한 제도개혁의 내용을 보면, 자주독립국가, 신분철폐, 법치국가, 지방자치, 사법권의 독립, 신교육, 환곡제 폐지, 징세의 금납화 등 매우 광범위한 국정개혁을 지향하였다. 이것은 반봉건적 구질서를 혁파하고 인간(특히 농민, 중인, 천민, 노비)의 자유와 평등을 구현하려는 근대적 시민개혁운동이라 할 수 있다.

이러한 것이 비록 내외의 사정(조선내 정쟁, 3국 간섭, 일본군의 후퇴 등)에 의하여 1년 만에 실패하였다고 하지만61) 우리의 역사와 사회에 미친 영향은

---

59) 金泳謨, 「朝鮮支配層硏究」, 一潮閣, 1977, 제 5장 참조

60) 김영모, 「한말지배층연구」, 서울대 한국문화연구소, 1972, p.42

61) 이것은 19세기 말 민족적 독립을 고수하고 근대화를 실천하여 부국강병을 이룩하는 기회를 놓쳤다는 뜻이다.(이종현, 전게서, p.87)

지대한 것이다. 또한 일본은 갑오개혁을 조선이 수용하지 못하여 실패 하였다고 하지만 그들이 조선을 식민지화 시키는 수단으로 이용하였다.

갑오개혁은 일본의 간섭에 의하여 이루어졌지만 사실상 갑신정변의 연장 선상에서 이해할 수 있다. 갑신정변은 김옥균 등 개화세력이 일본(군대)을 이용하여 반봉건적인, 근대적 부르조아 개혁을 시도하였다가 실패한 것이지만 갑오개혁은 10년 후 개화세력이 일본의 간섭으로 다시금 성취한 것이다.

갑오개혁은 조선 말기 ① 위로 부터의 혁명(갑신정변 등)과 아래로 부터의 혁명(동학혁명 등)이 실패하였지만 이러한 개혁운동의 성격을 수용하여 동시에 지니고 있다.

이러한 실패의 원인이 외세만이 아니라 근대적 부르조아지가 미성숙 되었기 때문이라고 한다.62) 그러나, 청일전쟁 후 일제의 간섭으로 개화세력에 의하여 갑오개혁이 이루어졌다. 개화세력은 1960년대 이후 개황과 더불어 중인 출신의 실학자와 이미 전국적으로 발생된 민란과 동학사상으로 형성되었다. 1980년대 충의계 중심으로 형성된 개화세력은 비록 당시 개화된 김옥균 등 관료들이 주도하였지만 이미 자본주의의 발달로 인한 빈부간 계급갈등(지주와 소작농, 노동자 계급)이 민란형태로 광범위하게 나타난 것이다. 그러나 근대적 부르조아지가 제대로 형성되지 못하였고, 또 외세의 침략으로 동학농민전쟁이 실패한 상황에서 일본에 유학한 개화세력이 주도하여 갑오개혁을 성취하였다.

일본은 갑오개혁을 위하여 주한 일본공사를 통하여 국왕에게 내정간섭을 꾸준히 요구하였고, 이것의 실현을 위하여 친일 개화세력을 육성, 지원하였다. 이러한 요구는 일본군의 무력 개입을 통하여 위협하였다. 그들의 군사개입은 조선을 청국으로 부터 자주지방(自主之邦)이라 하여 독립시키고 왕권을 관권으로 부터 분리 시켰으며 나아가 관제, 재정, 사법 등의 제도 개혁을 통하여 일본식(서구식) 관료제도를 확립시켰던 것이다. 그리하여 일제는 유학생 등 친일적인 관료세력을 형성하여 조선을 쉽게 식민지화 시켰다. 따라서

---

62) 이종현은 갑신정변의 실패원인으로 부르조아지의 미성숙을 말하였다.(전게서, p.104)

갑오개혁은 일제의 식민지 정책에서 발상되었다.

이와 같은 식민지화 정책 수단으로서 갑오개혁은 일본 공사와 개화 관료 그리고 동학당이 요구한 내정간섭의 내용에서 그 차이를 엿볼 수 있다. 이러한 3세력의 개혁요구가 갑오 및 을미년의 개혁의 내용에서 찾아 볼 수 있다. 즉 1차 개혁에서는 일본 공사와 동학당 및 개화 관료의 요구를 함께 수용하고 있으나 2차 개혁에서는 일본 공사와 개화 관료의 요구를 제도화 시키고 있음을 볼 수 있다. 특히 일본이 요구하는 내정개혁을 그대로 수용하였다.

이러한 갑오개혁을 자율적 근대화 조치였다고 주장하는 견해가 있으나 이것은 비록 조선인 관료에 의하여 추진되었다 할지라도 분명히 일제의 군사적 위협과 일본 공사의 강력한 요구에 의하여 이루어졌기 때문에 타율성이 매우 강했다고 지적할 수 있다.

갑오개혁의 내용이 비록 반청, 반봉건, 반세도의 근대적인 성격이 강했다고 할지라도 그것의 목적이 만약 식민지화를 위한 것이라면 높게 평가 받기는 어렵다. 그러나 권력의 분립, 행정의 통일, 신분의 평등화, 신지식의 도입 등은 한국사회의 근대화에 크게 기여하였다.

제 2 장 일제침략하 조선지배층과 반정부 농민항쟁

황족(중앙 고종, 우 순종, 좌 영친왕)과 총독부 고관(영친왕 옆 이노우에 총독)

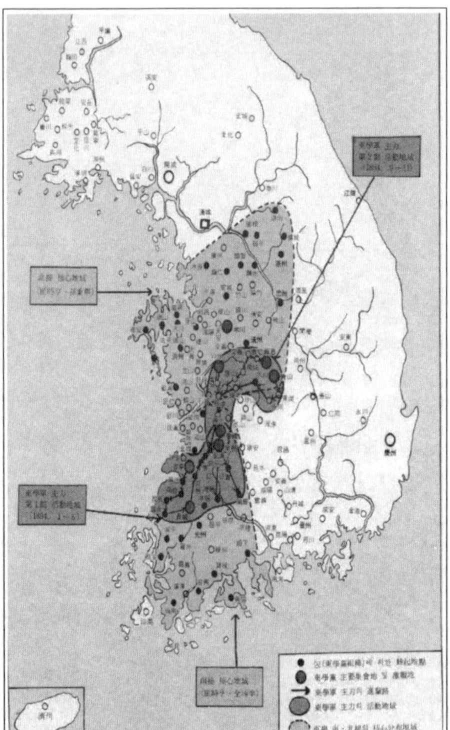

동학농민군의 봉기지역

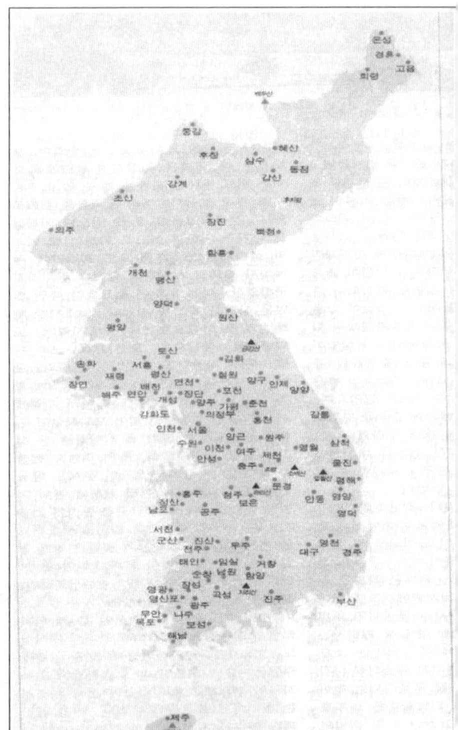

의병전쟁 지역

제 2 장 일제침략하 조선지배층과 반정부 농민항쟁

1. 서 론

1) 연구목적

일제는 조선왕조 말 갑오개혁(1894~1895)을 간섭하여 성사시키고 일제침략의 가장 큰 걸림돌인 민비를 시해(1895년 8월 20일) 하였으며 동학농민항쟁을 관군과 함께 무력으로 진압하였다. 그리고 조선왕조는 청국으로 부터 자주 독립하기 위하여 1899년 8월 대한제국의 국제(전문 9조)를 반포하였다.[1)] 일제는 조선빈도의 이권을 쟁달하기 위하여 날뛰는 열상을 정일전쟁과 노일전쟁의 승리로 이들을 쉽게 제압한 후 대한제국으로 하여금 1898년 부터 열강에게 채광권과 철도부설권 등을 허가하지 않기로 하였다.

그런데 일제는 침략의 본색을 들어 내었다. 그것은 구체적으로 1905년

---

1) 「고종실록」, 39권, 광무 3년 8월 17일
대한제국의 탄생에 대한 세가지 견해가 있다. 하나는 외국세력의 잠정적 균형에서 갑오, 을미개혁에서 본 근대적 국가체제로의 지향이 아니고 전통적 절대 군주시대로의 환원, 즉 정치체제적인 반동성을 말하고(진덕규, 이대 한국문화연구원, 「대한제국연구 I」, 1983) 둘째는 러시아 공관에 머물던 고종을 환궁시켜 칭제건원하여 대한제국을 성립하는데 개화파인 독립협회와 집권파인 수구파의 연합론에서 가능하였으며(신용하, 한국정신문화연구워, 「한국민족문화대백과사전」, 1989, 6권, p.658) 셋째는 일제가 조선왕조를 청국(종주국)으로 부터 독립시켜 침략하기 위한 과정으로 보는 주장(데라우찌 통감의 '각서')이 있다. 그런데 고종은 조칙에서 1894년 12월 12일 종사에 서고하여 '종래 청국의 간섭을 할단하고 대조선국의 고유한 독립기초를 확정하며 짐의 대신은 능히 짐의 뜻을 체하여 독립하는 실적을 기념하여 독립경일을 정하라'고 지시하였다.(「고종실록」 개국 504년 5월 10일)

10월 7일에 체결된 '한일협상조약'이고, 또 1907년 7월 24일에 체결된 '한일협약'이다. 한일협상조약으로 외교권을 빼앗고 통감을 두기로 하였으며 한일협약으로 행정인사권을 장악하고 통감정치를 실시하였다. 이에 반대하는 퇴직 관료와 양반 유생 뿐만 아니라 전국적으로 농민을 중심으로 한 의병항쟁이 오랫동안 일어나게 되었다.

이러한 농민항쟁을 친일정부와 함께 일제는 군경과 헌병 경찰의 무력으로 진압하였다. 그러한 후 일제와 친일 지배층은 고종의 양위를 요구하였고, 마침내 대한제국은 1910년 8월 22일 '일한병합조약'으로 일제의 식민지가 되었다.[3)]

이와 같이 일어난 식민지화 과정이 무력에 의한 일제의 침략정책이라 할 수 있지만, 이것을 수용한 조선 황제와 권력지배층은 누구이며, 그 동안 무엇을 하였는가에 대한 역사적 질책이 따를 수 밖에 없다.

일제가 요구한 침략정책(조약, 각서, 동학농민과 의병 토벌 등)에 서명한 총리대신은 국왕과 더불어 규탄을 받아야 마땅하다. 또한 이들은 '대세'가 불가피 했다고 생각할지 몰라도 이에 서명하지 않는 권력지배층, 특히 개화기 모든 대신들도 그 책임이 없다고 생각할 수 없다.[2)]

대한제국의 주요한 국제는 다음과 같다.

① 대한국은 세계만국에 공인되어 온 자주독립한 제국이니라(제 1조)
② 대한국 대황제는 무한한 군권을 향유하시니 공법상 자립정체이니라.(제 3조)
③ 대한국 대황제는 국내 육해군을 통솔하고 편제를 정하여 계엄, 해엄을 명하시니라.(제 5조)
④ 대한국 대황제는 법률을 제정하여 그것을 발표와 집행을 명하고, 만국의 공공법률을 모방하여 국내 법률도 제정하고 대사, 특사, 감형, 복권을 명하니 공법상 자치치리이니라.(제 6조)
⑤ 대한제국 황제는 행정 각 부분의 관제와 문무관의 봉급을 제정 혹은 개정하고 행정항 필요한 각 조령을 발하고 공법상 자행치리이니라.(제 7조)
⑥ 대한국 대황제는 문무관의 출척임면을 행하고, 작위, 훈장 및 기타 영전을 수여 혹은 박탈하오니 공법상 자선신공이니라(제 8조)
⑦ 대한국 대황제는 각 조약국에 사신을 파송 주차케 하고, 선전 강화 및 제반 조약을 체결하옵시니 공법상 자견사신이니라.(제 9조)

3) 본 고에서 사용하는, 한일간 체결된 협약 또는 조약의 명칭은 「고종실록」과 「순종실록」에 사용된 명칭을 그대로 사용한다.

그리하여 이러한 식민지화의 주역, 즉 관료지배층들의 사회적, 신분적 배경 등을 주로 분석하여 왜 그러한 행동을 하였는 가를 고찰하여 보려고 한다.

한편, 이러한 권력지배층의 국정문란과 국권 상실에 대한 문책과 더불어 일제의 침략에 대항한 동학농민전쟁과 의병항쟁을 과소 평가할 수 없다. 특히 의병운동 또는 의병전쟁은 과소 평가되고 있는 현실이다. 조선이 식민지화 되는 초기에 엄청난 희생자(2,852회 전투에서 1만 7천 7백여명의 사망과 5천 8백여명의 부상자 및 포로)가 발생하였다는 것은 우리 민족사의 높은 긍지를 갖게 한다.

이와 같이 식민지화 초기에 반정부 반일항쟁을 일으킨 주역은 누구이며 그들의 투쟁의 성격이 무엇인지를 규명하여 보려고 한다.

2) 연구방법

본 연구는 일제가 조선침략을 본격화 한, 대한제국시에 체결한 '한일협상조약'과 '한일협약', 그리고 '일한병합조약'의 친일 주역과 이들에 대한 항쟁의 주역을 중심으로 그들의 신분배경 등을 분석하여 그 성격을 파악한다.

친일 주역의 경우는 저자가 조선말기 관료지배층, 정치지배층 및 정치개혁가(개화세력)에 관한 연구[3]를 하였기 때문에 본고에서는 주로 조약체결 당시 의정부(또는 내각)의 대신을 중심으로 그들의 신분배경을 분석하려고 한다.

이들의 신분배경은 저자가 「조선지배층연구」를 위하여 수집한 자료를 재활용하고, 그 밖에 「청선고」, 「고종순종실록」, 「대한제국 관원 이력서」, 「조선귀족열전」, 「한국인명대사전」, 「만성대동보」 등을 보완자료로 사용하였다.

한편, 반일, 반정부 항쟁주역에 대해서는 저자가 행한 의병전쟁에 관한

---

2) 갑오개혁 이후 의정부 관제는 몇 번 바뀌었으나 그 내용은 거의 같다. 특히 국무대신(총리와 각부 대신)은 황제를 보필하여 국정을 장리하는 책임을 강조하였다. (「고종실록」, 1896년 9월 24일, 1898년 6월 18일, 1907년 6월 14일)

3) 김영모, 「조선지배층연구」, 일조각/고헌, 1978/2002, 제 2편 1장과 제 3편 1, 2장 참조.

연구[4]와 동학농민전쟁 및 의병전쟁에 관한 기존 연구 결과(문헌조사)를 통하여 그들의 사회적 정치적 성격을 밝히려고 한다.[5]

2. 개화기 권력지배층과 반정부 투쟁

1) 권력지배층의 신분배경과 국정문란

개화기에 있어서 최고의 권력지배층은 의정부 또는 내각의 회의에 참여하는 황제(또는 황태자)를 비롯하여 총리대신 및 참정, 찬정 그리고 각 부 대신을 말한다.

1884년 10월 개화당이 일으킨 갑신정변에서 뜻을 이루지 못한 개화세력이 그간 조야에서 주장된 내정개혁안을 중심으로 1894년에서 약 2년간 갑오개혁을 단행하였다.(제 1장 참조)

갑오개혁을 추진시킨 관료지배층은 외유와 신교육의 경험이 각각 전체의 6.5%와 8.7%를 차지하나 잡직 및 무과 출신들까지 합치면 전체의 44.6%를 차지한다.[6] 그리고 약 10년이 지난 1903년부터 1910년 까지 대한제국의 권력지배층(칙임관)은 전체의 12.6%가 유학출신으로 갑오개혁시 보다 그 비율이 약간 많으나 권력지배층의 54.1%가 과거에 합격하여(문과는 32.4%, 무과는 14.4%) 관료가 되었고, 이들이 권력지배층(칙임관)이 되었다.[7] 그러나 이 시기의 일반 관료들은 전체의 44.9%가 근대적 교육과 훈련을 받은 자들이

---

4) 김영모,「한국지배층연구」, 일조각, 1982, 제 1장

5) 김영모, 독립운동의 성격에 관한 연구,「아세아연구」, 제 59권, 고려대 아세아문제연구소, 1978
한우근,「동학란 기인에 관한 연구」, 서울대 한국문화연구소, 1965
강재언,「조선근대사연구」, 일본평론사, 1970, 제 3장(갑오농민전쟁), 제 4장(의병운동)
신복룡,「동학당연구」, 탐구당, 1973
신용하,「동학과 갑오농민전쟁 연구」, 일조각, 1993
박성수, 1907~10년간 의병전쟁에 대하여,「한국사연구」1, 1968
홍순권,「한말 호남지역 의병운동사 연구」, 서울대학교 출판부, 1994
조선주차군사령부,「조선폭도토벌지」, 1913

6) 김영모, 「조선지배층연구」, p.198

7) 상게서, p.348

다.[8] 근대적 교육과 훈련은 일본유학 출신도 있지만 대부분 갑오개혁 이후에 설립된 신제 학교(한성사범학교, 외국어학교, 법관양성소, 의학교, 농상중학교, 중학교, 소학교, 고등학교 등) 출신들이다. 다시 말하면 개화기의 권료지배층은 전통적인 보수적 성향을 지닌 자가 많지만 일반 관료들은 근대적인 개혁적인 성향을 지니고 있다.

개화기의 권력지배층은 일반 관료와는 달리 전통적인 교육(유학)과 문과급제자들이 많고, 이들은 명문 세족들이다. 이들 중에서 외유 경험(신사유람단 수원이나 주일공사 등)을 가진 관료지배층이 주로 갑오개혁 후 권력지배층(당상관)이 되었다.

이러한 권력지배층은 비록 정권교체가 있어도 민비 정권 , 친로내각, 광무내각, 친일내각에서도 망명, 유배, 파직 등으로 관직을 잠시 떠나 있었지만 곧 복귀하여 관직을 바꿔가면서 권력을 누리고 있다. 이들이 누리는 관직은 주로 관찰사, 협판, 대신들이다.

이와 같이 관료지배층(당상관)의 역관수는 시기에 따라 차이가 있으나 의병투쟁이 심하였던 1894년~1910년이 가장 심하였고, 그 다음은 민란과 동학농민투쟁이 심하였던 1884년~1894년이다.[9] 당상관(관찰사, 협판, 대신 등)의 역관수가 정치적 사회적 불안과 연관성이 높다는 것은 그 만큼 매관매직과 탐관오리가 많았다고 볼 수 있다.

의정부와 내각 구성원의 권한이 막강하게 된 것은 갑오개혁으로 왕권(종친부, 돈녕부 등)과 의정부(내각)의 권력이 분리되었고, 모든 국정은 주로 내각에서 다루게 하였기 때문이다.

이와 같이 강화된 의정부의 관제는 그 후 수차례 개정되었지만 1910년까지 내각의 주요한 권한은 대동소이하다. 그리하여 여기에서는 1897년 10월 대한제국이 성립된 후 1898년에 개정된 의정부 또는 내각 관제의 주요한 내용을 다음에 소개한다.[10]

---

8) 상게서, p.347

9) 김영모, 「조선지배층연구」, 일조각, 1978, p.205

10) 1898년 6월 18일 개정된 '의정부관제'와 1907년 6월에 개정된 '내각관제'를 중심

이러한 관제를 여기에서 먼저 소개하는 것은 민비와 홍선대원군이 사망한 이후 대한제국 시에 있어서 권력지배층이 결정한 국책, 특히 제 협약에 대한 국왕과 총리대신 및 대신들의 책임을 분명히 밝히기 위한 것이다.

첫째, 의정부의 구성원(직원)은 다음과 같다.[11)]

① 의정(또는 총리대신), ② 참정, ③ 찬정(5인), ④ 내부대신, ⑤ 외부대신, ⑥ 탁지부대신, ⑦ 군부대신, ⑧ 법무대신, ⑨ 학부대신, ⑩ 농상공부대신(이상은 칙임 1등임), ⑪ 참찬(1인, 칙임 2등 3등 이상임)

총리 또는 의정대신의 신병 등 유고시에는 참정대신이 대리하고, 각 부 대신은 찬정을 예겸하며, 또 대신의 유고시에는 서리대신(협판)이 대리 참석한다. 1907년 6월에 개정된 내각 관제에는 내각은 국무대신(총리와 각부대신)으로 조직한다. 그리고 총리대신은 황제를 보필하여 국정을 장리하는 책임이 있고 행정각부의 통일을 보지한다고 되어 있다. 또 총리대신은 국무대신의 수반이니 기무를 주선하여 뜻(旨)을 승하고, 필요하면 각령을 발하고 각부의 처분 및 명령을 중지토록 칙재를 요청할 수 있다.

둘째, 의정부의 회의는 황제가 회의 친임하고, 황태자를 대임한다. 그리고 회의는 찬정이 2/3 이상 합석하였을때 개의하고, 각 대신을 의안에 가부권을 행사할 수 있지만 협판은 참의하되 권한이 없다.

셋째, 의정부는 다음 사항을 의정한다.

① 법률과 규칙 및 제도를 새로 제정하는 사항
② 현행 법률과 규칙 및 제도를 폐지 또는 개정 및 의심되면 해명하는 사항
③ 외국과 개전, 강화, 약조를 의정하는 사항
④ 내지에 우란이 있을 시에 안무하기 위하여 특별한 방법을 의정하는 사항
⑤ 인민의 이익을 위하여 전선과 철로 및 광업을 개설하는 사항
⑥ 각 년도 세입세출의 예산 및 결산에 관한 사항
⑦ 세출예산 외에 특별히 예산 및 결산에 관한 사항
⑧ 필요시 조세와 잡세를 신설, 증설, 감성 또는 폐지하는 사항
⑨ 현재 예산의 직원 봉급과 기타 금액을 개정하는 사항
⑩ 인민의 이익을 위하여 사업을 시행하는데 민유한 토지와 삼림등을 공용할 때 적

으로 소개한다.

11) 1898년 6월 관제 개정시 궁내부 대신도 의정부 직원이었으나 1904년 3월의 관제 개정시에는 제외 되었다.

당한 가격으로 보상하는 사항

⑪ 황제가 특명하여 회의에 하부하는 사항

⑫ 황제의 재가를 거친 법률과 장정을 반포하는 사항

넷째, 회의에 넘길 사항(주안)은 미리 황제의 재가를 받고 1907년 관제개정시 법률 및 칙령은 총리대신(의정)에 보고하며, 모두 총리대신과 관계대신이 서명하게 되어 있다.

다섯째, 회의의 순서는 황제가 재가한 사항과 특명은 총리대신(의정대신)이 기립하여 낭독하고, 전 회의록을 참찬이 낭독하고 의정과 참찬이 서하며 의안의 토론과 표제함이 끝나면 참찬이 의정에게 보고(1주일내) 의정이 황제에게 봉정한다.

이와 같이 국정의 책임을 진 국왕을 비롯한 권력지배층이 국록을 받으면서[12] 문명개화와 부국강병을 위한 자주적 국력을 향상시키지 않으면서 일제(공사와 통감)의 눈치를 보고 대세에 영합하는 것은 무책임한 것이다. 앞에서 본 바와 같이 관료지배층은 매관매직(감투놀이)을 하고, 개화관료들은 친일적인 행동을 하며 지방 수령과 향리들의 부정부패가 극에 달하였다.

당시 우의정 조병세의 상소문을 보면, 그 실상을 잘 알 수 있다.[13]

① 공사(公事)가 너무 문란하며

② 왕의 보조관들은 직간을 피하고 아부를 일삼음으로써 왕은 모두 허위 보고만을 접할 뿐이고

③ 형벌이 정실에 흘러 기강이 잡히지를 않고

---

12) 1905년 7월 관료들의 봉급은 다음 표와 같다.

품봉 월표

품계	관 직	봉급(엔)	품계	관 직	봉급(엔)
			3품	각 부아 참의	80
무품계	대군, 왕자군	350	4품	각 부아 주사	40
정 1품	적,왕,손,총리대신	300	5품	각 부아 주사	35
종 1품	각 아문대신, 좌우찬성	200	6품	〃	30
정 2품	도헌, 각 부아 협판,경무사	150	7품	〃	25
종 2품	도헌, 각 부아협판, 경무사	120	8품	〃	20
			9품	〃	15

13) 신복룡,「동학당연구」, 탐구당, 1973, p.14

④ 관리는 민정을 중앙정부에 반영시키지 않으며
⑤ 관리들에게는 적절한 급여가 지불되지 않아 백성의 고혈로 생계를 유지하며
⑥ 이러한 사회악은 금권과 직결되어 있어서
⑦ 매관매직이 성행하고
⑧ 국가의 기강이 문란해 짐에 따라 왕에 대한 신하로서의 후원과 협조가 결여되어 있다.

관료지배층의 감투놀이는 그들의 역관수를 보면, 그것을 단적으로 알 수 있다.

<표 1> 개화기 관료지배층의 재직연한

부 처	대신		협판		관찰사		감사·수령	
	명수	평균 재직 연한	명수	평균 재직 연한	명수	평균 재직 연한	명수	평균 재직 연한
총리대신	3	1.1						
참정대신	22	0.5						
찬정(5명)	72	0.7						
내부대신	19	0.6	15	0.7				
외부대신	10	1.1	12	0.9				
탁지부대신	16	0.6	15	0.7				
군부대신	14	0.7	26	0.4				
법부대신	27	0.4	31	0.3				
학부대신	20	0.5	14	0.7				
농상공대신	21	0.5	29	0.3				
경무사			35	0.3				
한성 판윤			27	0.4				
관찰사(13도)								
관찰사(7부 1목)					170	1.2		
전라감사					66	0.6	14	1.0
군수·현감							159	0.8
평균 재직 연수	174	0.7	171	1.9	236	1.0	173	0.8

(비고) 조사대상인 대신과 협판 및 관찰사의 재직기간은 1894~1905년간이고 감사와 수령의 경우 1894년~1910년 간이다.
(자료) 「청선고」와「전라도의 감사,수령 명단」

표 1에서 볼 수 있는 바와 같이 개화기 약 11년간 중추원의 대신 및 협판(급)의 평균 재임기간이 각각 0.7년과 1.9년이고, 관찰사는 13도의 경우 1.2년, 7부 1목의 경우 0.6년에 불과하다. 총리대신의 재임기간이 평균 1.1년이

고 참정대신과 법부대신 및 학부대신은 0.5년 이하이며 협판의 경우 0.3년 이하인 경우가 3개 부서가 된다. 그리고 13도 관찰사 보다 8개 부목의 경우 그 수명이 더욱 짧다. 지방일수록 사회불안 등이 더욱 심하다는 것을 반증한다. 그러나, 전라감사의 경우 1년이며, 전라도의 군수와 현감 등 수령의 경우 0.8년이다. 전라도의 수령들 중에 동학란으로 전주가 함락되자 도망한 수령(용담 현령)이 생기고 부임하지 않는 경우도 더러 있다.[14]

이와 같이. 관료지배층의 재임기간이 짧지만 이들은 대부분 다른 부서의 대신으로 다시금 자리 이동을 하고 있다. 더욱이 자리 이동을 하는 사람은 1894년~1905년간 대신의 역관 회수가 3.7회이고 관찰사는 3.8회이며, 1905~1910년간 대신의 경우 10.5회이고 관찰사는 14.5회이다.[15] 그리고 갑오개혁 후 10년간 총리대신이 10여명이 임명되었다.

이와 같이 자리 이동을 많이 하는 대신들이나 국무총리는 소위 명문세족 출신들이다. 이들의 씨족은 왕손인 경주 이씨와 외척 세도가인 여흥 민씨, 해평 윤씨, 풍양 조씨, 안동 김씨, 반남 박씨 등의 자손들이 가장 많고, 그들의 4조의 신분과 직위는 대단히 높다. 그들 부친 중에 영상, 판서, 참판, 승지 등이 전체의 19.8%가 되고 그 밖의 유관자는 27.0%가 된다. 그리고 미상(29.7%)과 무직(23.4%)이 전체의 절반을 초과하는 것을 보면, 이들은 과거처럼 신분이 높지 않는, 상당수의 관료지배층이 되었다는 것을 알 수 있다. 이들의 대부분은 갑오개혁 후 신교육을 받고 입관한 것 같다.

이러한 보수적인 세도가의 자손들이 권력지배층이 되어 있기 때문에 국정개혁에는 관심이 적고, 오히려 그것을 요구하는 동학농민과 의병들을 동비(東匪)니 화적이니 하면서 적으로 간주하여 외세를 끌어들여 무력으로 진압하였다. 즉, 1894년 이후 동학 농민항쟁과 1904년 이후 의병항쟁을 왜세(일본군인)를 끌어들여 토벌하였다.

---

14) 19세기 전라도 수령은 전주부와 부안현을 제외하면 거의 대부분 문음 또는 무과 출신들이 갈 수 있었다.(「청운보」), 이동희 편,「조선시대 전라도의 감사, 수령 명단」, 전북대 전라문화연구소, 1995

15) 김영모,「조선지배층연구」, 일조각/고헌, 1978/2002, p.205

그러면, 개화기 총리대신 또는 의정대신을 지낸 최고 권력지배층의 출신 배경을 고찰한다.

<표 2> 개화기 총리(의정)대신의 신분배경

연도	성명	본관	연령	입관 자격	본인 관직		4조 관직			일본과의 관계				비고
					갑신 정변	갑오 개혁	부	조부	외조	유학	공사	훈장	망명	
1894	金弘集	경주	52	문과	통리아문 승지	총리대신	문,이조 참판	목사	도사	수신사				3회 역임
1895	朴定陽	반남	54	문과	군국사무 협판	학부대신 (회의원)				신사 유람단				2회 역임
1896	尹容善	해평	67	문과			참판							윤비부 6회 역임
1896	金炳始	안동	64	문과	보수당	군기처 독판	음 공판	문 판서						청일군 개입반대
1896	沈舜澤	청송	72	문과	군국사무 총리	돈녕부 영사	진사	이판						
1898	尹容善	해평	69	문과			참판	이판	목사					윤비 부 2회 역임
1898	趙炳世	양주	71	문과		좌의정	현감		봉사					을사 5적 처형주장/자살
1846	閔泳圭	여흥		문과		의정	음							
1903	李根命	전의	63	문과		의주부윤	음 판서	문 판서	군수					자작
1847	趙秉鎬	임천		문과		의정								
1905	朴齊純	반남	55	문과	통리아문 주사	장홍부사 외부협판	주부							백작
1907	李完用	우봉	50	문과		주일공사	문과 판서		진사	미, 청, 일 유력	주일전권 공사	대훈 동화장		후작

표 2를 보면, 개화기 15년간 총리대신 또는 의정대신을 지낸 관료지배층이 모두 13명인데, 이 중에서 김홍집은 3회, 윤용선은 2회, 이완용은 2회의 총리 또는 의정을 지냈다. 이들은 거의 음자제로서 사관하였다가 문과에 급제하여 관료가 되었다. 이들은 대부분 개화기 일반 관료들과는 달리 외유나 개혁기구에 참여하지 않았으나, 왕실의 친인척(윤용선, 김병시 등) 등이며 당대의 세도가들이었다. 특히 개화세력인 김홍집과 박정양은 일본 수신사 또는 신사유람단원을 지냈고, 이완용 등은 주일전권공사 등을 지냈다.

왕실의 친인척인 관료지배층은 대부분 민비가 속한 노론당이라 할 수 있다. 이들이 총리대신, 궁내부대신, 각부 대신 및 협판, 그리고 각도(부)의 관찰사와 군수 등 요직을 돌아가면서 독식하였다.

이러한 세도가를 배경으로 한 권력지배층은 지방관과 함께 벼슬놀이를 하면서 국가재정을 탕진하고[16], 농민들을 착취하는 탐관오리들이었다.

한편, 지방관들의 평균 재직기간은 중앙관들에 비하여 더욱 짧다. 표 2에서 볼 수 있는 바와 같이 13도 관찰사들의 경우 1.2년이고 7부의 관찰사들은 0.6년이며 군수의 경우는 대개 0.5년이다.

이와 같이 지방관의 평균 재직기간은 중앙관 보다도 짧고 군수가 가장 짧다. 그 만큼 수령들의 학정과 그들에 대한 원성이 심하여 관직이동이 자주 일어났음을 의미한다. 따라서 지방수령(군수, 현감 등)들이 제대로 역할을 하기가 어려웠다. 지방의 수령들이 향리들에 의해 놀아나기나 매관매직과 탐관오리에 관심을 둔 경우도 많았다. 이것은 유길준 내부대신이 각의에 제출하기 위하여 김홍집 총리대신에게 보고한 관찰사, 군수들의 면관 사유를 보면 잘 알 수 있다.[17]

---

16) 정부는 1892년 10월 6일에 일본 제1 은행 등에서 차관한 14만원을 갚기 위해 청으로부터 10만량을 방곡령 배상금조로 빌려 차관하고, 또 1893년 6월 18일 방곡령 배상금 1차분 상환을 위해 청으로 부터 은 3만 5천원을 차관하였다. 또 1895년 3월 5일 일본은행에서 3백만원을 연리 6%로 차관 조약을 맺었다. 한편, 1901년 9월 5일 일본 제 1은행에 조세를 담보로 50만원을 차관하고 1903년 4월 15일 일본 삼정물산으로부터 군함 양무호(영국제)를 50만원에 구입하였으며 1906년 3월 16일 일본 홍업은행으로부터 1천만원을 차관하였다.

17) 1895년 3월 29일에서 1897년 까지 빈번한 군수의 면관이 있었는데 그 이유는 96명이 신병으로 면관하였고, 그 다음은 18명이 잡세 및 탐학과 15명의 직소이탈로 면관되었다. 예컨대 나주부 관찰사 채규상은 구습을 고치지 않고 신식을 망념하며, 영주인 각색을 설시하여 매인에게 3백 또는 2백양을 받고 군사무에 분나하여 상납을 건체하는 등 비리가 많았고, 경주군수 남학희는 신식을 불거하고, 각 년말 미납금과 갑오·을미년의 결호전을 안리활교의 복중에 처하고 상납전과 호포전을 진흉한다고 하면서 모두 4만량을 착복하고 또 형리배의 현잠과 사령 등의 토색이 전에 비해 백배라 하여 우선 면관하도록 조치하였다.(내각 편독과, 「내부청의」 3, 11호 13호)

지방의 아전(이서)이나 좌수, 별감을 비롯하여 저리, 향임, 교임에 이르기 까지 그들은 이른바 임책(또는 임로)이라는 명목으로 수령에게 돈을 바치고서야 그 임직을 차지할 수가 있었다. 그것은 또 오랜 관례에 따라 전승되어 온 폐습이기도 하였다. 여기에서는 읍의 대소, 색리의 직책 여하에 따라 임책(임뢰)의 액수에도 차이가 있었다. 이들이 지방의 이서(향리)는 탐관과 함께 오리(汚吏)로서 지방 행정의 암적인 존재가 아닐 수 없다.[18]

지방의 향리는 사실 봉급이 없었기 때문에 주로 보부상이나 농민들을 착취하여 생활을 할 수 있었다. 그리하여 농민들과 상인들의 원성이 더욱 심하였다.

2) 일제침략 협약의 체결

대한제국이 선포된 뒤에는 모든 권한이 각 대신들에게 집중되어 있었다. 그럼에도 불구하고 일제와 개화관료에 의하여 왕권이 흔들리게 되었다.

1898년 개정된, 의정부(또는 내각)의 관제를 보면, 국정에 있어 황제의 절대적 권리가 보장되어 있다. 동시에 내각의 국무대신, 특히 총리대신과 관계대신의 책임이 분명히 명시되어 있다. 그러나, 고종 황제는 여러번 국정에 대한 의정부 대신들이 스스로 주요한 정책결정을 하도록 하고 궁내부에 의지하지 않도록 하라고 지시하고 있다. 갑오개혁 이후 소위 왕권과 행정권이 분리된 것을 일제와 친일 관료들은 악용하여 왕권을 무시하고, 특히 친일관료들이 일제에 의하여 놀아나고 있다.

일제가 한일간에 체결한 주요한 조약은 일본의 경우 특명전권공사 하야시 겐스께(林根助)와 이또 히로부미(伊藤博文) 및 데라우찌(寺內正毅)가 체결하였다. 이들은 일본의 군부출신(육군대장)으로 동시에 내각 총리대신을 지낸 자들이다.

일제는 왕권으로 부터 의정부(또는 내각)의 권한을 제도상으로 강화시켜 놓고, 친일적인 총리대신과 관계대신으로 하여금 각종 협약(조약)과 각서를 쉽게 체결하였다.

한말 개화기, 특히 1904년 이후 체결된 협약서의 주요 내용과 각종 국권

---

18) 한우근, 「동학란 기인에 관한 연구」, 서울대 한국문화연구소, 1971, p.35

의 탈취에 서명한 총리대신과 관계대신이 누구인 가를 본다.

<표 3> 일제침략시 체결한 협약서의 주역

	협정명칭	주요내용	체결자	
			한국	일본
1904. 2. 23	「한일의정서」 (시정개선과 내란시 개입)	1) 일본제국 정부의 시정개선 충고 수용 2) 3국의 침해 또는 내란시 필요한 조치	외부대신 서리 李址鎔	특명전권공사 林權助
1904. 8. 22	「한일협정서」 (고문정치 실시)	1) 일제가 추천하는 재정고문과 외교고문 채용 2) 대한정부가 외국과 조약을 체결하되 외교안건(특권양여와 계약 등)은 일본정부와 상의	외부대신서리 尹致昊	특명전권공사 林權助
1905. 4. 1	「일한 통신기만협정서」 (통신권 박탈)	1) 한일 통신기관의 통합 2) 우편, 전신, 전화사업을 일본정부에 관리 위탁	외부대신 李夏榮	특명전권공사 林權助
1905. 11. 17	「한일협상조약」 (외교권 박탈)	1) 일본은 한국의 외교관계 및 사무를 감리 지휘 2) 한국정부는 일본의 중개없이 국제조약이나 약속을 아니함 3) 한국 황제 아래 일본 정부대표인 통감을 두고 각 개항장에 이사관을 두어 일본영사 사무를 집행함	외부대신 朴齊純	특명전권공사 林權助
1907. 7. 24	「한일협약」 (통감통치)	1) 한국정부는 시정개선에 관한 통감의 지도를 수용 2) 한국정부는 법령제정 및 주요 행정처분은 통감의 승인 3) 한국고등관리의 임면은 통감의 동의 4) 통감이 추천한 일본인을 고등관리 임용 5) 군대 해산시 통감이 폭동 진압(조칙) 6) 통감의 동의없이 외국인을 용빙 안함	총리대신 李完用	통감후작 李藤博文
1907. 7. 31	「순종 칙령」	1) 군대 해산(은사금 제공) 2) 황실시위에 필요한 자는 제외		
1910. 6. 24	「경찰사무위탁한일약정서」	1) 한국정부는 경찰사무를 일본 정부에 위탁		
1910. 8. 22	「일한병합조약」 (식민지 전락)	1) 왕권 양여 2) 합방 공모자는 조선귀족	총리대신 李完用	통감자작 寺內正毅

3) 친일 협약 체결의 주역

일제는 1904년 이후 각종 협약을 통하여 한국 정부의 내정간섭(시정개선과 내란 개입 등)을 비롯하여 고문정치, 통신권 및 외교권의 박탈을 하여 오다가 마침내 통감통치를 하였으며, 나아가 군대 해산 및 경찰권 까지 박탈하여 한국을 병합하였다.

이러한 일제의 식민지화 과정에 있어서 주도적 역할을 한 친일관료, 즉 권력지배층은 친일 개화세력들이다. 이들의 신분배경은 다음과 같은 특징이 있다.

첫째, 조약 체결자의 평균 연령은 46.3세이다. 조약 체결시 그들의 신분 직위는 거의 대부분 외무대신 임시 서리직이다.

둘째, 갑신정변시에 미·청·일을 유학 또는 유람한 경험이 있거나 개혁 기구의 관료였다.

셋째, 갑오개혁 또는 그 후에 주일 전권공사를 지냈다.

넷째, 친일 협약을 체결한 후 일제의 도움으로 모두 관료지배층(대신이상)이 되었다.

<표 4> 주요 협약 주역의 신분배경

협약 서명	직책	성명	본관	연령	과거	본인 관직			4조 관직			일본과의 관계				작위
						갑신 정변	갑오 개혁	협약 체결	부	조부	외조	유학	공사	훈장	망명	
한일 의정서 (1904. 2)	외부 대신 서리	李址鎔	전주	34	문과	미·청·일 유력	주일특명 공사(2년)		문과 예판	영의정	공조 판서	일,청,미 유력	주일전권공사 보빙대사	욱일장 동화장	망명	백작
한일 협정서 (1904. 8)	〃	尹致昊	해평	46		일본 동인사 입학	미국유학	외무 협판	무과 대신	현령		미,청,일 유력			망명	수락 거절
일한 통신협정 (1905. 4)	〃	李夏榮	경주	47		외아문 주사	외아문 참의			첨추			주일전권공사	욱일장		자작 (자살)
한일 협상조약 (1905. 11)	〃	朴齊純	반남	50	문과	통리아문 주사	주일대사 수원	법부 대신	음 주부				주일전권공사			자작
한일협약 (1907. 7)	총리 대신	李完用	우봉	49	문과	미,청.일 유력	주일공사	학부 대신	문과 판서		진사	미,청,일 유력	주일전권공사	동화장		백작
일한합방 (1910. 8)	〃	李完用	우봉	52	문과	미,청,일 유력	주일공사	총리 대신	문과 판서		진사	미,청,일 유력	주일전권공사	동화장		백작

다섯째, 부친들은 대개 문과에 급제하여 고위 관료(판서, 대신 등)를 지냈다.

여섯째, 일제는 이들에게 최고의 훈장(1등급)인 욱일장(旭日章)을 수여하여 친일화 시켰다.

일곱째, 일한합병 후 윤치호는 습작하였지만, 나머지는 모두 조선귀족으로 작위를 수여 받았다.

한일의정서를 체결한 이지용은 대원군의 손자이고 고종의 종질이다. 그는 어릴 때(14세시) 미·청·일본을 유력하였고 17세에 문과에 장원으로 합격하여 이미 20세에 이조 정랑과 형조 참의를 거쳤으며 22세에 이조참의와 안주 목사가 되었다. 그는 일찍이 출세하여 30세에 궁내부 협판, 31세에 군부대신서리(육군참장)를 지냈으며 갑오개혁시(33세)에 주일 특명전권공사, 외부대신 서리, 그리고 35세에 농상공, 법부, 궁내부, 내부대신 등을 역임하였으며 일본에 두차례 망명까지 하였다.

이와 같이 왕실의 가까운 친척으로 외유의 경험을 통하여 친일 개화세력이 되었다.

한일협정서를 체결한 윤치호는 윤웅렬(무과, 경무사, 군부대신)의 장남이다. 그는 일찍이 갑신정변에 참여한 부친(형판) 때문에 미·중·일본을 유력하였고 주미공사, 주청공사 등을 지냈으며 1895년에 외부협판, 외부대신서리 등을 지낸 개화파이다.

일한통신협정서를 체결한 이하영은 1886년 외아문 주사로 시작하여 1887년 주미공사 서기관, 1888년 주미공사서리 전권대신을 지내고 귀국하여 홍덕현감을 거쳐 갑오개혁시 외아문 참의, 1895년에 궁내부(영선사장, 회계원장)에 근무할 때 井上, 大鳥공사가 이 태왕을 알현하여 20개조 개혁안을 제출, 단행시키도록 기발한 알선을 해주었다.[19] 그 후 승승장구하여 한성부 관찰사, 주일전권공사(특명전권대사), 의정부 찬정, 외부, 법부, 군부, 농상공 대신 등을 지낸 전형적인 친일 관료세력이었다.

한일협상조약을 체결한 박제순은 매우 화려한 관직생활을 하였다. 그는

---

19) 「조선귀족열전」, p.97

1883년에 문과에 급제하여 갑신정변시 외아문 주사를 시작으로 갑오개혁시 까지 천진종사관, 내무참의, 이조참판, 내무협판, 또한 형조, 호조, 예조, 이조의 참판을 지냈고, 1895년에 외부협판, 1898년 외부대신이 되어 일한합방시 까지 외부대신만 6회를 지냈다. 그 밖의 협약 체결자는 모든 대신직을 5회씩 역임하고 의정대신을 지낸 전형적인 관료지배층이다.

한일협약과 일한합병조약을 체결한 이완용은 1882년 문과에 급제하고 육영공원을 졸업한 후 미 · 청 · 일본을 유력하였다. 그는 1887년 주미공사관 참사관과 임시 대리공사 등을 지낸 후 귀국하여 시강원 검교사로 있다가 갑오개혁시 주일전권공사, 외부협판을 지냈다. 1895년 부터 학부대신을 3회나 지냈고, 그 밖에 농상공부, 탁지부대신, 외부대신, 의정대신서리를 지냈으며, 1907년 6월에 내각 총리대신이 되었다. 그가 총리대신이 된 것은 이등박문 통감이 참정대신으로 추천하였기 때문이다. 곧 관제 변경으로 참정대신이 없어지면서 총리대신이 되었다.

이와 같이 협정에 서명한 대신들은 전형적인, 개화 관료지배층이고, 주일전권공사 등의 경력을 지냈으며, 또한 이들은 모두 일제의 최고 훈장인 욱일장(旭日章)을 수여 받았다.

4) 동학농민항쟁

조선왕조 말기 관료들에 의한 삼정문란, 탐관오리, 가렴주구 등 학정에 대한 농민들의 항쟁은 대단히 심하였다.[20] 농민들의 항쟁은 그 대표적인 것이 소위 민란과 동학혁명, 그리고 의병전쟁 등이다. 민란은 철종 때 극심하였는데 그들의 주장은 동학혁명의 초기 성격(소위 동학란)과 매우 유사하다.

(1) 동학혁명의 원인

동학혁명은 1892년 12월 11일 동학교도들이 전라도 참례역에 모여 교조(최제우)의 신원과 관리들의 교도들에 대한 탄압 중지를 진정한데서 비롯하

20) 당시 민우(민란)의 원인은 주로 삼정의 문란, 즉 전정(전결, 전세)와 군정(양역) 및 환곡과 고리대, 그리고 수령 및 이서의 탐학에서 초래된 것이라고 하였다.(한우근, 「동학란 기인에 관한 연구」, 서울대 한국문화연구소, 1971)

여 1893년 3월 10일 충청도 보은에서 동학교도 2만여명이 모여 척양척외(斥洋斥倭)의 기치를 들고 농성하였으며, 1894년 1월 10일에는 전라도 고부군민이 동학접주 전봉준의 영도하에 고부군수 조병갑의 탐학에 항쟁하는 동학란이 일어났다. 이때 까지만 하여도 동학농민의 주장이 신분개혁과 탐관오리등에 대한 징계를 요구하였으나 1894년 9월 3일 2차 봉기에서는 일본 군인의 토벌에 접전하면서 반침략 항일 운동으로 발전하였다.[21]

이와 같이 동학혁명 또는 동학농민전쟁은 동학지도자들이 지방 수령과 향리들의 학정에 대한 농민의 불만을 조직한 신분(계급)혁명이고 세도정치에 대한 반정부 투쟁이며, 나아가 동학혁명을 진압하려고 개입한 외세(청 · 일)에 대한 투쟁임을 동학교주의 상소문(1892년 12월 6일)과 동학농민군의 창의문(1894년 1월 3일) 및 격문, 그리고 폐정개혁안(1894년 5월) 등에서 찾아 볼 수 있다.[22] 여기에서 그간 일어났던 민란과 동학혁명의 발생원인이 무엇인가를 잘 알 수 있다.

그러면, 동학군의 폐정개혁안은 제 1장 3절에서 소개하였기 때문에 여기에서는 동학군(호남창의소 전봉준, 손화중, 김개남 등)의 창의문을 소개한다.[23]

창 의 문

세상에서 사람들이 귀하다 함은 인륜이라는 것이 있기 때문이다. 군신부자는 인륜의 가장 큰 자라. 인군이 어질고 신하가 곧으며, 아비가 사랑하고 아들이 효도한 후에야 국가가 무강의 역에 미쳐 가는 것이다. 동아성상은 인효자애하고 신명성예한지라, 현량방정지신이 있어 그 총명을 익찬할지면 요순지화와 문경지치를 가히 써 바랄지라

금일에 인신된 자 도보를 사치 않고 한갓 록위만 도적하여 총명을 옹폐할 뿐이라. 충간지사를 요언이라 이르고 정직지인을 비도라 하여 안으로는 보국의 재가 없고 밖으로는 학민의 관이 많다.

---

21) 그 후 전라도 뿐만 아니라 삼남지방 53개 군현으로 확산되었다가 관군과 일본군의 토벌로 1894년 12월 24일 손병희의 북접주 부대가 충주에서 해산되고 1895년 3월 29일 전봉준이 처형될때 까지이다.

22) 신복룡,「동학당연구」, 탐구당에서 1973의 각종 동학당 포고문(부록) 참고하기 바람.

23) 오지영,「동학사」, pp.108~109

인민의 마음은 날로 변하여 돌아서는 낙생의 업이 없고 나가서는 보신의 책이 없다. 학정이 날로 자라고 원성이 끝지지 아니 하여 군신 부자 상하의 분별이 무너지고 말았다. 소위 공경 이하 방백수령들은 국가의 위란을 생각지도 아니하고 다만 비기윤산에만 간절하여 전선(詮選)의 문을 돈버리로 볼 뿐이며 응시의 장은 매매하는 저자와 같았다.

허다한 화뢰(貨賂)는 국고에 들어가지 못하고 다만 개인의 사장을 채우고 만 것이며 국가는 적누의 채가 있어도 청산하기를 생각지 아니하고 교만히고 사치하고 음란하고 더러운 일만을 기탄없이 행하여 팔로가 어육이 되고 만민이 도탄에 들었다. 수재의 탐학에 백성이 어찌 곤궁치 아니하랴. 백성은 국가의 근본이라. 근본이 쇠삭하면 국가는 반드시 없어지는 것이다.

보국안민의 책을 생각지 아니하고 다만 제 몸만을 생각하여 국록만 없애는 것이 어찌 옳은 일이랴. 우리 등이 비록 재야의 유민이나 군토를 먹고 군의를 입고 사는 자라, 어찌 차마 국가의 멸망을 앉아서 보겠느냐, 팔역이 동심하고 억조가 순의하여 이에 의기를 들어 보국안민으로 사생의 맹세를 하노니 금일의 광경에 놀라지 말고 승평승화와 함께 들어가 살아 보기를 바라노라.

동학군의 창의문을 보면, 공경이하 방백수령들, 즉 관료지배층의 탐학과 과거제의 폐해, 국가재정의 문란, 탐관오리 등 학정을 규탄하고 있다. 이들 공경 수령들은 권력 뿐만 아니라 재력을 지배하고 있었다. 한말 전국 경지의 60% 내외는 황실 내지 각 궁의 지배하에 있었고 나머지도 관료 또는 호족의 소유였다. 농민들은 약 80~90%가 소작농이고 대지주는 고율의 소작료를 착취하였다.(제 4장 2절 참조) 그리하여 지방의 민란, 동학란 등이 일어나게 되었다. 또한 동학군의 폐정개혁안을 보아도 탐관오리와 불량한 양반유생을 엄징하고, 노비 해방과 천민의 대우개선, 잡세 폐지, 공평한 인재등용, 토지개혁 및 친일배의 엄징 등을 주장하였다. 이러한 주장은 창의문에서와 마찬가지로 반정부적인 슬로건이다.

이와 같이 당시의 농민들은 반상 및 적서 차별의 신분개혁을 주장하고 관군과 일제에 대한 반침략주의를 선언하고 있다.

(2) 동학혁명의 주도 계층

동학 농민혁명의 주도세력은 친청 민비세력 뿐만 아니라 친일 개화세력이 아니었다. 갑신정변에서 일본군에 의지하였던 김옥균, 박영효, 홍영식 등 개화세력이 주도하였던 갑신정변은 친청 민비의 보수세력이 요청한 청군이 개입하자 일본군의 철수로 실패하였다. 10여년 후 발생한 동학농민의 반정부 투쟁에 청군이 개입하자 井上공사는 일본군을 개입시켰다. 그러한 결과 청일전쟁이 수원 앞바다에서 일어나 청군이 대패하였다. 그 때 부터 일제의 내정간섭이 노골화 되었다. 즉 친일 개화세력(김홍집, 박영효 등)을 앞세운 갑오개혁이 시작되었고, 동시에 일제는 관군과 함께 동학농민군을 토벌하기 시작하였다.

그리하여 동학군은 한때 삼남을 장악하여 집강소까지 설치하였지만 관군과 일군에 의하여 패하게 되었다.[24)]

이러한 동학농민군의 주도계층에 대한 대표적인 견해는 '잔반계층' 또는 양인과 천민출신의 '소작빈농'이다. 잔반계층의 견해는 동학의 교조 최제우가 한사(寒士)의 처지를 면힐 수 없었던 것 같고, 동학농민 봉기의 수령 진봉준도 사(士)로 자처하나 3두락의 전답으로 6가족의 생계를 유지해야 했던 몰락양반의 후예였다고 한다. 그리하여 잔반계층은 동학접주가 되고 농민은 동학신도가 되었다고 한다.[25)] 또한, 농민군의 구성이 농민을 주력으로 천민층을 포함하여 일부 몰락양반과 이속이 동조하였으며 동학접주가 농민과 천민층의 계급적 요구를 반영하였다고 한다.[26)]

반면, 소작빈농의 견해는 갑오농민전쟁의 주체세력을 몰락양반, 잔반층이라고 보거나 농민군이 이들의 지도를 받았다는 것은 사실이 아니라고 한

---

24) 이 동학농민전쟁의 지도자 전봉준(녹두장군)의 승리를 기원하는 동요가 아직도 전해 내려오고 있다.

'새야새야 파랑새야　　녹두꽃에 앉지 마라
녹두꽃이 떨어지면　　청포장수 울고 간다'

25) 한우근, 전게서, p.47, p.80

26) 강제언,「조선근대사연구」, 일본평론사, 1970, p.201

다. 그리고 농민군 지도부는 기본적으로 양인층으로 구성되었고, 집강소 시기부터 제 2차 농민전쟁기간에는 노비를 비롯한 천민층이 상당히 진출하기 시작하였으며 몰락양반, 잔반층은 농민군을 공격, 학살하였다고 한다.[27]

이와 같은 견해의 차이는 비록 전봉준의 공초나 사료에서 실증하고 있지만 민란 또는 동학농민혁명의 창의문과 폐정개혁안에서 그들의 신분적 계급적 성격을 잘 알 수 있는 것이다.

그들은 무엇보다도 봉건적 신분질서(반상관계)에서 피지배 신분(상인과 천민)이라는 것을 알 수 있고, 동시에 생산관계에 있어서 피지배계급(소작빈농)이라는 것이다.

(3) 동학혁명의 성격

동학군이 전라도 뿐만 아니라 삼남지방으로 확산된 것은 무엇보다도 봉건적 신분해방을 갈구하였기 때문이다. 삼남지방은 다른 지역에 비하여 농경지가 비옥하여 지주들의 소작빈농들에 대한 착취가 심하였고, 수령과 향리들의 매관매직 및 가렴주구가 심하였다. 그래서 하층신분인 농민, 즉 평민과 천민들이 양반관료 및 중인의 신분차별에 대한 적대감이 심하였고, 소작빈농들이 지주부농에 대한 계급갈등이 대단히 심하였다. 그리하여 민란 또는 동학혁명에서 1차적으로 찾아 볼 수 있는 사회적 성격은 신분개혁과 계급혁명이라고 볼 수 있다.

이러한 혁명운동이 발전할 수 있었던 것은 동학이라는 종교사상에 접목되었기 때문이다. 조선 말기에 세상 인심이 흉흉할수록 혹세무민의 도참사상과 같은 유사종교가 발달하였다. 당시에 서학(천주교)에 대한 반발로서 나타난 것이 동학이라 할 수 있다. 동학은 유・불・선에 대하여 비판적이면서 동시에 이것의 영향을 받은 종교라 할 수 있다.[28]

---

27) 신용하,「동학과 갑오농민전쟁 연구」, 일조각, 1993, p.115
28) 신복룡,「동학당연구」, 탐구당, 1973, pp.17~18
수은의 이상은 유・불・선 3교를 종합한 것으로 유교에서는 오륜(五倫)을, 불교에서는 정심(淨心), 도교에서는 자연적, 도덕적 불결에서 몸을 깨끗이 하는 법을 취한 것이다.

동학의 교지인 '사람이 곧 하늘이다'(人乃天) 하는 것은 인간의 존엄과 평등을 의미하는 인도주의와 민주주의의 사상적 의미를 모두 내포하고 있다.

한편, 동학군이 일본군 등과 접전하면서 척외양(斥倭洋)의 기치를 높이 든 것은 반외세, 반제국주의를 주장하는 것이고 서학에 반대하는 동학의 정신처럼 자주적인 민족주의의 성향을 지니고 있음을 말한다.

3. 한일의정서와 한일협상조약

1) 한일의정서

갑오개혁 후 일제는 조선침략의 큰 걸림돌인 민비(명성왕후)를 22일전 부임한 미우라(三浦梧樓) 전권공사를 시켜, 일본 낭인들이 궁성에 침입하여 국모를 시해하였다. 이것이 1895년 8월 20일 민비 시해사건이다. 그런데 고종은 오히려 왕후 민씨를 서인(庶人)으로 폐하였다가 하루만에 왕태자의 상소로 효성과 정리를 생각하여 폐서인에서 빈(嬪)으로 특사하였다.

고종은 폐서인의 이유를 다음과 같이 말하였다.[29]

짐이 왕이 된지 32년에 치화(治化)가 보흡(普洽)하지 못한 중에 왕후 민씨가 그 친당을 끌어 들여 짐의 좌우에 포진시키고 짐의 총명을 막고 인민을 박할(剝割)하며, 짐의 정령을 탁란(濁亂)하여 관작을 향매하여 탐학이 지방에 편(遍)함으로 도적이 사방에 일어나서 종사가 위태하니 짐이 그 악의 극함을 알고 이를 벌하지 못하였음을 짐의 불명이나 역시 그 당여(黨與)를 미워하는지라 짐이 이를 없애기 위하여 종묘에 서고하기를 후빈종척(后嬪宗戚)이 국정에 간섭함을 허락지 아니한다 하여 민씨의 개오코자 하였으나 민씨가 구악을 깨치지 않고 그 당여 및 군소배를 몰래 서로 끌어주어 짐의 동정을 살펴서 국무대신의 인접을 방해하며, 또 짐의 국병을 해산한다는 짐의 뜻을 거짓하여 난을 일으키고 사변이 나타나도 짐과 떨어져 몸을 피하여 임오사건을 답습하고 찾아도 나타나지 아니하는 고로 왕후의 작덕에 이름하지 못할 뿐만

---

29) 「고종실록」, 33권, 고종 32년 8월 22일

아니라 그 죄악이 심하여 가히 선왕 종묘를 이어가지 못할지라 짐의 고사를 모방하여 왕후 민씨를 폐하여 서인으로 삼노라.

이상과 같은 고종의 지시에서 민비의 세도정치가 얼마나 극심하였고 탐관오리와 백성들이 도탄에 빠졌음을 짐작할 수 있으며, 동시에 고종의 무능함이 적나라하게 나타나고 있다.

이러한 사건이 벌어진 후 고종은 '단발령'을 내렸다. 고종 32년 11월 15일 '짐이 발을 단하여 신민에게 먼저 하오니 대중은 짐의 뜻을 극체하여 만국으로 병립하는 대업을 이루게 하라' 하였다.[30]

그리하여 6부 관원과 군인 및 순찰들은 단발하게 되었고 지방 관원들에게도 확산되었다.

민비 시해와 단발령에 항의하기 위하여 전국 각지에서 유생 중심의 의병 봉기가 일어났으며, 군중들은 총리대신 김홍집과 농상공부대신 정병하를 친일관료라 하여 타살하였다. 이것을 1차 의병운동이라고 한다.[31]

그 후 러시아를 비롯한 미·일 등 열강들은 조선왕조로 부터 각종 이권을 챙기기 시작하였고, 심지어 친노정권(총리에 김병시, 대신에 이범진, 이완용 등)이 탄생하였다.

1903년 11월 인천 부두에서 러시아 수병과 일본인 사이에 충돌이 발생하여 이것이 노·일전쟁의 도화선이 되었다. 노일전쟁에서 승리한 일본은 조선침략을 본격화 하였다. 그래서 조정에는 친청 사대주의(민비와 대원군)가 사라지고 친일 사대주의자들이 득세하게 되었다.[32]

1904년 2월 23일 외부대신 임시서리 육군 참장 이지용(李址鎔)과 일본 특명전권공사 하야시(林根助)는 '한일의정서'를 체결하였다. 이것은 10일전 이

30) 「고종실록」 33권, 고종 32년 11월 15일

31) 1896년 3월 27일에 남로선유사 신기선과 동로선유사 이도재를 파견하여 의병을 선유케 하였으나 동년 2월에 충주 관찰사와 안동 관찰사는 의병에 의해 피살 되고, 충주 방면에서는 의병과 일군이 충돌하여 서로 많은 피해를 입었다.

32) 이 때부터 개화세력, 특히 일본 유학생은 친일관료가 되거나 독립협회, 신민회, 대한자강회 등 많은 사회단체를 조직하여 애국계몽운동을 전개한다.

지용 외부대신 임시서리(법부대신 겸임)가 주한 일본공사를 찾아가 밀약한 내용이다.[33)]

이들이 체결한 '한일의정서'는 대한제국과 대일본제국은 다음과 같은 조건을 약정한다고 하였다.[34)]

제 1조 한일 양 제국간에 항구불이에 친교를 보지하고 동양화평을 확립하기 위하여 대한제국 정부는 대일본제국 정부를 확신하여 시정개선에 관한 충고를 받아드리는 일.

제 2조 대일본제국 정부는 대한제국 황실을 확실한 친의로 안전 강령케 할 일.

제 3조 대일본제국 정부는 대한제국의 독립 및 영토보전을 확실히 보증할 일

제 4조 제 3국의 침해가 일어나거나 내란을 위하여 대한제국 황실의 안녕과 영토의 보전에 위험이 있는 경우에는 대일본제국정부는 전항 목적을 성취함을 위하여 군략상 필요한 지점을 수시 취용함을 얻는 일.

제 5조 대한제국 정부와 대일본제국 정부는 상호간 승인을 불경하여 종래 본 협정취지에 위반할 협약은 제 3국간에 바로 잡지 못할 일.

제 6조 본 협약에 관련한 미실세조는 대일본제국 대표자와 대한제국 외부대신간 임기 협정할 일.

한일의정서는 처음으로 일제의 내정간섭과 군사개입을 힙법화 시켜 수었다. 갑오개혁시에도 일본의 간섭이 있었지만, 그것은 왕과 정부에 대한 건의였고, 제도적으로 보장되지 않았다. 그리하여 국정에 개입할 수 있고, 또한 과거 민란, 동학란 그리고 장차 일어날 수 있는 의병항쟁과 같은 반정부, 항일운동에 개입할 있게 하였다.

외부대신 이지용은 전술한 바와 같이 왕실의 촉망 받는 후예(고종의 조카, 대원군의 손자)인 동시에 일찍이 문과에 장원으로 급제하여 일·미·청을 유력한 개화세력이라 할 수 있다. 그런데 일본에 국사범으로 2회나 망명하면서 친일관료가 되었다.

33) 국사편찬위원회, 「고종시대사」 6권, p.15
34) 「고종실록」, 44권, 광무 8년 2월 23일

'한일협정서'는 일제가 추천하는 재정 및 외교의 고문을 채용하고, 또 외교권을 사전에 일본과 상의하게 하였다. 그래서 1904년 7월 군사경찰훈령에 의하여 한국의 치안을 일본이 담당한다고 통고하였고, 1905년 1월에는 화폐조례를 공포하여 일본 화폐 유통의 공인, 한국의 국고 및 화폐정리사업을 일본 제일은행에 위임한다고 하였다.

2) 한일협상조약

일제는 1905년 11월 '한일협상조약'을 체결한 후 합법적인 침략을 위한 본격적인 침략 절차에 들어 갔다.

이 조약에 대한 대신회의에서 참정대신 한규설과 법부대신 이하영 및 탁지부대신 민영기만이 반대하였다.[35] 이러한 침탈에 대하여 허위(許蔿)등이 배일통문을 돌려, 일본공사(하야시)가 요구한 전국 황무지 개간권, 해안어채권, 철도 부설권 등에 대한 반대 상소를 올리고, 원용팔 의병장 등이 충청도(영춘)와 강원도(영월)에서 기병을 하였다. 반면에 이용구와 송병준은 일진회를 조직하여 한일보호조약을 촉구하는 성명을 발표하였다.

한편, 1904년 8월 22일 주한 일본공사(하야시)가 다음의 3건을 외부대신서리(윤치호)와 내의하고, 그의 동의를 얻은 후 오늘 황제의 채납을 거쳐 동각서에 조인하였다.[36]

① 대한정부는 대일본정부가 추천하는 일본인 1명을 재무감독으로 탁지부에 고빙하여 재무에 관한 사항은 그 의견을 듣고 시행할 일.
② 대한정부는 대일본정부가 추천하는 외국인 1명을 외교고문으로 외부에 용빙하여 외교에 관한 요무는 일체 그 의견을 자문하여 시행할 일.
③ 한국정부는 외국과의 조약을 체결하여, 기타 주요한 외교 안전, 즉 외국인에 대한 특권 양여 또는 계약 등 처리에 관하여서는 미리 대일본정부 대표자와 상의할 일.

---

35) 이등박문 일본 특파대사가 한규설 등 한국의 대신과 원로대신을 여관에 초청하여 외교권 등 4개 항을 제시하고 인허할 것을 요구하였으나, 모두 불가하다고 하였다.(국사편찬위원회, 「고종시대사」, 6권, p.379)
36) 「고종실록」, 44권, 광무 8년 8월 22일

그리하여 1905년 11월 17일 일본의 특명전권대신 이또 히로부미(伊藤博文)가 고종에게 제시한 한일보호조약안, 즉 '한일협상조약'을 한국 외부대신 박제순과 일본 특명전권공사 하야시(林根祖)가 마침내 다음과 같이 체결하게 하였다.[37]

일본국 정부 및 한국 정부는 양 제국을 결합하는 이해 공통의 주의를 공고히 할 목적으로 하고, 한국이 부강한 사실을 인정할 때까지 이 목적으로 다음과 같은 조약을 약정함.

제 1조 일본국 정부는 재동경 외무성을 경유하여 금후 한국이 외국에 대한 관계 및 사무를 감리지휘 함이 가하고 일본국의 외교 대표자 및 영사는 외국에 있는 한국의 신민 및 이익을 보호함이 가함.

제 2조 일본국 정부는 한국과 타국 간에 현존하는 조약의 실행을 완전히 지키게 하고, 한국정부는 금후 일본 정부의 중개를 거치지 않고 국제적 성질이 있는 하등의 조약이나 약속을 아니함을 약속함.

제 3조 일본국 정부는 그 대표자로 하여금 한국 황제폐하의 궐하에 1명의 통감을 두되 통감은 전적으로 외교에 관한 사항을 관리하기 위하여 경성에 주재하며, 친히 한국 황제폐하에게 알현하는 권리를 가짐. 또한 일본국 정부는 한국의 각 개항장 및 기타 일본국 정부가 필요로 하는 곳에 이사관을 두는 권리를 가지되 이사관은 통감의 지휘하에 종래 한국, 일본 영사에게 속한 모든 직권을 집행하며 보노 협약의 조관을 완전히 실행하기 위하여 필요한 일체의 사무를 장리함이 가함.

제 4조 일본국과 한국간 현존하는 조약 및 약속은 본 협약 조관에 저촉하는 것 이외는 모두 그 효력을 계속하는 것으로 함.

제 5조 일본국 정부는 한국 황실의 안녕과 존엄을 유지함을 보증함. 이상 증거로 협약 당사자는 각각 본국 정부에서 상당한 위임을 받아 본 협약에 기명 조인함.

이리하여 한국정부는 왕실의 유지는 보증받으나 외교권이 박탈되고, 일

---

37) 「고종실록」, 46권, 광무 9년 11월 17일

본의 통감부와 개항장의 이사관이 설치하게 되었다. 이 조약으로 한국은 일본의 보호국으로 전락되었다. 그리하여 최익현(전 호조참판), 조병세(전 의정대신) 등은 외부대신 박재순, 내부대신 이지용, 군부대신 이근택, 학부대신 이완용, 농상공부대신 조중현을 소위 을사 5적이라 하여 성토하는 상소문을 올렸다.[38)]

전 의정대신(총리대신)인 조병세와 이근명은 참정대신 한규설이 반대한 이 조약의 파기를 주장하면서 대안문 앞에서 복합하였으며, 전 참판 홍만식, 시종무관장 민영환, 전 의정 조병세, 전 참판 이명제, 전 참판 송병준 등이 자결하였다. 그 밖에도 전 참판 민종식, 전 중추원의관 정환직, 전 참의 최익현, 의병장 신돌석, 전 평해군수 장재천 등이 의병을 일으켜 일본 경찰과 접전하였지만 체포되었다.

그러나, 일제는 한일협상조약에 규정된 대로 한국에 대하여 지도, 보호 및 감리를 구체화 하기 위하여 1905년 12월 21일 칙령으로 통감부 및 이사청 관제를 공포하여 실제로 한국을 간접 통치하였다. 그 주요한 내용은 다음과 같다.[39)]

첫째, 통감부는 한국 경성에 두고 통감부에 총독을 두며, 통감은 천황에 직속이며 외교는 외무대신과 내각 총리대신을 경유하고, 그 밖에 사무는 내각총리대신을 경유하여 재가를 받는다.(제 1, 2조)

둘째, 통감은 한국의 안녕 질소를 유지하는데 필요하다고 인정하면 한국 수비군의 사령관에 병력의 사용을 명령할 수 있다.(제 4조)

셋째, 한국의 시정사무에 대하여 조약에 기초한 의무이행을 필요한 경우 한국정부에 이첩하여 그 집행을 요구할 수 있다.(제 5조)

넷째, 통감은 제국관리와 한국정부에 용빙된 자를 감독하고(제 6조), 소관 부서의 관리를 통독하는데 주임관의 진퇴는 내각 총리대신을 경유하고 판임관 이하의 진퇴는 전횡한다.(제 9조)

여섯째, 통감부에는 다음의 직원을 둔다.(제 11조)

---

38) 상소문은 최창규(편)의「한말우국 명사 상소문」, 서문당, 1975을 참고하기 바람.
39) 田保橋梁,「朝鮮統治史論稿」, 1972, 성진문화사, pp.16~18

총무장관 1인(칙임)	서기관 7인(주임)
외무총장 1인(칙임)	경시 5인(주임)
농상공무총장 1인(칙임 또는 주임)	기사 5인(주임)
경무총장 1인(칙임 또는 주임)	통역관 10인(주임)
비서관 1인(주임)	촉, 경부, 기수, 통역생 45인(판임)

이리하여 한국에 통감부를 설치하여 통감이 한국의 대신 및 고등관의 실질적 인사권을 장악하였으며 심지어 한국 수비군의 병력동원을 행사할 수 있게 되었다.

이와 같이 통감부가 설치되면서 왕권은 유명무실하게 되었다. 예컨대 1907년 5월 22일 이완용 임시서리 외무대신이 이또 히로부미(伊藤博文)의 천거를 받아 박제순 참정대신 자리에 임명된 것을 보면, 통감의 권력을 실감할 수 있다. 따라서 한일협약체결시 내각의 대신들은 일제 통감의 입김이 작용하였다고 볼 수 있다.

그러면, 한일협약 당시 내각 대신들의 출신배경을 고찰한다. 표 5에서 볼 수 있는 이완용 내각대신의 특성은 다음과 같다.

첫째, 대신들의 평균 연령은 48.2세이다. 특히, 왕실의 부마와 친족 출신은 그 연령이 다른 대신에 비하여 낮은 편이다.

둘째, 대신들의 본관은 과거처럼 전통적인 명문세족 출신이 적고 다양한 성씨족 출신들이다. 그러나 왕실의 친인척(부마 또는 생질)이 3명이나 된다.

셋째, 대신들의 입관 자격은 문과 출신 보다도 무과와 잡과 출신이 더 많다.

넷째, 대신들은 일본을 유람한 이완용과 이재곤을 제외하고 대부분 의화군 또는 황태자의 수원으로 경험을 하였다.

다섯째, 대신들은 갑신정변시 핵심인사(박영효, 개화당 영수)가 있고, 또 당시의 군기처 등에 종사하였다.

여섯째, 대신들은 거의 대부분 일본의 최고 훈장(1등)인 욱일장(旭日章)을 받았다.

일곱째, 대신들은 한일합방시 까지 고위관료(대신 등)를 많이 지냈고, 합방 후 자작을 받아 조선귀족이 되었다.

<표 5> 한일협상조약(1905) 대신의 신분배경

직책	성명	본관	연령	과거	본인 관직			4조 관직			일본과의 관계				작위
					갑신정변	갑오개혁	조약 후	부	조부	외조	유학	공사	훈장	망명	
의정대신	朴齊純	반남	50	문과	통리아문 주사	장홍 부사	내무 대신	문과 주부							백작
외부대신	李夏榮	경주	46		외아문 주사	외아문 참의	법부 대신					주일공사 (2회)	욱일장		자작
내부대신	尹容求	해평	52	문과		예판	10회 대신	부마	판관						남작
법부대신	權重顯	안동	51		부산항 서기관	군기처 회의원	농공 대신	문과 대간		생원 우윤	일본유람				자작
군부대신	李根澤	전주	46	무과	무과 급제	시종 무관	법부 대신	무과 찬정	무과 병사	무과					자작
학부대신	李址鎔	전주	40	문과	동몽 교관	고부 군수	궁내부 대신	문과·예판	영상	공판		주일공사 (대사)	욱일장		백작
탁지부 대신	高永熙	제주	56	역과	외참	학참	내부 대신				신사유람단 의화군수원	주일공사	욱일장	개화당 망명	자작
농상공부 대신	趙同熙	양주	49	문과	군기처 참의	도승지	궁내부 특진관		영의정				팔계장 (훈1등)		남작
궁내대신	朴泳孝	반남	44	철종 사위	개화당 영수	총리 대신		진사 공판	영의정			신사유람단 정사		갑신 망명	후작

이러한 것을 보면, 이완용 내각의 대신들은 대부분 친일 개화세력이라고 볼 수 있고, 이들은 전통적인 신분배경(과거, 씨족, 외유 등)을 덜 지니고 있다.

한일협약 체결 당시에 황실의 친인척이 3명이 있는데도 불구하고 국권(왕권)을 사수하기 보다는 외교권을 빼앗기고 통감을 황실에 두게 한 것은 스스로 자주성을 고수할 생각이 없었다고 본다.

4. 한일협약과 의병전쟁

1) 한일협약

1907년 5월 22일 이완용은 이등박문 통감의 추천으로 의정부 참정대신이 되었다가 관제개혁으로 총리대신이 되었다.[40] 그는 통감통치를 가능케

한 을사보호조약을 체결한 장본인이다.

고종은 1907년 4월 이준・이상설을 해이그에서 개최되는 만국평화회의에 밀사로 파견하면서 을사보호조약의 잘 못을 만방에 알리도록 하였다. 이 해아밀사사건으로 통감 이등박문은 이완용 총리대신을 불러 크게 힐책하면서 이 사건은 황제가 책임을 져야하고 협약을 위반하였기에 선전할 권리가 있다고 하였다. 그리하여 이완용은 황제에게 ① 1905년 11월에 체결한 한일협약에 어새를 찍어 추인하고, ② 습정을 둘 것, ③ 황제가 친히 일본에 가서 일황제에게 사과하는 것을 요청하였으나 고종 황제는 거부하였다. 이완용은 다시금 황태자에게 양위할 것을 강요하였으나 거절을 당하였다.41)

이에 이완용 총리대신과 조중응 법부대신은 선양에 반대한 박영효 궁내부대신과 시종원경 이도재, 전 홍문관학사 남정철을 체포, 정죄케 하고 이를 반대하는 인민들의 소우를 저지하지 못하였다 하여 경무사 김재풍, 선양을 반대한 육군보병 이갑, 군대의 소동을 저지하지 못한 육군보병정위 임재혁을 구속, 징변케 하고 면직하였다.42)

한편, 1907년 7월 6일 송병준은 고종 양위를 어전회의에서 주장하였고, 그 후 이완용과 송병준 등 전 각료도 어전회의에서 계속 고종의 양위를 주장하였다. 이것은 불충이군(不忠二君)이라는 유학선비의 도리가 아니다. 일본 외상(林董)도 내한하여 고종의 양위를 강권하였다.

그리하여 1907년 7월 19일 고종은 양위소칙을 발표하였으며, 이완용은 통감 이등박문, 일군 사령관 장곡천호도, 일 외무대신 임동과 비밀 각서를 조인하였다. 그래서 1907년 7월 24일 새로운 '한일협약'이 체결되었다.

이 한일협약은 내각총리대신 이완용과 통감후작 이등박문이 체결한 것인데 이것으로 실질적으로 일본의 보호국이 되어 버렸다. 그 조약의 내용을 보면 다음과 같다.43)

---

40) 「조선귀족열전」, 조선총독부 인쇄국, 1900, p.59
41) 「고종시대사」, 1907년 7월 16일
42) 상게서, 1907년 7월 21일
43) 「순종실록」1권, 광무 11년 7월 24일

일본국 정부 및 한국 정부는 속히 한국의 부강을 도모하고 한국민의 행복을 증진하고자 하는 목적으로 다음과 같은 조관을 약정함.

제 1조 한국 정부는 시정개선에 관한 통감의 지도를 받을 일.

제 2조 한국 정부의 법령 제정 및 중요한 행정상 처분은 미리 통감의 승인을 경유할 일.

제 3조 한국의 사법사무는 보통 행정사무와 이를 구별할 일.

제 4조 한국 고등관리의 임면은 통감의 동의로서 이를 행할 일.

제 5조 한국 정부는 통감이 추천한 일본인을 한국 관리로 임명할 일.

제 6조 한국 정부는 통감의 동의 없이 외국인을 고빙하지 않을 일.

제 7조 명치 37년 8월 22일 조인한 일한협약 제 1항을 폐지할 일.

위와 같이 하명(이완용과 이등박문)은 각각 본국 정부의 상당한 위임을 받아 본 협약에 기명 조인한다.

여기에서 한국 정부의 법령 제정이나 주요한 행정 처분은 일본 통감의 동의가 필요하며, 한국의 국무대신이 되는 고등관리의 임면은 통감의 동의가 필요하고, 통감이 추천하는 일본인을 한국관리로 임명하게 되었다. 그 표준은 다음과 같다.[44]

① 각 부 차관

② 내부 경찰국장

③ 경무사 또는 부령무사

④ 내각 서기관 및 서기랑(판임) 중 약간명

⑤ 각 부 서기관 및 서기랑 중 약간 명

⑥ 각 고 사무관 1명

⑦ 각 도 경무관

⑧ 각 도 주사(판임) 중 약간 명

그 밖에 경찰, 재무 및 기술관은 필요에 따라 임용할 수 있게 되었다.

44) 田保橋潔, 전게서, p.30

이리하여 1907년 을사보호조약의 체결로 일제의 조선통감통치가 실시되었다. 조선의 통감은 이등박문인데 그는 일본의 군부대신과 내각총리대신을 지낸 자이다.

그러면, 한일협약 체결 당시 이완용 내각의 대신들이 누구인 가를 고찰하여 본다.

<표 6> 한일협약시 대신의 출신배경

직책	성명	본관	연령	과거	본인 관직			4조 관직			일본과의 관계				작위
					갑신정변	갑오개혁	1907 이후	부	조부	외조	유학	공사	훈장	망명	
총리대신	李完用	우봉	50	문과		일본공사	궁내부 특진관 참정대신	문과 판사		진사	미,청,일 유력	주일 전권공사	대훈추화장		후작
내부대신	林善準	풍천	47	문과			탁지부 대신	교관	집의				욱일장		자작
군부대신	李秉武	전주	44	무과	무과급제	친군 부영관	육군참장				의화군 수원 육사종		욱일장		자작
학부대신	李在崑	전주	48	문과	홍문과 부응교	농내부 참의	학부대신	현령			일본여행		욱일장		자작
농상공 대신	宋秉畯	은진	49	무과	사헌부 감찰	친군 영관	내부대신				황태자 배종			체일	자작
탁지부 대신	高永喜	제주	59	역과	통리아문 참의	내무 참의	학부협판 대신서리				의화군 수원	주일 전권공사	욱일장		자작
법부대신	趙重應	양주	48	전강 유생	시복변계 조사위원	진고과 주사	법부대신	진사 주사	생진사 목사		의화군 파견원		욱일장	국사범	자작
궁내부 대신	朴泳孝	반남	46	부마	주도자	내무 대신	궁내부 대신	문과 판서	영의정		수신사			망명	후작

표 6을 보면, 이완용 내각 대신들의 신분배경의 특성은 다음과 같다.

첫째, 이들의 평균 연령은 49.2세이다

둘째, 대신들의 씨족배경이 과거와는 달리 비교적 다양한 성씨들이다.

셋째, 대신들의 입관자격은 문과 출신과 무과 출신 그리고 잡과 출신들로 다양하게 구성되어 있다.

넷째, 대신들은 갑신정변과 갑오개혁시에 개혁기구에 많이 참여하지 않았다.

다섯째, 대신들은 거의 모두 일본에 여행을 하였거나 의화군 또는 황태자의 수원으로서 다녀 왔다.

여섯째, 한일합병을 주장한 일진회 송병준 회장이 농상공부대신이 되었다. 그는 무관 출신으로 일본에 15년간 있다가 귀국하였다.

일곱째, 대신들은 거의 모두 일제의 1등 훈장인 욱일장 등을 받았다.

여덟째, 대신 중에 이완용과 고영희는 주일 전권공사를 지냈고, 이병무는 한인으로 최초 일본 육사를 졸업하였으며 송병준, 고영희, 이병무, 조중응은 일어에 능통하다.

아홉째, 대신들은 한일합방시 모두 작위(자작)를 받아 조선귀족이 되었다.

이와 같이 이완용 내각의 대신은 거의 대부분 친일 개화세력이며 이완용과 마찬가지로 통감이 추천하였을 것으로 생각된다. 그는 일본의 경험이 많고, 또 일어에 능통한 친일 관료들로 구성하였다.

2) 의병전쟁

(1) 접전 상황과 원인

1907년 7월 고종 양위의 발표와 한일협약, 즉 을사보호조약의 체결, 그리고 순종의 군대해산과 통감에게 폭동 진압 의뢰의 소칙을 발표하자, 일부 시위대가 일본과 치열한 접전을 하였고(대대장 박성환 자결) 전국 각지에서는 유인석 부대(충주 · 제천), 민긍호 부대(원주), 이강연 부대(문경), 신돌석 부대(3백명), 노응규 부대(진주), 이인영 부대(13도 창의군 대장), 허위 부대(군사장), 경상도의 이유인, 정한직, 전라도의 기우만, 백낙규, 충청도의 노병대 등 의병장, 홍병도 부대 등 많은 의병장이 곳곳에서 투쟁하였다.[45)]

이에 대하여 일제는 합방전 일본 헌병이 한일간 경찰권을 장악하여 의병해산 조칙과 의병토벌령을 내렸고, 일본 헌병대는 호남의병, 영남의병에 대한 남한대토벌 작전(1905.9.1, 3개월)에 들어가 대부분의 의병장을 체포하였다.[46)]

의병전쟁이 가장 심하였던 1907년 이후 1911년 까지의 의병들의 접전

---

45) 의병장의 반일 반정부 투쟁은 김의환의「항일 의병장 열전」(정음사, 1975)을 참고하기 바람.

46) 홍순권,「한말 호남지역 의병운동사 연구」, 서울대 출판부, 1994

상황과 의병토벌의 내용은 표 7과 같다.

<표 7> 의병접전과 의병토벌시의 피해상황

	의병접전								의병토벌				
	접전 회수				의병수				일본측 피해		의병측 피해		
	수비대	헌병	경관	계	수비대	헌병	경관	계	피살	부상	피살	부상	포로
1906									3	2	82		145
1907	307	10	6	323	41,871	1,145	1,100	44,116	29	63	3,627	1,592	139
1908	1,016	375	60	1,451	53,418	14,174	2,237	69,529	75	170	11,562	1,719	1,417
1909	291	575	32	898	8,665	15,918	1,801	24,583	25	30	2,374	435	329
1910	19	121	7	147	252	1,563	76	1,815	4	6	125	54	48
1911	4	28	1	33	45	168	3	216		6	5	6	6
합계	1,637	1,109	106	2,852	104,251	32,968	4,596	140,559	136	277	17,779	3,706	2,139

(자료) 조선주차군사령부 편찬, 「조선폭도토벌지」

표 7을 보면, 의병이 일군과의 접전회수는 5년 동안 2,852회이고, 의병수는 140,559명이다. 의병이 접전한 일본군은 수비대의 정규군으로 접전회수의 57.3%를 차지하고, 접전한 의병수는 전체의 74.2%였다. 나머지도 대부분 일본 헌병대와 접전하였으며(횟수는 38.9%이고, 의병수는 23.5%), 경찰관과 충돌한 것은 극소수이다.47) 의병전투가 가장 심하였던 지역은 1908년에는 강원도였고,(회수 13.8%, 병력 22.5%) 1909년에는 전남이었다.(회수 31.5%, 병력 45.6%) 그리고 영남, 황해, 충청 등 전국 각지에서 많이 일어났다.

한편, 1906년 부터 시작된 의병토벌의 내용을 보면, 일본측의 피살자가 136명이고 부상자가 277명이었으나 의병측의 피살자는 17,779명이고 부상자가 3,706명이며, 포로가 된 의병은 2,139명이다.48) 그 뿐만 아니라 일군이 노획한 총이 8,511개, 칼이 429개, 창이 651개이다. 그 밖에도 많은 귀순 의병들이 있었다.49)

---

47) 의병에 관한 경찰과 군대의 사무구별은, 군대가 직접 의병을 토벌하는 것이고, 경찰은 주로 의병이 소재동정을 군대에 통보하여 토벌행동을 용이하게 하는 것이라 하였다.(한국 내무경찰국「경찰일반」, 융희 4년 3월, p.158)

48) 의병이 처단한 지방관은 관찰사(4명), 군수(11명), 주사(3명), 경무관(3명), 총순(2명) 등 26명이고 일본인은 43명이다.(강재언, 전게서, p.23)

49) 1907년 10월부터 1909년 6월 까지「각 도군 보고」를 보면, 각 도군 선유위원들

이와 같이 빈약한 무기로 제대로 훈련을 받지 못한 의병이 청일전쟁과 노일전쟁에서 잘 훈련된, 우수한 무기를 지닌 일제의 군경과 접전한 결과는 전술한 바와 같이 막대한 인명피해가 나오기 마련이다. 일제의 토벌작전은 초토화 작전이기 때문에 당시의 전장이었던 지방의 읍촌은 거의 폐허가 되다시피 하였다.[50)]

이와 같이 엄청난 희생자를 낸 의병전쟁은 일제의 침략정책을 지원한 친일 권력지배층이 자초한 것이다. 다시 말하면 갑오개혁을 비롯하여 1904년 '한일의정서'체결 이후에 나타난 국권 상실에 대한 항쟁이고 백성을 도탄에 빠지게 한 봉건관료(수령과 아전)에 항쟁이며 나아가 일제의 무력침략과 토벌에 대한 항일 독립운동이었다.

이러한 항쟁을 하게 되는 이유는 의병들의 격문이나 항의문 및 서간문 등에서 잘 나타나 있다.[51)] 1907년 2월에 많이 뿌려진 참간장(斬奸狀)을 보면[52)], 그것을 잘 알 수 있다.

이 각 지방의 의병활동과 귀순자들에 대한 보고가 들어 있다. 예컨대 강원도 선유위원 박성빈은 원주, 횡성, 양군의 귀순자가 400여명(수비대 자수자는 151명)이 되고, 이 곳에는 오정묵 의병장이 포수 100여명과 병정 50명과 함께 귀순하였다고 한다. 또한 경기 선유위원 이천영(이천군수)은 이천, 안성, 수원, 가평 등지에서 46명의 귀순자를 보고하였다.

50) 1908년 11월 강원도 관찰사 이규만(갑신정변시 일본 망명)은 홍천, 인제, 양구의 3개군 순회보고를 총리대신 이완용에게 한 내용을 보면, 홍천읍 가옥은 작년말 폭도 봉기할 때 2/3 이상이 소손되었음으로 그 광경이 참담하고, 홍천군아는 수비대가 사용하여 군사무는 왜소한 누옥인 부속건물에서 집행하는지라, 밤에 각 면장, 인민 및 아소학교 생도등을 소집하여 훈시연설을 하였는데 회집자는 6,70명이라고 하였다. 관찰사의 훈시 요지는 우리나라가 일본과 협약하여 모든 문물을 모방하였지만 결코 합방은 국제공법상 부당하고, 완전한 독립을 유지하려면 10만의 상비병과 상당한 군함이 있어야 하는데 현재로는 이것이 불가능한지라 그 재원을 조성하기 위하여 모든 사람들이 각자 생업에 근면해야 하고, 농업 경작의 방법, 종자 개량 및 비료의 사용을 하면 현재의 3배 수확이 가능하다고 하였다. 또한 문명국은 모두 외국의 부를 자국에 흡수하고 외국인 배척은 미개국에서 행한다고 하면서 우리나라가 국력과 문명이 독립할 정도면, 우리도 일본의 권도를 사양할 것이라고 하였다.(「각 도군 보고」, 융희 1년 10월~3년 6월)

51) 유광열, 「항일선언 창의문집」, 서문당, 1975 참조.
한국독립운동사연구소, 「독립운동가 서한집」, 2006

참 간 장

이완용은 러시아에 붙었다가, 일본에 붙어 제일 먼저 조약 체결을 주창하였으니 그 죄를 따지면 죽이지 않을 수 없다.

권중현은 이미 조약을 체결하고 농부일국을 외인에 양여했으니 그 죄를 따지면 죽이지 않을 수 없다.

이하영은 조약 체결의 일이 실제로 그의 손에서 나오고 속으로 찬성하면서도 겉으로 아닌 체하여 국민을 속였으니 그 죄를 따지면 죽이지 않을 수 없다.

민영기는 조약 맺는 일을 내가외부하였고 전국의 재정을 외인에게 맡겼으니 그 죄를 따지면 죽이지 않을 수 없다.

박제순은 자신이 외무대신이 되어 조약을 맺고 나라를 팔아 먹었고, 또 정사에 참여하여 정권을 양도했으니 그 죄를 따지면 죽이지 않을 수 없다.

이지용은 갑신의정서와 을사조약이 모두 그의 손에서 나왔으며 관직과 벼슬을 팔아 나라를 망쳤으니 그 죄를 따지면 죽이지 않을 수 없다.

이근택은 조약을 체결하고 자신의 공로로 삼아 임금을 위협하였으며 백성에게 해독을 끼쳤으니 그 죄를 따지면 죽이지 않을 수 없다.

위의 격문을 보면, 부득불 죽이지 않을 수 없는 권력지배층은 대부분 전술한 한일의정서, 한일협상조약, 한일협약 등의 체결에 서명하였거나 관여한 주요 대신들이다. 이들에 대한 죄명이 이완용은 러시아와 일본에 붙이서 조약 허락을 주도하였고, 권중현은 농부일국을 외인에 양여하였으며, 이하영은 속으로는 동의하면서 겉으로는 아니라고 한다는 것이다. 민영기는 전국 재정을 외인에 위탁하고 박제순은 매국조약을 체결하였고 또 참정이 되어 정권을 양도하였으며, 이지용은 갑신의정서와 을사조약을 모두 자기 손으로 체결하고 매관매직하여 종사를 망하게 하였으며, 이근택은 군주(임금)를 위협한 죄로 마땅히 살해해야 한다고 주장하였다.

따라서 일제의 침략적인 조약을 폐지해야 하고, 그간 권력지배층이 주권포기, 이권양여, 매국, 매관매직, 사대성 등 큰 죄를 지었기 때문에 마땅히 죽여야 한다는 것이다.

---

52) '참간장'은 규장각 고문서임.

(2) 의병의 주역

1905년 이후 의병투쟁은 동학 농민운동과는 달리 극소수의 왕실과 권력 지배층을 제외하고는 전 국민이 참여한 반봉건, 반침략운동이라 할 수 있다. 이러한 의병전쟁에 참여한 의병수는 표 8에서 볼 수 있는 바와 같이 약 14만명이라고 하지만 실제로는 그 보다도 훨씬 많으리라고 생각한다. 이러한 의병에 참여한 의병들은 초기에는 관료양반들이 주도하였으나 점차 농민과 상인들이 주도하였다.

<표 8> 의병의 투쟁형태별 직업

(단위 ; %)

	농업	상업	교사	유생	해산병	전관리	사원	직공	고용
의병	62.2	10.0	0.3	0.5	0.3	0.4	0.1	0.6	1.0
군자모집	37.1	3.2	1.6						
민족차별	100.0								
배일운동	8.9	26.8	26.8			0.8	2.4	2.4	0.8
독서회								16.7	
종교운동	100.0								
의열단									
기타	27.2			1.3		1.9	1.3	1.3	1.3
합계(%)	51.8(693)	12.0(160)	5.1(8)	0.5(7)	0.2(3)	0.6(8)	0.7(6)	0.9(12)	1.0(13)

	제조업	학생	무직	주막	전문직	승려	기타	미상	합계
의병	1.7	0.3	4.6	1.9	1.1	0.3	2.0	12.5	99.8(982)
군자모집	3.2		46.8		1.6			6.5	100.0(62)
민족차별									100.0(3)
배일운동	5.7	5.7	6.5	1.6	3.3		6.5	1.6	100.0(6)
독서회			83.3						100.0(2)
종교운동									100.0(1)
의열단			100.0						
기타	2.5	0.6	11.4	1.3	1.9	17.1	7.0	1.9	100.2(158)
합계(%)	2.2(30)	0.8(11)	7.9(106)	1.7(23)	1.4(19)	2.2(30)	2.9(39)	9.9(132)	99.8(1,337)

(자료) 김영모,「한국지배층연구」, 일조각, 1982

1905년에서 1910년간의 의병전쟁에 참여하였다가 체포된 의병(844명)의 직업을 분석하여 보면, 농민이 전체의 62.2%로서 가장 많다.[53] 그 다음은 상

53) 저자가 조사한 의병투사는 1905~1918년간 경성, 대구, 광주, 공주, 전주 등 지방

업(10.0%)과 미상(12.5%) 및 무직(4.6%)이고, 나머지는 전문직 등이다. 만약 의병전쟁에서 피살된 의병들을 고려한다면 농민의 수와 비율이 더욱 증가할 것이다. 이 농민의 계층적 성격은 소작 빈농이 더욱 많을 것이다. 왜냐하면 1910년 전국 가구의 84.1%가 농업에 종사하였는데, 이것의 약 2%가 지주이고, 자작농이 22%이며, 자소작농은 35%, 그리고 소작농은 41%가 된다.54)

이것을 보면, 당시의 사회적, 정치적 불만자는 역시 소작빈농에서 찾아 볼 수 있을 것 같기 때문에 62.2%의 농민은 당시의 이러한 피지배계층에 주로 속한다고 볼 수 있을 것 같다. 그리고 농업지대인 전라도에서 의병운동이 가장 심하였던 것을 보면, 그것은 일제의 농업침략과 지주와 소작농간 계급갈등이 가장 심하였기 때문인 것 같다.

다음으로 많은 군자모집자의 직업은 무직이 가장 많고(46.8%), 그 다음은 농업이다.(37.1%) 여기에서도 가장 많은 무직인 경우 단순히 무산자라는 뜻보다도 오히려 농업, 한량 등이 독립운동 때문에 일정한 직업을 가지고 있지 못한 것 같다. 왜냐하면 군경과 이웃의 눈을 피하기 위해서는 현업(생업)을 가지기 어려웠기 때문이다.55)

그 밖의 항일독립투사는 농업보다도 오히려 비농업에 종사하고 있다. 즉, 반일운동의 경우 상업, 교사, 무직이 많고, 기타의 경우는 농업, 상업, 승려 등이 많다.56)

여기에서 지적된 독립투사의 직업 개념이 사실상 대단히 모호하다. 이것

법원의 초심에서 유죄가 확정된 자1,337명이다. 이들은 왜경에 의하여 내란, 강도, 살인, 소우, 폭동의 죄명으로 실형 선고를 받았던 자들이다. (김영모, 「조선지배층연구」, 일조각, 1982, 제 1장 참고.)

54) 김영모 외 3인 공저, 「일제하 민족생활사」, 민중서관, 1971, pp.571, 601

55) 무직인 경우, 당시의 전국 무직자는 1.1%이지만, 서울의 경우 23.0%이다. 그러나 의병투사의 무직은 이러한 무산자의 경우도 있겠지만, 양기택(한국 매일신문 총무 및 편집차장)의 경우처럼 지식인도 있다.

56) 승려는 1910년 이전의 의병에서 많이 볼 수 있다. 예컨대 1895년 보함 외 4인의 이른바 승적당을 보면 공주 갑사, 영천 은해사, 과천 청계사, 인제 백담사, 해주 신광사의 승려들로 조직되어 있었고, 승려들은 후기에 이른바 활빈당원으로도 많이 활약하였다.

을 현대적 개념으로 해석할 것도 아니다. 농업종사자의 경우 전술한 바와 같이 지주부농이 아닌 것 같으며, 주경야투할 정도이면 자작농 및 소작농의 범주에 들어갈 것이다. 또한 상인과 제조업자도 영세한 것이며 피지배계급에 속할 것이다. 그러나 소수이지만 교사, 사무원, 전문직, 승려는 당시의 지식층이었다. 이와 같이 당시의 항일 독립투사는 초기에는 소수의 양반, 유생과 대다수의 소시민적 성격이 강한 농민, 상인, 무직자로 구성되었지만, 점차 근대적 지식인이 참여하고 있다.

이것을 본다면, 1910년 이전의 의병투사는 봉건지배계급 출신이 그 중심이 아니다. 따라서 의병전쟁은 항일 독립운동인 동시에 왜세와 야합한 봉건지배계급에 대한 신분해방투쟁의 면이 강하다.

당시 의병장과 귀순의병에 관한 신분 및 직업의 일본측 자료를 보면 대다수가 양반, 유생이었다.57)

1908년과 1909년의 의병대장과 부장, 총 430명의 신분, 직업을 조사한 결과, 직업이 분명치 않은 사람이 176명이고, 밝혀진 사람(255명)은 유생, 양반이 25.1%이며, 나머지는 농업(19.2%), 사병(13.7%), 무직, 화적(11.8%), 포군(5.1%), 광부(4.7%), 주사, 서기(3.5%), 장교(2.7%), 군수, 면장(2.4%), 상인(2.4%)의 순이다. 농업의 경우는 유생, 양반, 지방유지, 부농으로 병기된 자도 많다.58) 또한, 다른 자료에서는 1908년의 투항 귀순한 의병장, 부장(29명)의 27.6%가 양반이고, 나머지 72.4%는 평민이며. 의병의 신분은 양반이 2.7%인데 반하여 평민은 97.3%이다.59)

이것을 보면, 양반, 유생 출신의 의병장은 지역에 따라 25~28% 정도를 차지하고 나머지는 평민 출신이라는 것을 알 수 있다. 비록 양반, 유생이라

---

57) 박성수, 1907~1910년간의 의병전쟁에 대하여, 「한국사연구」, 제 1집, 1968
그는 「폭도에 관한 편책」에 수록되어 있는 한국 내부 경무국 폭도수계조(1908. 10)와 한국주차헌병대본부의 폭도수괴명부(1909. 3) 및 북부의 폭도수괴명부(1909)의 자료를 이용하고 있다. 이 자료에 의하면 의병장의 평균 부하는 30~50명 정도가 가장 많다.

58) 상게서, p.233

59) 상게서, p.234

할지라도 이들은 한말에 있어서 지배적인 사회경제적 지위를 차지한 것은 아니다. 이들은 유생의 전통적 존왕척사의식을 지니고 있다. 이와 같이 의병장 중에 양반, 유생의 사회경제적 지위는 대부분 피지배계층에 속한 것 같고, 이들은 다수가 서당 훈장 등 농촌의 지식인이다.

한편, 1908년 5월 말 현재 전국 귀순의병(2,227명)에 대한 직업조사를 보면, 전체의 78.7%가 농민이고, 그 다음은 해산병(6.8%), 상인(3.8%), 실업, 노동자(3.6%), 포수(3.5%), 유생, 양반(0.9%), 수공업자(0.9%), 기타(1.8%)의 순으로 되어 있다. 이들의 신분별 분석은 양반이 2.9%이고, 나머지 97.1%는 평민이다.[60] 여기에서도 대부분 귀순의병은 농민이고, 나머지도 거의 대부분 사회의 지배계급적 지위를 가지지 못한 자들이다.

그리고 의병운동 참가자 중(396명) 전체의 74.5%가 농업종사자이고 그 다음은 주점업을 포함한 상업 종사자가 15.7%, 대장쟁이와 목수를 포함한 수공업자가 4.3%, 그리고 품팔이(용인) 및 기타가 5.6%이다.[61] 그러나 호남지방 의병지도층(121명)의 신분은 양반이 전체의 40.5%이고 평민이 47.9%이며 나머지는 중인(4.6%)이다.[62] 다른 지방에 비하면 양반의 비율이 높다.

이러한 신분배경을 보면, 초기의 의병장은 양반 유생(대부분 해산병과 훈장 등)이 많았으나 점차 소작 농민들이 주도적 역할을 하였다.

(3) 의병전쟁의 성격

1904년 이후 의병운동이 나타난 것은 전술한 원인에서 본 바와 같이 국권회복과 봉건지배층에 대한 신분해방 뿐만 아니라 봉건지배층이 끌어들인, 일제의 무력침략에 대한 반침략 민족해방운동이라고 할 수 있다.

의병운동의 초기에 특히 국권회복을 위하여 관료양반들이 주도하였지만 후기에 갈수록 농민 및 상인 출신들이 의병전쟁을 주도하였다. 이들은 대부분 당시의 피지배계급이었고, 따라서 지배계급(관료 및 양반, 지주부농 등)과는

---

60) 상게서, p.235
61) 상게서, p.266
62) 홍순권, 전게서, p.227

이해관계를 달리하였다.

대부분의 의병투사는 동학당, 민란, 화적의 역사적 전통을 지니고 있기 때문에[63] 이들의 사회적 이익은 반봉건·반침략에서 찾을 수 있었다. 조국은 봉건적 절대군주와 지배층의 무능으로 식민지화 되었고 의병투사는 봉건적 신분지옥에서 해방되지 못하였기 때문에, 그들의 투쟁은 신분해방과 봉건정부를 타도하여 근대적 민족국가를 형성하려는 것이었다.

당시 지배계급의 이익은 생산관계에서도 발견할 수 있지만, 그 보다도 일제 식민주의자의 회유책에서도 발견할 수 있다. 일제 식민주의자는 작위수여, 은사금 지급, 관리 등용, 토지조사사업 등으로 전통적 지배계층의 지위를 보장하여 주고 회유하였다. 그러나 농민, 상인 등의 피지배계층은 개항이후 미곡수출, 고리대, 불법 토지점유 등의 경제적 침탈로 시달렸고, 동학란, 민란, 화적, 활빈당의 농민투쟁에 있어서도 무력에 의한 일제 군경의 토벌과 노일전쟁시의 부역, 징수 등의 군사적 침학에 시달렸던 것이다. 더욱이 한말의 관료지배층은 그들의 대부분이 일본에 시찰 및 유학한 개화세력이지만, 정부관료로서 오히려 농민투쟁과 의병전쟁을 진압하는 일제의 앞잡이가 되었으며,[64] 또한 지방관료의 농민에 대한 탐학이 대단히 극심하였다.

그러므로 농민과 상인의 눈에는 이러한 개화관료는 매국노로 보였고, 그들은 이러한 지배계층에 대한 투쟁이 동시에 일제 식민주의자로 부터 해방의 길임을 확신한 것 같다. 즉 친일 관료지배층의 이익이 바로 일제 식민주의자의 이익과 동일한 것으로 보았다.

이와 같이 의병투사의 정치적 사회적 갈등은 식민주의에 대한 민족적 이익과 지배층에 대한 신분적, 계급적 이익의 차이에서 발생되었다. 따라서 항일민족독립운동은 민족해방운동인 동시에 신분 및 계급해방운동의 성격을 지니고 있다.

---

63) 1908년 10월 1일 경북관찰사 박정량은 경찰국장에 보고하기를 왕년의 동학당, 화적, 아소교도, 진위대 출신들이 적도(의병)들이라고 하였다.(「폭도사편집자료」, 1909, pp.2~3)

64) 1895년 이후 동학도와 의병 등 독립투사를 다룬 고등재판소 및 평의원의 재판장은 당시의 관료지배층이고, 이들은 서광범, 장박, 이범선, 한규철, 홍종우, 김영준, 이근택, 이윤용, 이도재 등 개화관료이다.

5. 일한합방과 조선귀족

1) 합방조약의 성립배경

일제는 1907년 7월 통감부(초대 통감에 이등박문)를 설치하고 각 부에 일인 차관을 임명하여 내정감독권을 발휘하였다. 그들은 1907년 7월 24일 한일협약을 체결하자마자 언론・출판의 자유를 제한하고(신문지법 제정) 집회・결사・언론의 자유를 구속하며(보안법, 출판법 제정) 나아가 군대까지 해산시켰다. 그리고 일제는 한국 경찰권을 완전히 장악하여[65] 앞 장에서 본 바와 같이 점증하는 반일 의병 토벌에 나서게 되었다.

이러한 상황에서 일제와 친일대신의 고종 양위 요구로 순종이 즉위하였지만, 왕권은 거의 상실되었으며 오히려 친일 사대주의 관료들이 일제의 간섭에 따라 국정을 좌우하였다. 심지어 농상공 및 내무대신을 지낸 송병준(무과 출신, 사헌부 감찰, 양지현감)은 일본수상(桂太郎)에게 한일합방을 건의하였다. 그리하여 일본 수상은 1909년 4월 10일 외상과 통감(이등박문)과 함께 한일합방 시행지침[66]을 협의하였다. 1909년 10월 26일 안중근 의사가 통감 이등박문을 하얼빈 역전에서 살해하자 일진회(회장 이용구)는 황제, 통감, 총리대신(이완용)에게 합방의 상주문 및 청원서를 제출하였으며, 일본 조야에서는 이 기회에 한국을 합방시키자는 여론이 비등하였다. 그리하여 일본 수상은 데라우찌 마사다께(寺內正毅) 통감에게 한국병합 실행에 관한 방침을 통보하였으며, 데라우찌 통감은 합병 처리방안[67]을 마련하여 한국에 부임하였다.

데라우찌 통감(일본 육군대신)이 착임하자 이재명 의사에게 자격을 당한

---

65) 박제순 총리대신서리(내부대신)와 데라우찌 통감은 '각서' 형식으로 한국경찰제도를 완전히 개선하고 한국 재정의 기초를 공고히 할 목적으로 한국정부는 경찰사무를 일본국 정부에 위탁한다(제 1조)고 하였다.(「순종실록」, 융희 4년 7월 24일)

66) '합방안의 실행지침'은 국사편찬위원회, 「한일독립운동사2」, 1966, p.6, 10을 참고하고, 합방과정에 대해서는 국사편찬위원회의 「일제하 한국 36년사, 下」, 1966, pp.2~7을 참고할 것.

67) 상게서, pp.10~11를 참고할 것.

후 이완용은 7월 31일 내부대신(박제순)과 농상공부대신(조중응)을 초치하여 시국 대책을 논의하고 통감의 흉중을 알아내어 이에 대한 대책을 마련하기에 초조하였다. 그런데 퇴관하여 동경에서 일진회를 조종하던 송병준이 돌연히 귀국하자 이완용은 을사보호조약 이후 쌓아온 자신의 지위에 불안을 느끼고 일본의 합병의사에 노골적으로 영합하였다. 친미, 친노, 친일 등 변전하여 자신의 영달을 꾀하여 온 이완용은 이번에도 일제에 아부하여 민족과 국가를 팔았다.68)

데라우찌 통감은 일한합병에 대한 예비 교섭차 이완용 총리대신과 조중응 농상공대신을 불러 합방계획을 말하고 '각서'를 제시하였다. 그 각서의 주요한 내용은 한국의 황제와 황태자 및 그 후비와 후예에 상당한 예우와 세비를 주고, 황족 및 훈공 있는 대신들에게 상당한 예우와 은사금을 준다고 하였다. 특히 현 내각대신이 끝까지 그 직책을 다하여 원만히 시국의 해결을 수행한 때는 특별한 은상과 영작을 받게 되고, 평생 행복한 생활을 할 수 있는 은사금을 주며, 그 밖에 현재의 친, 칙, 주, 판임관 및 원노 전대신 등에게도 각각 은전을 내린다고 회유하였다.69)

한국 양국은 경토가 상접하고 인문이 상사하여 예부터 길흉과 이해를 같이 하여 마침내 분리할 수 없는 관계를 이루었다. 이는 제국이 감연히 전후 이회의 대전을 도하여 수만의 생령과 수억의 재탕을 희생함으로써 한국을 옹호한 소이이다. 제국정부는 한국의 부액에 진솔하였으나 현재와 같이 복잡한 제도로서는 도저히 한국황실의 안고함을 항구히 확보하고 한국민 전반의 복리를 안전히 보호하기가 불가함으로 이에 양국이 상합하여 일체가 되어 피아의 차별을 철거하고 한국의 통치기관을 통일함으로써 상호의 편익이 되리라 인정한다. 그러므로 한일의 병합은 예의 전쟁 또는 반감의 결과로 성립되는 사태와는 동일시 할 수 없음은 물론이요, 편안히 화기애애한 가운데서 협정할 것이다. 한국 황제는 추세에 감하여 스스로 통치권을 아 천황폐하께 양위하시고 그 위에서 물러가사 장래 만전의 지위에 취할 것이며 오히려 현 황제 폐하, 태황제 폐하, 황태자 전하 기타 각 황족의 강침과 한민 상하의 복리를 증진

---

68) 상게서, p.15

69) 상게서, pp.16~19,「조선병합사」, pp.549~553

하기 위하여 일 조약을 체결하게 될 것이다. 그 조약 중에는 대략

① 현 황제 폐하, 태황제 폐하 및 황태자 전하 그의 후비 및 후예는 상당한 존칭, 위엄 및 명예와 이를 보존함에 충분한 세비를 받게할 것.
② 기타 황족에게도 현재 이상의 예우를 내릴 것.
③ 훈공이 있는 대신, 원로, 기타 한인에게 영작을 주고 이에 상당한 은사금을 급여할 것.
④ 일본국 정부는 전혀 한국통치를 담임하여 법규를 준수하는 한인의 신체 및 재산에 대하여 충분한 보호를 할 것이며 또한 그 복리의 증진을 도모할 것.
⑤ 충분히 신제도를 존중하는 한인은 이를 조선에 있어서 제국 관리에 임용할 것 등을 공정할 것이다.

이에 귀 대신의 참고에 공하기 위하여 조약체결로 발생하는 조약의 개요를 저술코자 한다.

먼저 현 황제 폐하는 통치권을 양위함과 동시에 태공 전하의 존칭을 받을 것이고, 황태자 전하는 세사로 하여 공 전하의 칭을 내려서 상속상 태공이 되어 자자손손 세습으로 하여 공가는 영구히 존속케 할 것이다. 태황제 폐하는 현재에도 은퇴하고 계신 몸이니 특별히 일가를 창립할 의사는 갖고 있지 않음이 물론이나 특히 은전으로서 그 일대는 현 황제 폐하와 같이 태공전하의 존칭을 올려 세 분 다 일본 황족으로서의 예우를 받을 것이다. 진술의 존칭은 현금보다 강하된 것 같으나 역사를 살펴 보면 이 나라 역대 왕조는 시종 정삭을 인국의 것을 봉용하였고 가까이는 일청전쟁 전후까지도 왕 전하라 칭하였으며 그 후 일본국의 비호에 의하여 독립을 선포하고 비로써 황제 폐하라 칭함에 불가한 즉 태공전하로서 일본 황제의 예우를 받게 됨은 이를 십수년 전 지위에 비하여 반드시 열등하다 말할 수 없다. 이로써 수백년래의 존엄을 격변하는 것이라 인정함을 타당치 않은 말이다. 특히 종래 현 황제, 태황제, 양 폐하 및 황태자 전하의 수용하고 있는 궁정비는 조금도 감소함이 없이 그 금액을 세 분에게 공급하겠금 아 천황 폐하의 승지를 받음에 있어서 하등의 변고에 부딛힐 우려 없이 영구히 안전공고한 직위를 얻을 것이다. 또 이미 현재와 동액의 세비의 급여를 받으므로 종래의 궁내부, 승령부, 기타 황실부 각관은 그 직명에는 변경이 있을지라도 그 직위에 있어서는 종전과 같이 봉록을 받게 될 것이다.

모두 현재의 정액 보다 증가될 것인 즉 지금보다 일층 풍부한 세입을 주고 충분

히 그 체면을 유지케 될 것이다. 현 내각대신으로 끝까지 그 직책을 다하여 원만히 시국의 문제를 수행할 때에는 특히 발탁하여 특별한 은상을 내릴 것이며 영작을 받는 외에 종생 행복한 생활을 영위함에 충족할 만한 은사금을 내릴 뿐 아니라 모두 중추원의 고문에 임하여 장래 시정상 자문에 응할 명예를 얻도록 할 것이며 기타 현재의 친·칙·주·판임관·원로, 전 대신 등에 대하여도 각기 등차에 응하여 각기 은전을 줌은 물론 일반 시민에 대하여도 또한 각기 생업을 얻도록 하기 위하여 수산기본금을 하사하신다는 승지가 계시다. 조약체결의 순서로서 귀 대신은 우선 각위를 경유하여 한국 황제폐하께 이상의 승지를 상주하고 조약체결을 위한 전권위원을 임명해 주실 것을 주청할 것이다. 그리하여 귀 대신과 본관은 그 직책상 조약체결의 대위에 당함을 물론 진실로 조약은 한일친선의 극치로서 성립되어 양지의 진운에 공헌하는 바이므로 그 국에 당하는 자는 서로 단성을 피력하여 화충 협동하여 그 직책을 완수할 것을 바란다. 사유컨대 현 황제 폐하는 천자옹희하사 특히 대국에 순응하실 성덕을 구유하셨으며 또 귀 대신을 수상으로 한 현 내각의 각 원은 모두 식도고매하여 제시의 방향이 있은 즉 필히 아 천황 폐하의 광악에 신뢰해서 그 출처를 그릇되지 않게 하여 줄 것을 본관이 확신하여 의심치 않는 바이다.

이러한 내용은 1910년 8월 22일 내각 총리대신 이완용과 통감 자작 데라우찌(寺內正毅)간에 체결된 '일한병합조약'에서 구체적으로 명시되어 있다.

한국 황제 폐하 및 일본국 황제 폐하는 양국간에 특수하고 친밀한 관계를 고려하여 상호 행복을 증진하며 동양 평화를 영구히 확보하기 위하여 이 목적을 달성하고자 한국을 일본국에 병합함이 선책이라 확신하여 이에 양국간에 병합조약을 체결하기로 결정하였으니 이에 한국 황제 폐하는 내각 총리대신 이완용을 일본 황제 폐하는 사내정의를 각각 전권 위원에 임명하여 전권위원은 회동 협의하여 다음과 같은 조항을 협정한다.

제 1조 한국 황제 폐하는 한국 전부에 관한 일제의 통치권을 완전 영구히 일본국 황제 폐하에게 양여함.

제 2조 일본국 황제 폐하는 전조에 게재한 양여를 수락하고 한국을 일본제국에 병합함을 승약함.

제 3조 일본국 황제 폐하는 한국 황제 폐하, 황태자 승하, 황태자 전하 동시에

그 후비 및 후예로 하여금 각기 지위에 상응한 상당한 존칭, 위엄 및 명예를 향유케 하고 이를 보지하는데 충분한 세비를 공급함을 약속함.

제 4조 일본국 황제 폐하는 전조 이외 한국 황족 및 후예에 대하여 상당한 명예 및 대우를 향유케 하고 이를 유지하는데 필요한 자금을 증여함을 약속 함.

제 5조 일본국 황제 폐하는 훈공이 있는 한인으로, 특히 표창함이 적당하다고 인정한 자에 대하여 영작을 주고 은금을 줌.

제 6조 일본국 정부는 전기한 병합의 결과로 한국의 시정을 담당하고 동시에서 시행할 법규를 준수하는 한인의 신체 및 재산에 대하여 충분하나 보호를 하고 그 복리 증진을 도모함.

제 7조 일본 정부는 성의 있고 충실히 신 제도를 존중하는 한인으로 상당한 자격이 있는 자를 사정이 허락하는 범위에서 한국에 있는 제국 관리에 등용함.

제 8조 본 조약은 한국 황제폐하 및 일본국 황제폐하의 재가를 받은 것이니 공포일로 부터 이를 시행함.

위 증거로 삼아 양 전권위원은 본 조약에 기명 조인 한다.

데라우찌 통감이 제시한 '각서'와 '합병조약'에서 볼 수 있는 바와 같이 왕실과 대신들을 회유하면서 동시에 그것이 수용되지 못할 때를 생각하여 위협하고 있다. 이러한 위협은 일제가 지난 10여년간 외교권, 경찰권, 병권 등 온갖 국권(왕권)을 박탈하여 황제와 대신들은 이에 대항할 수 있는 힘이 없었다.[70] 이러한 합방안(각서)가 1910년 8월 18일 소집된 각의에서 학부대신 이용직(문과출신, 예참, 의정부 참찬, 궁내부 특진관)만 반대하였을 뿐 별로 논의 없이 통과되었고, 8월 22일에는 어전회의에 총리대신 이하 내부, 궁내부, 탁지부, 농상공부 대신과 황실대표(이재면), 원로대표(김윤식 중추원의장), 시종원경(윤덕영), 시종부관장(이병무)가 열석하여 비통한 분위기 속에서 황제는 제 신하의 의사에 좇겠다고 쉽게 윤허함으로서 비준되었다. 황제의 윤허는 총리대신이 사전에 상주하였는데, 황제는 정치에 관여할 신분이 아님으로 가부를 말할 수 없다. 오로지 현 황제와 제 신하의 의견에 맡긴다고 하

70) 1907년 7월 25일 일본 수비대 1만명이 서울에 진주하였음.

였다니[71] 황제로서 무책임한 결정이라고 할 수 있다. 봉건 왕조시대에 있어서 모든 국권은 황제(군수)에게 있고 군주가 윤허하면 국권(왕권)이 결정되는 것이다. 그 뿐만 아니라 당일 참석한 황실대표 이재면과 원노대표 김윤식, 시종원경 윤덕영(전 총리대신) 등이 말이 없었다는 것이다.

군주를 보필하는 대신들의 충성심(不忠二君)과 목민관의 자질이 없었음을 여실히 보여 준다. 이들은 오히려 일제의 요구를 수용하여 자신의 안일과 영화를 보장 받으려고 하였다. 그러한 생각은 백성은 안중에도 없는 매우 무책임한 권력지배층이며, 즉 문명개화와 부국강병의 민족국가를 건설하겠다는 자주적인 개화세력이 아니었음을 의미한다.

2) 한일합방조약의 주역

이완용 총리대신은 일제 통감으로 부터 받은, 전술한 '각서'를 내각회의에서 심의하고 대신도 참석한 어전회의에서 비준을 받았다. 이로써 이완용은 1905년 을사보호조약을 체결해 준, 5년만에 일한합방조약을 체결하여 매국의 원흉이 되었다.

합병조약을 체결하는데 주역인 대신과 원로회의 참석자, 그리고 합방론을 건의한 일진회장이 어떠한 인물인지를 고찰하여 본다.

한일합방시 내각회의에 참석한 대신들의 사회적 특성은 다음과 같다.

첫째, 이들의 평균 연령은 55.2세이다.

둘째, 이들은 거의 문과 합격자이나 역과 출신도 있다.

셋째, 이들은 갑신정변이나 갑오개혁시에 거의 참여하지 않았지만 궁내부 특진관을 지낸 경우가 많다.

넷째, 일한합방을 주도한 이완용, 조중응, 고영희 등은 일본을 다녀온 경험(의화군 수원등)이 있고, 또 일어에 능통하다. 또한, 이완용, 박제순, 고영희는 주일전권공사를 지낸 친일 인사들이다.

다섯째, 이들은 모두 일본의 최고 훈장(훈1등)인 욱일장을 받았다.

---

71) 釋尾東邦,「朝鮮併合史」, pp.560

여섯째, 이들은 일한합방 후 자작 등 작위를 받고 조선귀족이 되었다.

<표 9> 일한합방 주역의 신분배경

직책	성명	본관	연령	과거	본인 관직			4조 관직			일본과의 관계				작위
					갑신 정변	갑오 개혁	1904년 이후	부	조부	외조	유학	공사	훈장	망명	
<내각회의>															
총리 대신	李完用	우봉	52	육영공원 문과		일본 공사	궁내부 특진관	판서		진사	미,청,일 유력	주일 전권공사	대훈추 화장		후작
내무 대신	朴齊純	반남	55	문과	통리아문 주사	장흥부사 의부협판	문관주부 참정대신	주부 감역		진사		주일 전권공사			백작
학부 대신	李容稙	한산	58	문과	사관원 사관	개성 유수	궁내특진관 학부대신	사과	목사						자작 (삭탈)
탁지부 대신	高永喜	제주	61	역과	통리아문 참의	내무 참의	협판대신 서리				의화군 수원	주일 전권공사	욱일장		자작
농상공 대신	趙重應	양주	50	정강 유생	서북변계 조사위원	전고과 주사	법부대신	진사 주사	생진 목사		의화군 파견원		욱일장	국사범	자작
궁내부 대신	閔丙錫	여흥	52	일어학 교 교관		일어 수학	궁내부 예식관		문과 판서	문과 판서	주일공사 수원		욱일장 서보장		자작
<어전회의>															
종실 대표	李載冕	전주	65	문과	좌찬성	통리아문 당승	내무대신 완홍군	홍선 대원군							공작
원로 대신	金允植	청풍	75	참찰 문과	통리아문 협판	군기처 총판	외부대신								자작 (삭탈)
시종 원경	尹德營	해평	37	문과		진사 일본유람	관찰사 궁내특진관	진사 윤비숙부	문과 의정		일본유람				자작
시종무 관장	李秉武	전주	46	무과 연무공원	무과급제	친군 분영관	육군참장				의화군수원 유사 졸		욱일장		자작
<일진회>															
회장	宋秉畯	은진	52	무과	사헌부 감찰(도일)		내부대신				김옥균 자객	주일공사	욱일장	망명	자작

한편, 어전회의에는 각 부 대신 이외 종실대표(대원군의 장남인 이재면)와 원로대신(중추원 의장인 김윤식) 및 시종원경(순종황후의 숙부 윤덕영) 등이 참석하였다. 이들은 문과에 급제하여 대신 등 고위 관료직을 거쳤다. 이들은 황실의 친인척을 대변하여 5백년 사직을 지켜야 하는데 어전회의에서 이의를 제기하지 않았다. 더욱이 윤덕영은 그 후 자기가 받은 작위(자작)에 불만을 갖고 진정하였다. 그 내용은 데라우찌(寺內) 통감이 청하는 바에 따라 우선 황제의 결의를 촉구하고 이어 홍친왕 이하 친척, 황족, 귀족의사를 결정시키고, 다음에 황족 원로회의를 열어 황제께서 일한합방 결의를 선시, 중의의

찬동을 구하고, 동시에 이완용에게 칙명을 내려 그 병합조약이 성립되기에 이른 것이라고 한다.72)

그리고 일진회 회장 송병준은 일진회 고문(內田良平)의 사주에 따라 '고종 폐위'와 '일한합병'을 일본 수상, 외상, 통감 등에 건의하였다.73)

이와 같이 일제는 친일내각과 일진회 등으로 하여금 고종 양위와 일한합병을 추진하기 위하여 데라우지(寺內) 통감을 통하여 갖은 책략을 다 부렸으며, 심지어 일본 외상도 현지에 와서 이것을 독려하였다.

3) 조선귀족의 신분배경

'일한합방조약'을 보면, 한국 황제는 모든 통치권을 일본 황제에게 완전히, 영구히 양여하는 대신에 황제를 비롯한 황족과 그 후예에 대하여 상당한 명예와 대우를 하고, 훈공이 있는 한인에게 작위와 은금을 준다고 명시되어 있다.

일제는 일본 황족이 있기 때문에 조선 황족을 왕족이라 격하 시켰다. 왕족의 예우를 받지 못하면서 일한합방에 공로가 있는 자를 조선귀족으로 임명하였다. 그리하여 한국 황제(순종)는 창덕궁 이왕이 되고 황태자 및 장래의 세손을 왕세자로 하며, 태황제(고종)를 덕수궁 이왕으로 부르고 그 배필을 왕비, 태왕비 또는 왕세자비로 하면서 황족의 예우를 한다고 하였다. 그리고 이왕의 의친인 이강 및 이희를 특히 공(公)으로 하고 그 배우자를 공비로 하여 황족의 예우를 하며 그 자손으로 하여금 영구히 세습케 한다고 하였다.74)

---

72) 이것은「윤덕영 진술록」, 즉 1923년 6월 10일 윤덕영이 다나까 통역관을 불러 구술한 것으로 마쓰무라 비서과장에게 제출한 내용이다.(「조선일보」, 2002. 8. 30)

73) 그는 함남 장진에서 태어나 14세에 무과에 급제하여 수문장이 되었고, 임오군란시 도총부 도사, 사헌부 감찰 등을 지내다가 1883년 1월 15일 흑전(黑田) 전권대사의 '현무환'에 탑승하여 일본에 갔다. 그 후 갑신정변 후 김옥균을 암살하려고 도일하였으나 오히려 감화되어 잠사업에 종사하다가 1904년 노일전쟁시 일본군 병참감의 통역관이 되어 귀국하여 경성 군사령부에서 일하다가 이용구와 함께 일진회를 조직하였다. 그는 민영환의 주선으로 민비의 총애를 받아 양지현감이 되었다.

한편, 황족의 예우를 받지 못하는 왕족이나 공신은 '조선귀족령'에 의하여 예우를 받게 하였다. '조선귀족령'의 주요한 내용은 다음과 같다.75)

제 1조 본 령에 의하여 수작한 바가 되거나 작(爵)을 세습한 자는 조선귀족이라 한다.

제 2조 작(爵)은 현재 이왕의 혈족으로 황족의 예우를 누리지 못하는 자와, 문지와 공로가 있는 조선인에 준다.

제 3조 작은 공・후・백・자・남의 5등으로 한다.

제 4조 작을 받은 것은 칙지로서 하고 궁내대신이 봉행한다.

제 5조 유작자는 그 작에 따라 화족(일본 귀족)령에 의한 유작자와 동일한 예우를 받는다.

제 6조 유작자의 처는 그 남편의 작에 상당한 예우와 명칭을 향유한다. 유작자의 과부가 그 가문에 있을 때는 특히 귀족의 족칭을 보유케 하여 종래의 예우와 명칭을 향유케 한다.

제 7조 유작자의 가족으로 다음의 자는 귀족과 동일한 예우와 귀족의 존칭을 향유한다.

1) 증조부, 조부, 부

2) 작의 상속인과 그 적장 남자, 적출의 남자가 없는 경우 성장의 남자

3) 앞에 지적된 자의 배우자

제 8조 유작자나 전 2조의 예우를 가진 자가 신체나 정신에 중환이 있는 경우, 또는 귀족의 체면에 관한 사고가 있을 때는 그 중환이나 사고가 끝날 때까지 그 예우를 얻지 못한다.

제 9조 유작자는 가범(家範)을 하여 얻는다.

제 10조 작은 가(家)의 상속인이고 남자가 세습한다.

제 11조 작을 세습한 상속인은 상속 개시한 때부터 6개월내 궁내 대신에게 상속의 계출을 한다. 전항의 계출이 있을 때는 궁내대신은 칙허를 받아 습작의 사령서를 교부한다.

제 12조 습작은 상속 개시시에 그 효력을 발생한다.

---

74) 「순종실록」, 1910년 8월 29일, p.557

75) 「일본황실령」 제 14호, 「조선귀족열전」, 1910, pp.3~6

제 13조 다음의 경우에 상속인은 습작의 특권을 상실한다.

1) 제 11조 제 1항의 기간내에 상속 계출을 하지 아니할 때,

2) 제 16조 제 2항이나 제 18조의 규정에 의하여 귀족의 족칭이 없어질 때,

제 16조 유작자가 국적을 상실하거나 금고 이상 형의 선고를 받고 형이 확정된 때는 그 작을 상실한다.

제 17조 유작자가 다음에 해당될 때는 작을 반납하거나 예우를 중지 또는 금지한다.

1) 귀족의 체면을 오욕하는 실행이 있는 자.

2) 귀족의 품위를 가지지 못한 자.

3) 충순이 없는 행위를 한 자.

4) 궁내대신의 명령이나 가범에 심히 위반한 자.

상기한 규정에 따라 왕족(순종, 고종, 이은 왕세자, 이강, 이희 공 등)을 제외하면 작위를 수요한 '조선인 귀족'은 모두 76명이다. 그런데 이 작위를 거부한 자는 6명(한규성, 유길준, 홍순형, 민영달, 조경호, 윤용구)이다.

수작자는 모두 일한합방에 공로가 있는 자들이다. 국권(왕권)을 포기한 황족은 왕족으로 강등하였고, 그 후에는 공작의 지위가 되었으며, 빈출신의 친인척은 후작 또는 백작을 받았다. 그리고 일한합병 당시 내각과 군내부의 대신들은 모두 자작을 받았으나 그후 이완용과 고영희 및 송병준은 각각 후작과 백작으로 격상되었다. 그 만큼 일한합병에 주도적 역할을 한데 대한 보상이라 할 수 있다. 그 밖에 전직 대신급은 자작을 수여하였다.

한편, 과거 갑신정변 및 갑오개혁 등을 주도하였던 친일대신 등이 비록 사망하였지만 그 공을 가상히 여겨 그 유족에게 은사금을 주었다. 그들 중에서 갑신혁명의 주역이었던 김옥균, 홍영식, 박영효 등이 있는데 이들은 과연 친일 사대주의자일가 하는 의문이 간다. 일반적으로 이들은 외세(일본)를 이용하여 자주적인 근대적 개혁론자로 보고 있는데 일제는 이들을 일한합방의 공로자로 보았다. 이것은 일제가 을사보호조약을 반대하였거나(박영효 등) 일한합방에 반대한 자(이용직 등)에게 작위를 준 것을 보면 반드시 공로자만이 아니라 민심을 달래기 위한 전략이 아닌가 한다.

그러면, 먼저 일제로 부터 작위를 수여받은 조선귀족의 신분배경을 분석하여 보고(표 10) 그들이 일제 침략시 주요한 역할이 무엇을 하였는 지를 본다.

한편, 일제는 합방조약에 따라 조선왕실과 귀족 및 양반유생들에게 세비와 은사금 등을 주었다.[76]

세비는 조선총독부 특별회계 중에서 매년 150만엔의 세비를 지출하도록 하였는데 이것은 한국 황실에 매년 150만엔을 준 것이다. 그 내용은 창덕궁비에 38만엔, 덕수궁비에 16만엔, 이왕직비에 73만엔, 예비비 16만엔이다. 그리고 왕가의 의친인 이강과 이희의 공가에 각각 84만엔에 상당하는 은사공채를 교부하여 그 이자로 세비를 지급하였다. 또한 의친의 후작 및 백작에게는 과거 세비의 약 5할증을 표준으로 하여 이에 상당한 이자(월 5%)가 붙는 은사공채를 주었다. 나미지 후작에게는 15만엔, 백작에게는 10만엔, 자작에게는 5만엔, 남작에게는 3만엔의 은사 공채를 주었고[77], 또한 일진회 등 매국단체에게 일시금으로 824만 680엔을 주었다.

그리고 양반, 유생 등 전국 1만 2천 115명에게는 하사금 30만엔을 교부하고 효자, 절부의 표창과 과부 등의 규휼비로 23만 5천 9백만엔을 교부하였으며, 고아, 맹아자, 정신병자의 구료기금으로 50만엔, 일반 빈민의 구제기금으로 285만원, 행로병자의 구제기금으로 21만 3천 5백만엔을 각각 교부하였다. 그 밖에 경학원 기금으로 25만엔, 그리고 13도 129부군에 교육, 수산, 흉년의 구제사업기금으로 1천 739만 8천엔을 교부하였다.

이러한 은사금 등을 지급하기 위하여 임시 은사공채 3천만엔을 발행하였다. 이러한 돈을 받은 자는 합병에 공이 있는 수작자(76명) 이외에 구한국 관리 3천 5백 59명과 양반·유생 9천 811명, 효자·절부 3천 3백명, 과부·홀아비 등 7만 902명이다.

---

76) 국사편찬위원회,「한국독립운동사Ⅱ」, 1966, pp.37~38

77) 당시 한국인 문관의 연봉은 고등관 1급이 2,500엔이고 12급은 500엔이며 판임관 1급은 50엔이고 10급은 10엔이다.(「조선총독부 관보」, 1910. 10. 10)

<표 10> 조선귀족의 신분배경

직책	성명	본관	연령	과거	합방시 관직	본인 관직			4조 관직			일본관계			비고 (품계)
						갑신정변	갑오개혁	최종직	부	조부	외조/장인	유학	공사	훈장	
창덕궁 이왕	순종 (척)	전주	24						고종	홍선 대원군	윤택영				
덕수궁 이태왕	고종 (위)	전주	46						홍선 대원군		민치록				
왕세자	李垠	전주	13		황태자				고종 7남		엄비 子	일본 유학			
공	李堈	전주	33		의화군 의친왕			궁내대신 적십자총재	고종 5남		장귀인 子	일본 외국 유학	일 보빙대사	금자훈대장 욱일장	
공	李희	전주	65	황감 급제		주청 대원군	궁내부 대신		홍선 대원군		민비 子		일 보빙대사	금자대훈장	홍친왕 손자 이준용
후작	李載完	전주	55	문과	완순구 육군부장		이조 참판	이조판서	홍완군	장조			주일대사	욱일장 금자장	왕실 정1품
〃	李載覺	전주	37	문과	의양군 육군참장			좌비서장	승령부 총관	완평군	장총	진주유씨	주영대사		왕실 정 1품
〃	李海昌	전주	45	문과	창산군		충훈부 도사	대사간	한정 판문	경원군	완창군				왕실 정1품
〃	李海昇	전주	21	문과				시종관	풍성군	궁 내 대 신 청안구	영평군	수학원 수항			왕실 정 2품
〃	尹澤榮	해평	34		해풍부원군 육군부장			영돈영사	진사,영사 윤철구	의정 윤용선	풍산 홍씨			금자대장	운황후생부 (부원군)/정1품
〃	朴泳孝	반남	49		금릉위	갑신혁명 주도	내무 대신	내무대신	판서 영의정	영의정 (원양금)	전의 이씨	신사유람단			철종부마 (금능위)
백작	李址鎔	전주	40	문과	육군부장	동몽 교관	일본 유람	5부대신	예판 완영군	영의정 (홍인군)		\일본유학	주일 공사 일본특사		완영군의 자 종 1품
〃	閔泳璘	여주	38	문과	규장각제학		이조 정앙	궁내부 특진관	문과 부원군	증직, 우의정		일본 보빙 대사 수원			정2품
〃	李完用	우봉	52	문과	총리대신		주일 공사	총리대신	문과 판서		진사	미,청,일 유력	주일전권 공사	욱일장	정1품 노론
자작	李完鎔	전주	39		종정원경		참봉	익산 군수문, 교리	덕안군	익평군					왕실 종2품
〃	李埼鎔	전주	21	돈명 대숙	종정원경			시종경	완림군	홍령군 (숙종비)	판서	수학원 졸업			완림군의 자 정3품
〃	朴齊純	반남	52	문과	내부대신	통상아문 주사	장홍 부사	참정대신	문과 주부		진사		주일 공사	욱일장	종1품
〃	高永喜	제주	61	무과	탁지부대신	외무참의	학무 참의	탁지부대신				의화군 수원	주일 공사		백작 승격 종1품
〃	趙重應	양주	50	전구 직부	농상공대신		호조 참의	6부 대신	진사 주사	생진사 목사		김기수 수신사수원	의화군 파견원		종1품
〃	閔丙奭	여홍	58	일어 학교	궁내부대신	성균관 대사성		5부 대신		문과 판서			주일 공사	욱일장	정1품
〃	李容植	한산	58	문과	학부대신	사간원 사간	개성 유수	궁내부 특진관	사과	목사					종1품
〃	金允植	청풍	75	문과	중추원의장	독판교섭 통상아문	외부 대신	대신							종1품
〃	權重顯	안동	56		중추원고문	부산감리서 서기관	내부 참의	법부대신					주일 공사 (2회)		정2품

직책	성명	본관	연령	과거	합방시 관직	본인 관직			4조 관직			일본관계			작위
						갑신정변	갑오개혁	최종직	부	조부	외조	유학	공사	훈장	
자작	李夏榮	경주	52		중추원고문	외아문 주사	참의	외부대신	첨추				주일 공사		정2품
〃	李根澤		49	무과	중추원고문	무과등제	부평 부사	군부대신	무 찬정	무 병사			주일 공사		정2품
〃	宋秉畯	은진	52	무과	중추원고문	사헌부 감찰		농상공대신				이은공 유학배종	주일 공사		백작승격 종1품
〃	任善準	풍천	50		중추원고문			내부대신	교관	집의					종1품
〃	李載崑	전주	51	문과	중추원고문	사서	궁내부 참의	학부대신	현령					욱일장	종1품
〃	尹德榮	해평	37	문과	시종원경		문과 등개	궁내특진관	진사	문과 의정		일본유학			황후 윤비의 숙부/정1품
〃	趙民熙	양주	51	문과	승령부총관		병조 참의	주일공사		문 이판		의화군수원	주일공사		정2품
〃	李秉武	전주	46	무과	시종무관장		장의영 부영관	군부대신							종1품
〃	李根命	전의	46	문과	규장각 제학	무과급제		의정대신	문 이판	문 예판					정1품
〃	閔泳奎	여흥	64	등재	동돈령지사	병판	좌승지	의정대신	의정 대신						정1품
〃	閔泳韶	여흥	58	문과	궁내부대신	이조참의	공판	3부 대신	문 우의정	종직 영의정					정1품
〃	閔泳徽	여흥	58	문과	내대신		이판	내대신 궁내부특진관	돈령부 판사	음 현감					정1품
〃	金聲根	안동	75	문과	의정부 참정	외근부 농의	예참	의정대신	문 판서	음 현감					정1품
남작	尹用求	파평	57	문과	이조판서			법부대신	부마	판관	참판				순조 외손
〃	洪淳馨	남양			규장각 대제학			판시	문 예판	문 영돈					순조 사위 헌종비 동생
〃	金奭鎭	안동		문과	판서			판서	돈참	순조 부마					순종사위
〃	韓昌洙	제주	48	문과	내각 서기관장		예참	외사국장	이판	참판				욱일장	주영독참사관
〃	李根湘	전주	36	진사 일어과	중추원 부의참		일어 학교	궁내부대신	무 찬정	무 병사		보빙대사 수원		서보장 (훈2등)	3형제 귀족 정2품
〃	趙義淵	평양	54		표훈원 총재	군기위원	기기국 회판	군부대신	중직 좌참찬	도총관		일본군기 시찰			종1품
〃	朴齊斌	반남	52	문과	승녕부 부총관	홍문관 교리	군아문 참의	궁내부특진관	문 예참						정2품
〃	成岐運	창녕	63	문과	장계원경	주청상무 서기관	예조 참의	궁내부특진관	예조 참판					주일공사	정정2품/노론
〃	金春熙	경주	55	문과	승령부 시종장	예문관 검열	황해 감사	궁내부특진관							김홍집 친척 정2품
〃	趙同熙	양주	52	문과	규장각경		농상공 대신		현령	문 영상					정2품
〃	朴箕陽	반남	55	문과	규장각제학		의정부 참정		진사 참판	음 호의					정2품
〃	金思濬		55	진사	중추원참의		과천 현감	궁내부특진관							의친왕비 부 남작취소/정2품
〃	張錫周		61		제실회계 원경	교섭아문 주사	형조 참의	법부대신							정2품
〃	閔商鎬	여흥	40		수학원장		중추원 참의		중찬정	순흥 안씨					정2품
〃	趙東潤	풍양	39	문과	동궁무관장 육군 부장		병조 참판	시종무관장					일본군시찰	욱일장	정2품
〃	崔錫敏	경주	52	법관 양성소	내장원		의정부 주사	내부 협판							이지용 처남 정2품

직책	성명	본관	연령	과거	합방시 관직	본인 관직			4조 관직			일본관계			작위
						갑신정변	갑오개혁	최종직	부	조부	외조	유학	공사	훈장	
남작	韓圭卨	청주		무과	법부대신			참정대신	무과	무 부사					을사조약반대 남작 거절
〃	兪吉濬	기계	54	유학	한성부 민회장	미담마학 교생 (경응의숙)	외무 참의	내부대신	진사 중추	청송 부사		일본유학 (신사유람단)			남작 거절
〃	南廷哲	의령	70	문과	홍문관 학사	종2품	외무 독판	내부대신	이조 판서						종1품
〃	李根夏	전주	75	문과	궁내부 특진관	동지사	우참찬	대신서리	진사 증, 찬정	증, 찬정					종1품
〃	李容泰	전주	56	문과	궁내부 특진관			학부대신 서리	증, 찬정				5국 공사		정2품
〃	閔泳達	여흥	51	문과	탁지부대신		호조 판서	내무대신	군수	음 군수					민비 종형제 남작 거절
〃	閔泳綺	여흥	53	무과	동척부총재 (이왕직장관))	운봉현감	충주 목사	탁지부대신 군부대신	무 청중	음 막정		일본시찰		욱일장	을사조약반대 황국협회조직
〃	李鍾健	전주	67	무과	전 찬정		포도 대장	군부대신	판삼군 부사						
〃	李鳳儀	전주	71	무과				포도대장	총어사						
〃	尹雄烈	해평	70	무과		형조판서	경무사	군부대신	현령			수신사수원			고종 사위
〃	李根澔	전주	50	무과	궁내부특진관	후영 좌참령	총여영 병방	법부대신서리	무 찬정	무 병사					정2품
〃	金嘉鎭	안동	64	문과	중추원 의장	통리아문 주사	내무 참의	법부대신	예판	우의정			주일본공사		남작 거절 상해 망명종1품
〃	鄭洛鎔	연일	83	무과	중추원 의장	후영사	한성 판윤	농상공대신	방어사	증 참단					종1품
〃	閔種默	여흥	72	문과	규장각 제학	한성판율	안무사	3부대신	통덕랑					욱일장	종1품
〃	李載克	전주	46	문과	표훈원 총재		승문원 부정자	5부대신	문 예판	문 참판					종1품
〃	李允用	우봉	56		평리원 재판장	영변부사	형조 판서	군부대신	문과 판서	문 이판	진 부사				이완용의 서형 대원군의 사위 종1품
〃	李正魯	전의	62	문과	의효전 제조		이조 판서	시종원경	진사						종1품
〃	金永哲	광산	69	문과	이조판서	이조참판	내장원 제조	문과 형조판서	문 이판	생 호참					종1품
〃	李容元	전주	84		규정각 대제학			궁내부 특진관	증 이판	병판					종1품
〃	金宗漢	안동	66	문과	비서원경	부승지	예판	장례원경		예판					종1품
〃	趙鼎九	풍양	48	문과		이조참의	참판	의정부 찬정	진사 정	문 예판	문 이판				조대비 근친 대원군 사위 남작거절
〃	金鶴鎭	안동	72	문과	궁내부 특진관	외아문 참의	도승지	병조판서	이판	판사 (돈녕부)	이판				종1품
〃	朴容大	밀양	61	문과	궁내부 특진관	이조참판	의정부 도헌	법부대신	공조 참의	이 조 판 서					종1품
〃	趙慶鎬	임천	71	문과	규장각 제학	한성판윤	교정당 상도헌	예조판서	음 참판						대원군 사위 남작 거절 종1품
〃	金思轍	연안	63	문과	규장각 제학	통리교섭 주사	이조 참판	의정부 찬정	내부 대신	생원			주일공사		종1품

직책	성명	본관	연령	과거	합방시 관직	본인 관직			4조 관직			일본관계			작위
						갑신정변	갑오개혁	최종직	부	조부	외조	유학	공사	훈장	
남작	金炳翊	안동	73	문과	전 판서		한성 판윤	병조 판서	문 판성	생진 공판					대원군의 지세
〃	鄭漢朝	동래	75	문과	전 궁내부 특진관			장례원경	군수						
〃	李青榮	경주	74	문과	전 궁재부 특진관	대사간	호조 참판	장례원경	증 내부 대신	중내부 협판					종1품
〃	閔炯植	여흥	51	사마 별천	3도 통제사	금군별장	공조 참판	중추원 부의장					주일공사		종1품

<표 11> 하사금 받은 친일관료

전 직책	성명	본관	연령	과거	본인 관직		4조 관직			일본관계			비고
					갑신정변	갑오개혁	부	조부	증조	유학	공사	망명	
호조 참판	金玉均	안동	33	문과	호조참판		강릉 부사	문 이의	생 군수	수신사 수원		일 망명	피살
이조 참판	洪英植	남양	29	문과	좌의정		문 영상	문 이의		수신사 수원			피살
탁지 대신	魚允中	함종	36	문과	탁지부 대신					수신사 수원			피살
총리 대신	金弘集	경주	52	문과	총리대신		문 이참	군수	음 형판	신사 유람단			피살
군부 대신	安駉壽	죽산		문과	군기처 의원	경무사 협판				일본시찰 (화폐제조)		고종양위 음모, 망명	을미사변 주동자/사형
농상공 대신	鄭秉夏			문과	밀양부사	농상공 대신							피살 (김홍집 함께)
경무사	權瀅鎭												
학부 대신	徐光範	달성	25	문과	좌우영사 외무독판		참판			수신사박영효) 수원(		망명	
육군 정령	禹範善	단양		무과	훈련대 대대장		농학자 (우장춘 부)					망명	민비 시해 방조/암살
육군 정령	李周會												
도승지	朴泳敎	반남	35	문과	도승지		판서						피살 박영효 형
의금부 도사	趙寵熙	양주					생진 목사	진사 군수	생원 목사				죄사
외부 대신	兪箕煥		35	문과						신사유람단 수원	주일 공사 판리 대사		김옥균 살해범

일제는 왕실에만 매년 세비를 지급하고, 귀족에게는 은사공채를 교부하여 그 이자로 생활할 수 있게 하면서 반일운동을 하지 못하도록 규제하였다.

또한, 데라우치 통감은 지방민의 동요를 막기 위하여 1908년 이전에 지세를 아직도 미납한 자에 대하여 이것을 면제해 주고, 1909년 이전 대부한 사곡(私穀)의 환납을 특별히 면하여 주었다. 또한 가을에 징수할 지세는 특히 그 1/5을 경감하여 주고, 국비 1천 7백만원을 지출하여 13도 320여 부군에 분배하여 백성의 수산교육 및 구제 등에 사용하도록 하였다.78)

그는 일한합방 후 조선총독부 총독이 되었고, 또한 합방의 공로로 자작에서 백작으로 승격하였으며, 그 후 일본 내각 총리대신을 역임하였다.

이와 같이 일제는 왕실, 귀족, 양반 유생 뿐만 아니라 지방 농민들의 반일운동을 막기 위하여 막대한 은사금, 세비, 하사금 등을 뿌리고 지세 감면 등을 하였지만 이것은 결국 식민지 국민의 착취에서 그 재원을 충당하였던 것이다.79)

표 10과 11을 보면, 일제 침략에 협조한 권력지배층이 누구인가를 알 수 있다. 이 중에서 수작을 거부한 애국자도 있으나 대부분 일신상의 영달을 위하여 받은 것이라 볼 수 있다.

그러면, 조선 귀족들의 주요한 사회적 특징을 보면 다음과 같다.

첫째, 조선 귀족은 주요한 왕족(고종과 순종의 왕실)과 세도가(여흥 민씨, 풍양 조씨, 안동 김씨 등)인 척족들이 높은 작위(공작과 후작)를 수여 받았다.

둘째, 일한합방에 직접 공헌한 이완용 내각의 대신들은 자작을 수여받았으며,(후에 이완용과 송병준은 후작으로 승격)

셋째, 그 밖의 왕실과 척족으로 고위직(전직 대신 등 2품 이상)을 지냈거나 일제와 한국의 행동대원(고위 관료)들에게 남작을 수여하였다.

넷째, 수작한 조선 귀족은 거의 대부분 문과(44명)와 무과(11명)에 급제하여 왕실과 민비 등에 의하여 급속히 승진한, 전통적인 보수적 관료이다. 그러나, 이들 중에 일찍이 일본에 수신사와 그 수원으로 간 경험과 주일 전권공사의 경험을 지닌 친일 관료들이 많다. 보수관료들은 갑신정변이나 갑오

---

78) 「순종실록」, 부록 1권, 1910년 8월 29일
79) 조선총독부는 한국 합병경비로 지출된 금액이 총 19,006,303엔이라고 발표하였다.(「매일신보」, 1910년 12월 25일)

개혁에 참여한 관료가 적지만 친일관료들은 그것에 참여한 경우가 많다.

다섯째, 수작가 76명 중에 노론이 56명이고 소론은 7명이며 북인이 2명이다. 을사 5적과 송병준은 모두 노론에 속한다.

여섯째, 15년전 일제가 배신한 갑신정변의 주역들의 자손들에게도 하사금을 준 것이 특징이다. 갑신정변의 주역은 당대의 명문세족 출신이었으나 그 행동대원들은 그렇지 않다.

일곱째, 조선귀족은 일한합방 후 총독부의 자문기관인 중추원에서 의장, 부의장 및 고문을 지냈거나 이왕직 장관 등을 지냈다. 조선귀족들은 자산가들이 많았다. 1911년 50만원 이상 자산가는 1천 18명인데 그 중에서 한인은 32명으로 경성의 태자 이희를 비롯하여 이강(공), 박영호(37만엔), 이완용(300백맨엔 이상), 이재완(200백만엔 이상), 송병준(76만엔), 민영휘(6천만엔 이상), 민영달, 윤덕영(200만엔 이상, 해동은행장), 윤웅렬(100만엔 이상), 한창수(50만엔 이상), 권중현(50만엔 이상), 이근상(50만엔), 이하영(25만엔), 민영찬(36만엔), 이해창(40만엔), 민상호(28만엔) 등이 있다.[80] 또한 왕실과 이해창, 윤덕영, 윤치호, 그리고 그 자손들이 30정보 이상의 토지를 소유하는 대지주이다.[81]

그런데 일한합방 후 10년이 지난 사이에 조선귀족 중에 사망하거나 몰락한 자가 많았다. 특히 민영찬, 윤택영, 조동윤, 조중응, 박제순, 박기양, 이지용, 조민희, 이기호, 이재곤 등은 파산 몰락하였고 민영찬, 조민희, 윤택영, 이기용 등은 파산하여 작위까지 상실하였다. 그리고 김윤식과 이용직은 3.1운동시 독립청원서를 내어 형벌을 받고 작위를 빼앗겼다. 작위를 빼앗긴 수작자는 1930년 개편시에는 7명만 남았다.

한편, 조선귀족이 된 한말 관료들의 자손중에는 일제시 고등교육을 받은 후 고위 관료가 되었거나 부친의 작위를 세습 받은 후 대지주 등 부재지주

80) 「매일신보」, 1925년 조선총독부가 조사한「조선귀족 약력」과 1911년 조사한 국사편찬위원회,「일제 침략하 한국 36년사 I」, p.399

81) 그 밖의 자산가는 경성의 이동구, 이근배, 용산의 고윤묵, 김진섭, 김돈희, 김용하, 최사영, 개성의 김영황, 청주의 편정율, 전주의 백남신, 부안의 김기중, 김광중, 경주의 최현식, 안동의 장길상, 원산의 김병언, 성전의 오중묵, 허태화, 진남포의 김유승 등이다.(경기도 농회,「지주명부」, 1938)

로서 유한계급 생활을 하였거나, 또는 토지자본(대지주)의 수익으로 상공업에 투자하여 자본가로 변신한 경우가 많다. 이들이 해방 이후 한국사회의 권력 지배층이 된 경우가 많다. 예컨대 남작을 받은 윤웅렬(3남)과 장남 윤치호(5남 7녀)의 집안을 들 수 있다.

윤웅렬은 충남 아산에서 윤취동(현령)의 장남으로 태어나 무과 장원에 급제하였고, 김홍집 수신사의 별군관으로 일본에 다녀와서 개화세력이 되었다. 그는 임오군란, 갑신정변 등으로 일본에 망명을 하였지만, 돌아와 김홍집 3차 내각의 경무사가 되었고, 대한제국시에는 군부대신 까지 지냈다.

그의 아들인 윤치호는 제 1장 표 3에서 볼 수 있는 바와 같이 어윤중의 신사유람단 수원으로 일본 同人社에 입학하였고 화란 영사관에서 영어공부를 하여 초대 미국공사 푸트의 통역관이 되어 돌아와 군국기무처의 주사가 되었다. 그 후 부친(갑신정변시 병판) 때문에 출국하여 미국의 벤더빌트대학과 에모리대학에서 유학한 후 귀국하여 의정부 참의, 학부협판, 외부협판 등을 지냈으며, 또한 독립협회장, 대한자강회장 등을 지냈다. 그리고 부친의 사망(1912년)으로 그는 남작을 습작하였으나 105인사건의 주모자로 연루되어 징역 6년을 언도 받아 작위를 빼앗겼다. 그간 일제의 많은 유혹을 잘 거절하였으나 70세가 지나 조선군 사령부에 헌금(1만엔) 하였고 동시에 조선지원병 후원회장, 칙선 귀족원 의원 등 친일 행위를 하였다.

윤치호의 장남 윤영선은 오하이오 주립대 농학과를 졸업한 후 개성에서 축산업을 하다 이승만 정권시 농림부 장관을 지냈고 차남(윤광선)은 미국 유학을 다녀온 후 일제시 어장을 경영하다 납북되었으며, 3남(윤장선)은 샌프란시스코 총영사, 4남(윤기선)은 미국에서 피아니스트로 활동하였다. 그 밖에 윤치호의 동생(윤치왕, 영국 글래스고대학 출신)도 세브란스 병원, 육군 의무감을 지냈고, 작은 동생 윤치창은 미국 시카고대학 졸업, 초대 주영공사, 터키대사를 지냈다.

윤씨 집안의 자손들이 각각 30정보 이상 대지주들이라서 모두 해외(일본과 미국 등)에 유학하여 일제시와 해방후 고위관료 및 대학교수, 의사 등이 되어 막강한 권력공동체를 형성할 수 있었다.[82)]

82) 윤웅렬의 동생인 윤영렬(한말 무관, 강계부사, 삼남 토포사, 육군참장, 충남 아산의 만석군)의 장남(윤치오)은 일본 게이오대학을 졸업하고 대한제국 학무국장, 중앙학교장, 중추원 찬의 등을 지냈고, 윤치오의 장남(윤일선)은 교토제대 의학부를 졸업한 후 세브란스의전 교수, 서울대 총장을 지냈으며, 차남(윤명선)은 동경제대를 졸업하고

이러한 윤치호와 유길준의 경력이 조선왕조 말과 일제 식민지 시대에 있어서 경험하게 되는, 조선인 관료지식인의 전형적인 유형이 아닌가 생각한다. 대부분의 지식인은 유길준과 윤치호 사례 조사에서 본 바와 같이 일제시 관료와 대지주가 되어 자손들도 출세하였지만, 그래도 민족적 양심을 가진 지식인은 이러한 유혹을 피하고 항일 독립운동의 가시밭 길에 나선 것 같다.[83)]

5. 결 론

일제는 1876년 개항 이래 갑신정변, 갑오개혁, 을미사변, 한일협약 등을 일으키면서 조선침략을 강행하여 왔다. 특히 을미사변(민비 시해)으로 조선왕조를 청국으로 부터 완전 독립시키고 청일전쟁과 노일전쟁에서 승리한 후 노골적으로 조선침략정책을 강행하였다. 조선침략정책은 먼저 내정간섭(한일의정서)을 통하여 고문정치와 외교권을 빼앗고, 통감정치(한일협약)를 통하여 인사권을 장악하였으며, 마침내 친일관료로 하여금 고종의 양위까지 협박하여 왕권(국권)을 장악하였다. 이러한 침략정책은 일제의 통감 뿐만 아니라 외상 수상 및 일황까지 재가를 받아 식민지회의 합법성을 가장하고 있다.

일제의 침략정책이 가능한 것은 왕실과 외척이 오래토록 세도정치를 하면서 권력지배층이 매관매직과 탐관오리가 되어 버렸고, 이들을 타도하기 위한 동학농민들을 오히려 외세(청 · 일군)에 의존하여 토벌하였다. 더욱이 친

고등문관시험에 합격하여 만주국 간도성 차장을 지냈다. (공주 갑구 김갑순의 사위), 차남(윤치소)은 사촌형 윤치호와 황성신문의 전신인 경성신문을 창간하였고, 윤치소의 장남 윤보선은 영국 에딘버러대학을 유학한 후 해방후 초대 서울시장, 상공장관, 4대 대통령을 지냈으며, 나머지 4형제도 모두 일본에 유학하였다. 윤영렬의 6남 윤치영은 초대 내무장관, 공화당 의장 등을 지냈으며 나머지 형제들도 한말 고위 관료를 지냈다. 또한 윤씨 집안 자손들은 당대의 명문가와 혼맥으로 관계, 재계, 언론계, 학계의 권력지배층을 형성하였다.(김상태 편역, 「윤치호 일기」, 역사비평사, 2001, pp.633~640)

83) 한말 일제시 일본 유학생들은 국내에서 친일관료가 되거나 애국 계몽운동을 전개한 경우가 많고, 상해 임시정부에서 독립운동을 전개하였으며, 한말 의병운동 투사들은 만주와 러시아로 넘어 가서 항일 무장독립운동을 전개하였다.

일관료들은 특히 을사보호조약으로 국권(왕권)의 상실에 대한 의병의 반침략 항쟁까지 일제의 헌병경찰에 의하여 진압하였다. 동학농민과 의병들의 항쟁은 ① 백성들을 도탄에 빠지게 한 봉건관료에 대한 투쟁이고(반봉건 신분해방운동), ② 주권을 상실시킨 관료지배층에 대한 항쟁(자주적 민족국가의 형성)이며, ③ 동학농민과 의병들의 항쟁을 무력으로 토벌한 일제에 대한 항일 민족독립운동이었다.

그러한 결과, 일제는 무능한 왕권과 관료지배층을 회유하여 치욕적인 일한합방을 성취하였다. 이들은 국권 상실에 대한 대가로 작위와 세비 및 은사금 등을 받았지만 민족사의 영원한 죄인(매국노)이 되기를 자청한 것이다. 만약 이들이 양심적인 권력지배층이 되려면 의병전쟁의 선봉장이 되어야할 것이다. 그런데 이들이 일제의 앞잡이가 되어 수 많은 의병장과 의병들을 희생시켰다는 것은 역사의 죄인이라 할 수 있다. 이들은 일한합방의 공로자로 수작한 조선귀족의 신분배경에서 그 특성(왕실과 친인척 및 친일관료 등)을 잘 알 수 있었다.

이러한 과정을 일제는 일한합방을 스스로 원해서 합법적으로 했다고 한다. 상식적으로 생각해서라도 아무리 무능한 국왕일지라도 절대 왕권을 스스로 포기할 군주가 어디 있겠는가? 그러나 비난을 받아야 할 일은 국권 상실을 회복하고 부패한 관료를 응징하겠다는 수 많은 동학농민과 의병들이 희생되었고, 그로 인하여 일제시대에도 많은 독립투사들이 희생된 것이다. 다시 말하면 동학농민과 의병들의 반침략, 반정부 투쟁에서 봉건적인 신분계급 혁명과 반제국주의 및 자주적 민족주의의 성격을 파악할 수 있다.

한편, 일제는 한말 관료를 모두 유임시키겠다고 하였지만, 일제 초기에 많이 퇴관하여 벌써 약 5할에 불과하였고 이들은 대부분 하급 관료였다. 중앙의 고등관료는 일인이 모두 차지하고 한인에게는 식민지 통치를 효과적으로 하기 위하여 일부 도지사와 군수직을 주었다. 이들은 대부분 일본에 망명간 조선말기 친일관료들(대부분 하급 무관)이고, 또한 합병시 의병토벌 등에 기여한 무관 또는 순검 출신들이었다.

일제는 조선시대에 심한 차별 받은 무관, 서얼, 중인 및 향리 출신들을 기용하여 친일관료로 육성하였으며[84], 문관 양반 출신들은 조선귀족으로 예우하면서 실권에서 배제하였다.[85]

일제는 관료 임용을 위하여 '문관임용령', 고등문관시험이 있었으나 임용시험 보다 신제 학력(중학 이상 전문학교 출신)과 추천(권력, 금력 등)에 크게 의존하였다. 보통문관시험이나 판임관 시험은 추천으로 임용된 임시직(고인, 촉탁, 서기 등)을 구제하기 위하여 실시하였나 해도 과언이 아니다. 이러한 시험과 임용, 심지어 급여에 있어서 일인과 한인의 차별이 약 3:1로 한다는 원칙이 있었던 것 같다.

그리하여 식민지 관료 충원에서 한인은 되기가 매우 어려웠으며, 따라서 학벌과 '빽'(권력, 금력, 영향력 등) 그리고 연줄(혈연, 지연, 학연 등)이 있어야 관료가 될 수 있었다. 이러한 학벌과 빽과 연줄은 일반인들에게는 거의 기회가 없었다. 비록 학력에 의하여 관료임용을 하였지만 일본유학, 경성제대, 경기고보 등에 입학할 수 있는 기회는 대부분 친일 관공리와 화이트 칼라(은행원, 회사원, 의사, 변호사 등) 및 지주부농과 기업가들에게 주어진 것이다. 전통적인 양반관료 자손 보나도 근대적인 지산층과 중산층의 자손들이 교육기회를 통하여 상승이동할 수 있었지만, 일반 백성들에게는 보통교육의 기회 마저 박탈되어 있었다.

---

84) 조선 말기에 문무과 과거 합격자를 대량으로 뽑아 신분배경이 낮아지고, 또한 신분제도가 해이되어 문반의 무관화(38.7%) 및 무반의 문관화(4.7%) 현상이 세대간 나타났다. 무과 합격자의 67.9%가 초직이 무품 유관자들이고, 그 다음은 한량(21.3%)과 유품유관자(6.7%)인데 이들은 대부분 음자제이다. 그리고 무품유관자들은 별무사(16.4%), 군관(11.5%)과 같은 무관이고 그 밖에 친기위(8.0%), 마병(4.7%), 별감 업무, 기타 등은 하급 무사들이다.(김영모, 「조선지배층연구」, 일조각, 1978, pp.220~222) 그런데 조선 말기와 일제시 관료지배층이 된 무관들은 대부분 상급 관료의 자손들이다. 중인 잡직, 특히 역관 출신의 경우도 10% 이상이 상급 문무반의 서얼 출신들이다.(상게서, p.239)

85) 명치유신의 주도세력이 무사계급이기 때문에 식민지 지배세력형성에 있어서 조선시대의 무관을 우대한 것 같다. 명치시대 권력지배층의 사회적 기원은 중간계층인 하층 무사계급(사무라이)이 전체의 35.5%를 차지하고, 그 다음은 귀족(28.0%)과 상층 무사계급(9.8%)이 다수를 차지하였다.(B. S. Silberman and H. D. Harootunian, ed. *Modern Japanese Leadership,* The University of Arizona Press, 1966, p. 235)

제 3 장 일제시 한인 관료지배층의 형성과 사회이동

일제 통감부

영친왕과 이완용 내각

경성제국대학 정문

안중근 의사의 형장길

제 3 장 일제시 한인 관료지배층의 형성과 사회이동

1. 서 론

1) 연구 목적

일제는 대한제국을 합방한 후 36년간 식민지 통치를 실시하였다. 식민지 통치의 최고 권력자는 입법권, 행정권, 사법권 및 군통솔권을 가진 조선 총독이고[1], 그를 보좌하는 관료지배층은 거의 모두 일본인들이었지만 식민지 통지를 효과적으로 운영하기 위하여 조선인을 그 아래에 식민지 관료로 임용하였다.

---

1) 조선총독부의 주요 관제를 보면 알 수 있다.(조선총독부「관보」, 1910년 9월 30일)

제 1조 조선총독부에 조선총독을 두며 총독을 조선을 관할한다.

제 2조 총독은 친임으로 하며 육군대장으로 이를 충원한다.

제 3조 총독은 일본천황에 직예하며 위임의 범위 내에서 육해군을 통솔하며 조선 방비의 사를 장악한다. 총독은 제반의 정무를 통할하며 내각 총리대신을 거쳐 상루하여 재가를 얻는다

제 4조 총독은 그 직권 또는 특별 취임에 의하여 조선총독부령을 발하며 이에 1년 이하의 징역 또는 금고, 구류 200엔 이하의 벌금이나 과료의 벌칙을 부과할 수 있다.

제 6조 총독은 각부의 관리를 통독하며 주임문관의 진퇴는 내각총리대신을 거쳐 이를 상주하며 찬임문관 이하의 진퇴는 이를 전행한다.

제 8조 총독부에 정무총감을 둔다. 정부총감은 친임으로 한다. 정무총감은 총독을 보좌하며 부무를 통리하며 각 부국의 사무를 감독한다.

제 9조 총독부에 관료 및 다음의 5부를 둔다.
총무부, 내무부, 탁지부, 농상공부, 사법부

제 10조 총무부에 인사부, 외사국, 회계국, 내무부에 지방국, 학무국, 탁지부에 사재국, 사계국, 농상공부에 식상국, 상공부를 둔다.

제 11조 총독부에 다음의 직원을 둔다.
장관 5인(칙임), 국장 9안(칙임 또는 주임), 참사관 전임 2인(칙임 또는 주임), 참사관 전임 2인(주임 중 1인을 칙임으로 할 것.), 비서관 전임 2인(주임), 서기관 전임 19인(주임), 사무관전임 19인(주임), 기사 전임 30인(주임 중 2인을 칙임으로 할것), 속, 기수, 통역생 전임 337인(판임)

제 21조 총독부에 총독부 무관 2인 및 전속부관 1인을 둔다. 총독부무관은 육해군 소장 또는 좌관으로써 이를 보함.

이러한 정국하에서 생길 수 있는 의문은 식민지 시대에 관료가 된 조선인은 과연 누구인가 하는 것이다.

식민지 시대에 있어서 조선인 지배층은 총독부의 관료(행정, 사법 및 경찰 등) 이외에 조선 귀족이 있고, 또 총독부의 자문기관인 중추원의 고문, 참의 등이 있었으며, 각 도·부 및 면에 행정자문을 하는 협의회 회원들이 있었다.2) 총독부의 조선인 관료들은 비록 일제 총독의 하수인 역할을 하는 행정 참여자이지만 중추원의 참의와 각 도·부·면의 협의회 회원들은 영향력 있는 지배층이라 할 수 있다.

저자가 관심을 가진 조선인의 지배층은 영향력 있는 지배층 보다 정책 결정에 참여하는 행정 참여자이다. 특히 각 도지사, 참여관, 군수, 판사 등이다. 이들은 비록 일제 총독부 관료지배층 보다 그 권력은 적지만 일제에 충성을 다하면서 조선인을 지배해 온 관료지배층이라 할 수 있다.

이러한 관료지배층은 일제 통감이 약속한대로 대한제국의 관료를 그대로 유임하였는지 궁금하고, 또한 해방 이후 미군정, 이승만 정권, 장면 정권 심지어 박정희 정권에 이르기 까지 한국 권력지배층의 핵심이 되어 있는 일제시 관료지배층이 과연 누구인가 하는 것이다.

그리하여 이들의 형성과정과 신분배경 및 사회이동 등을 파악하여 그 성격을 규명하여 보려고 한다.

2) 연구 방법

일제시대의 관료 및 관료지배층에 관한 연구는 최근 많이 발표되었다.예컨대 「일제하 조선인 관료연구」를 비롯하여 고등문관 시험과 보통문관 시

---

2) 중앙의 총독 자문기관은 중추원(의장은 총독)이 있었는데 이것은 초기에 조선 귀족들로 구성되었으나 1921년 중추원 개혁할 때 관직에서 물러난 친일관료, 직업적 친일분자와 함께 지방 유력자 및 신지식층이라는 명목으로 많은 갑부를 새로 참의로 임명하였다.(1921년 참의 70명 중 13명) 그리고 1927년 이후에는 재력을 중시하여 지방 대지주와 자본가를 대리 기용하였다. 즉 회사중역(5명), 금융조합장(4명), 도평의회원(5명), 부 협의회원(1명) 등이다.(강동진, 「일제의 한국침략 정책사」, 한길사, 1980, pp. 216~217)

험 합격자에 관한 논문 등이 있다.3)

이들의 연구결과를 참고하고, 아직도 제대로 연구되지 않았던 그들의 신분배경과 교육기회를 중심으로 저자가 40여년전 발표한 논문을 보완한다.4)

일제시 관료들의 신분배경은 조선총독부의「관보」와「통계연보」,「대한제국 관원이력서」를 주로 활용하고 보완자료로「한국인명대사전」(신구문화사, 1967),「만성대동보」 및「지주명부」(경기도 농회, 1938) 등을 검토하였으며 그들의 교육 배경과 사회이동은 경성고보의「학적부」와 경성고보와 경성중학 및 대구고보「동창회 명부」 등을 주로 분석하여 파악하려고 한다.

2. 식민지 관료의 형성과정

1) 충원제도

(1) 한일합방시 관리임용

일제 통감은 일한합방을 위한 '각서'와 '조약'에서 신 제도를 존중하는 한인은 조선에 있어서 제국 관리에 임용한다(제 7조)고 하였다. 이러한 규성은 대한제국 관료들에 대한 회유책인 동시에 총독 통치에 대한 충성심을 요구하는 것이다.

---

3) 최창희, 관리임용제도,「서울 6백년사」, 서울시사 편찬위원회, 제 4권, 1981
박은경, 「일제하 조선인 관료 연구」, 학민사, 1999
장세윤, 경성제국대학의 한국인 졸업생과 고등문관시험,「향토 서울」, 제 69호, 서울시사 편찬위원회, 2007. 2
장신, 1920,30년대 조선총독부의 인사정책연구,「동방학지」, 2003
1919~1943년 조선총독부의 관리임용과 보통문관시험,「역사문제연구」, 제 8호
정선이,「경성제국대학연구」, 문음사, 2002
진덕규, 일제초기 친일관료 엘리트의 형성과 성격 분석,「현상과 인식」, 제 2권 1호
淺井良純 ,「일제 침략 초기의 조선인 관리 연구」, 연세대 대학원 석사학위논문, 1989
안용식 편,「한국행정사 연구」, Ⅰ,Ⅱ, 대영문화사, 1993, 1994

4) 김영모, 일제하 사회계층의 형성과 변동에 관한 연구, 조기준 외,「일제하의 민족생활사」, 민중서관, 1969, 제 3장

사실 한일합방 이전 대한제국 관료들의 44.9%가 신제 교육을 받았고, 또한 이들의 대부분이 일본 유학생 또는 일어 교육을 받았기 때문에 이들을 일제 식민지 관료로 활용하여도 큰 문제가 없는 것이다.

일제는 제 1장에서 본 바와 같이 갑오개혁으로 근대적 관제와 인사제도를 확립하였고, 그 후 많은 신제 학교가 설립되어 졸업생들이 많이 배출되고 있었기 때문에 큰 어려움이 없는 것이다. 또한 대한제국시 관료의 임용조건은 갑오개혁 이후 ① 임용제도의 전문화5)와 ② 임용조건의 신교육 강조 및 ③ 임용방법의 시험 및 추천제의 강화로 과거와는 많이 달라졌다. 그래서 근대적 신제학교가 많이 설립되었으며6), '문관임용령'에서 외국 대학 법률 또는 정치 경제학과의 졸업자, 그리고 법관전고규정에서 법관양성소와 국내의 법률학교에서 2개년 이상 과정의 졸업자는 별도의 임용규정을 안거쳐도 전형위원의 전형을 거치면 주임문관이나 판검사가 될 수 있다. 그리고 총독부는 각 관청에 신제 학교와 일본 유학생을 수용하도록 지시하였다.7)

한편, 이러한 시험과 학력을 구비하지 않아도 관료충원의 길이 있었다. 즉 기술관이나 무관 및 순검에의 충원은 가능하고 그 뿐만 아니라 각 부와 아문의 견습생은 그 곳 주임관 이상의 추천에 의하여 관료가 될 수 있었다. 한말 관료 중에 과거와 각종 시험에 합격한 사람이 전체의 15.3%이고, 근대적 교육을 받은 사람은 전체의 44.9%이며, 나머지는 거의 추천이다.

이것을 보면, 한말 관료 중에 과시 합격자와 학교 졸업자가 아닌 자가 전체의 41.8%이라는 것을 알 수 있다. 따라서 한말 관료의 충원방법은 여러가지가 있고, 충원 기회의 사회적 구조는 다양한 의미가 있을 것으로 생각한다. 그러나, 정상적이고 원칙적인 관료의 충원방법은 시험과 학력을 중시하는 임용제도이며 이 길은 승진이 더욱 빠른 것이다.8)

---

5) 이미 대한제국시에 제정된 문관임용령(1906년)과 법관전고(1906년), 군수임용령(1908년), 무관임명규칙(1900년), 순사채용규칙(1907년) 등이 있었다. 한말 관료의 구체적 충원제도는 김영모, 「조선지배층연구」, 일조각, 1978, pp.274~278과 p.281을 참조할 것.

6) 한말의 교육제도는 상게서, pp.290~291을 참조.

7) 「매일신보」, 1910년 11월 16일

그리하여 1909년 한말 관료(3,624명)의 67.6%인 2천 449명(일반관리 2,016명, 훈도 218명, 향교직원 215명)과 1910년 합방 다시 총독부 관리 328명이 일제시대 관료로 유입되었다. 그 중에서 고등관은 565명이다.9)

그러면, 한말 관료가 일제시 관료로 유입할 수 있었던 법적 근거, 즉 임용제도를 검토하여 보자.

일제는 대한제국시 '조선인 관리의 특별임용에 관한 규정'(칙령 제 396호)을 다음과 같이 공포, 실시하였다.10)

① 한국인으로 본령 시행 현재 고등관의 대우를 받는 자는 특히 이를 조선총독부 및 그 소속 관서의 문관에 임용할 수 있다.
② 한국인으로 구한국 정부의 고등문관직에 있던 자, 또는 구한국 정부의 고등문관을 한 자격을 가진 자는 당시대로 문관고등시험위원의 전형을 거쳐 특히 이를 조선총독부 및 그 소속관서의 문관에 임용할 수 있다.
③ 한국인으로 본 령 시행 현재 판임관의 대우를 받는 자는 특히 이를 조선총독부 및 그 소속 관서의 판임문관에 임용할 수 있다.
④ 한국인으로 구한국 정부의 판임관에 있는 자나 또는 구한국 정부의 판임관을 하는 자격을 가진 자는 당시대로 문관 보통시험위원의 전형을 거쳐 이를 조선총독부 및 그 소속 판서의 판임문관에 임용할 수 있다.
⑤ 한국인으로 조선총독이 정한 시험에 합격한 자는 이를 조선총독부 및 그 소속 관서의 판임문관에 임용할 수 있다.

한말 관료는 대부분 갑오개혁시 제정된 '전고국 조례'와 '선거조례' 및 '문관수임식'에 의하여 입관하였거나 1906년 '문관임용령' 등 시험 또는 신제학교 졸업 및 추천 등에 의하여 입관하였다.

---

8) 상게서, p.273
9) 박은경,「일제하 조선인 관료 연구」, 학민사, 1999, pp.10~11
민용식·원구환은 한말 한인 관료 중에 일제시 관료가 된 사람은 중앙 행정기관 관료의 49.0%이고 지방행정기관 관료의 34.0%라고 한다. 특히 관찰사(8명)의 75%가 지속하였고 부윤(10명)의 60%, 군수(294명)의 27.0%가 지속하였다고 한다.(「일제 초기 한국인 관료집단의 형성」, 연세행정연구회, 1997, pp.78~79)
10) 조선총독부「관보」, 1910년 10월 1일

한편, 조선의 조선총독부 도장관과 도참여관 및 군수의 특별 임용 및 관등에 관한 규정은 다음과 같다.[11]

조선인의 도장관, 도참여관 및 군수는 문관임용령과 고등관 관등 봉급령 제 4조의 규정에 구애되지 않고 학식과 경험이 있는 자 중에서 문관 고등시험위원의 전형을 거쳐 임용한다.[12]

이러한 규정은 1906년 문관임용령 보다도 더욱 신학문, 신제 교육의 이수자에게 기회를 주겠다는 뜻이다. 그리고 1911년 6월에 조선인 판임관을 선임하기 위하여 '조선인 판임관 시험규칙'(총독부령 제 97호)이 발표되었다. 이에 따라 일제 초기에 표 6에서 볼 수 있는 바와 같이 판임관을 대량으로 선발하였다.

한편, 이것은 재판소 직원의 임용규정에서도 나타나고 있는데 그 내용은 다음과 같다.[13]

① 제국대학이나 관립전문학교, 또는 조선 총독이 지정한 학교에서 3학년 이상 법률학과를 졸업한 조선인은 문관고등시험 위원의 전형을 거쳐, 특히 조선총독부 판사나 검사에 임용함을 득한다.

② 본령을 시행할 때 현재 통감부 판사나 검사를 위하여 조선인은 특히 조선총독부 판사나 검사에 임용함을 득한다.

그리고 조선총독부 판사 및 검사 임용에 관한 규정은 다음과 같다.[14]

① 조선총독부 판사와 검사는 재판소구성법에 의하여 판사나 검사 또는 사법관 시보를 위하여 자격을 가진 자 중에서 임용한다.

② 조선총독부 판사의 직에 있는 자는 조선총독부 검사에, 조선총독부 검사직에 있는 자는 조선총독부 판사에 특히 임용을 득한다.

---

11) 조선총독부「관보」, 1910년 10월 1일
12) 조선총독부「관보」, 1910년 1월 1일
13) 조선총독부「관보」, 1910년 10월 1일
14) 김영모,「조선지배층연구」, 일조각, 1978, p.27

위의 특별임용령을 보면, 고등문관과 판임관, 그리고 도장관, 참여관, 군수, 판검사 등을 유임할 수 있다고 하면서 문관 고등시험위원, 또는 문관보통시험위원의 전형을 거치게 하였다. 이러한 전형 절차에서 과거 고등관과 판임관, 군수, 판검사 등을 그들의 충성도 또는 필요성에 따라 선별하려는 것이다.

(2) 일제시 문관임용

일제는 식민 초기에 1908년 제정된 '문관임용령'과 한말 관료들을 재활용 하였지만 그 이후 1913년 7월 31일 '문관임용령'을 개정하여 실시하였다. 그 주요 내용은 다음과 같다.

제 1조 문관의 임용은 친임식으로써 임명하는 관 및 규정을 설치하는 것을 제외하고는 본령의 정한 바에 의함.

제 2조 칙임문관은 제 5조 1항의 자격을 가지고 1년 이상 칙임문관의 직에 있는 자 또는 주임문관으로 2년 이상 고등관 3등의 직에 있는 자에서 이를 임용함.

제 3조 제 5조 1항의 자격을 가지고 2년 이상 칙임문관의 직에 있는 자 또는 주임문관으로서 2년 이상 고등관 3등의 직에 있었던 자는 문관고등시험의원의 전형을 거쳐서 이를 칙임문관으로 임용함.(1918년 3월 2일 부터 고등시험위원으로 개칭)

제 4조 육해군장관은 부청의 칙임문관으로 임용함.

제 5조 주임문관은 아래 자격의 1을 가진 자에서 임용함.

1. 고등시험 행정과 시험에 합격한 자.
2. 고등시험 외교과 시험에 합격하여 2년 이상 외교관 또는 영사관의 직에 있는자.
3. 2년 이상 판사 또는 검사의 직에 있는 자.
4. 재판소구성법에 의하여 판사, 검사 또는 사법관시보될 자격을 가지고 2년 이상 육군법무관이나 해군법무관, 조선총독부 또는 남양청의 판사, 검사, 또는 대만 총독부 법원, 관동청 법원의 판관이나 검사관의 직에 있는 자.

2년 이상 주임교관의 직에 있던 자는 이를 문부성내의 주임문관에 임용함.

제 6조 판임문관은 아래의 자격의 1을 가진 자에서 이를 임용함.

1. 중학교 또는 문부대신이 이와 동등 이상으로 인정한 학교를 졸업한 자.
2. 고등시험령 제 7조의 규정에 의하여 고등시험예비시험을 받을 수 있는자.
3. 전문학교령에 의하여 법률학. 정치학, 행정학 또는 경제학을 교수하는 학교에서 3년의 과정을 이수하고, 그 학교를 졸업한 자.
4. 보통시험에 합격한 자.
5. 고등시험에 합격한 자.
6. 2년 이상 문관의 직에 임한 자.
7. 4년 이상 고원된 자.

제 7조 교관, 기술관 기타 특별한 학술기회를 요하는 문관은 고등관에 있어서는 고등시험위원, 판임문관에 있어서는 보통시험위원의 전형을 거쳐서 이를 임용함.

학교장은 전항의 규정에 의하여 이를 임용함.

상기한 '문관임용령'을 보면, 1908년의 경우와 큰 차이가 없다. 즉 시험과 학력에 의하여 문관(판임관 또는 주임관)이 될 수 있고, 또 제 6조 6, 7항에 의하여 기득권(고원, 촉탁 등)을 인정하고 있다. 다시 말하면, 일제시 문관은 고등시험 또는 보통시험에 합격하거나 중학교 또는 전문학교 이상의 학력을 가진 사람은 임용될 수 있다.

이러한 일반적 문관 임용방법 이외 특별임용령이 있었다. 특별임용령은 주로 지방관료의 임용에 관한 것으로 사무관은 5년 이상 지방사무에 종사한 재직자로서 문관고등시험위원의 전형을 거치게 하였다. 그리고 지방의 도·부·군의 서기(판임관)는 문관임용령 제 6조에서 볼 수 있는 바와 같이 2년 이상 문관, 또는 4년 이상 고원이 된 자는 될 수 있다.[15]

---

15) 예컨대 공주 갑부 김갑순(1872년생)은 공주 감영의 사령 군노로 들어가서 노름꾼을 잡으러 갔다가 묘령의 미인을 만나 의남매를 맺고 그녀를 감영의 소첩으로 중매하였다. 그 빽으로 천직에서 총순이 되었다가 충남의 노성, 임천, 공주, 금화, 아산, 부여 등의 군수를 지냈다. 그는 아산군수 시에 한일합병이 되어 당시 국고세

이 '문관임용령' 제 6조와 제 5조 4항 때문에 판임관이 되기 쉽고, 또 몇 년이 지나면 주임관이 될 수 있다. 그리하여 한인이 독점한 군수(317개)와 서기(1,291명)는 대부분 이러한 특별임용령으로 충원되었다. 비록 소수이지만 보통문관시험이나 고등문관시험에 합격하여 서기 또는 군수가 된 경우도 있다.

보통문관시험은 중급관리(판임관)가 될 수 있는 자격시험이다. 이 시험은 1915년에 한 번 실시되었다가 1919년에서 1943년 까지 매년 시행되어 모두 1,152명이 합격하였다.[16](한인은 전체의 33.4%인 385명) 이들 중에서 관리로 임용된 자는 72.2%인데 일인이 한인에 비하여 약 2.5배가 많다.

한인 합격자의 최초 임용 관청은 군청이 전체의 63.6%를 차지하고 그 다음은 총독부(17.9%), 도청(8.2%), 부청(4.3%), 법원(3.8%)의 순이었다.[17]

한편, 고등문관 시험은 고등관료(주임관)를 양성하기 위한 행정관, 사법관 및 외교관의 자격시험이다. 일제시 1923년에서 1943년 까지 시행된 고등문관시험 합격자는 모두 5,962명인데 이 중에서 한인은 모두 134명으로 전체의 약 2.3%를 차지한다.

그들의 출신대학을 보면, 경성제대 출신이 전체의 33.6%(45명)로 가장 많고, 그 다음은 동경제대(18명), 경도제도(17명), 구주제대(10명), 동북제대(6명), 일본 중앙대(12명), 명치대(5명), 경성법전(5명), 경성사범(3명), 일본대학(1명), 와세다대(2명), 기타(7명) 등이다.[18]

고등문관시험 합격자들의 77.3%가 군수(고등 주임관)가 되었고 나머지는

금, 수만금을 횡령하였고 또 상납금 징수와 시장 및 자동차 사업을 통하여 부자가 되었다. 또한 대전읍내 수만평 토지에 왜관과 결탁하여 충남도청을 이전시켜서 평당 15전 짜리를 수백원으로 폭등시켰다고 한다. 그는 1921년에 지방대표로 중추원 참의가 되었는데 그의 재산은 12만 3천 5백엔이었다.(「민족정기의 심판」, 혁신출판사, 1949,p.136)

16) 임용식, 일제하 조선인 판임 문관에 관한 연구, 「사회과학논집」, 제 30호, 연세대 사회과학연구소, 1999

17) 장신, 1920,30년대 조선총독부의 인사정책연구, 「동방학지」, 2003. pp.57, 67
일제시 판임관 및 도,부, 군속 채용시험이 각 도별로 10여회 있었고 합격자는 10명~40명이다.

18) 진욱언(秦郁彦), 「전전기 일본관료제의 제도」; 조직. 인사. 동경대학 출판회, 1981, pp.423~643

판사(5명), 사무관(3명), 경시(4명)가 되었다. 또한, 일제시 새로 충원된 군수(307명)의 11.1%를 차지한다.[19]

이와 같이 일제시 군수들은 고등문관시험 보다도 신제학력과 승진 등에 의하여 대부분 충원되고 있다.

2) 행정조직과 관료구성

(1) 행정기관

조선총독부의 행정기구는 크게 나누어 중앙과 지방의 행정기관이 있고, 치안을 위한 사법 및 헌병 경찰기관이 있으며, 또한 경제적 착취기관으로서 경제기관이 있다.

중앙의 행정기관은 총독부 관방(비서, 무관실) 이외 총무부(외사국, 인사국, 회계국, 문서국), 내무부(서무과, 지방국, 학무국), 탁지부(서무과, 세관공사과, 사세국, 사계국), 농상공부(서무과, 식산국, 상공국), 그리고 사법부가 있으며 부속 관서로는 중추원, 각 도 경무총감부, 재판소, 철도국, 세관, 전매국, 임시토지조사국, 제 학교 등이 있다.

그리고 지방의 행정기관은 13도와 그 아래 부·군 및 면을 설치하여 각 도·부·군에는 관방, 내무부, 재무부를 두고 있다.

헌병경찰기구는 총독 아래 육군장관이 있고, 그 밑에 경무총감부와 헌병대 사령부를 두고 경성 직할경찰서와 각 도에 경무부와 헌병대를 두고 있다. 각 시·도 경무부에는 경찰서, 분서, 순사주재소(파출소), 헌병분견소(파출소) 등을 두었다.

사법기관은 총독 아래에 고등법원(1개), 공소원(3개), 지방재판소(8개), 구재판소(56개)로 구분하여 3심제를 운영하였다.

이와 같이 모든 행정관료기관을 군인 총독의 직속하에 두어 조선총독이 행정, 입법, 사법 및 군통솔권 까지 장악하였다. 이것은 전제 군주국가에서나 볼 수 있는 현상이다. 그리고 갑오개혁시 3권을 분리시켰는데 이것을 재

19) 박은경, 전게서, p.98

통합시킨 것은 분명히 역사발전(근대화)의 후퇴라 하지 않을 수 없다.

일제는 식민지 통치를 위한 모든 행정기관의 통합과 그 직제 및 정원제를 실시하였다. 총독부의 중앙기관에는 일인을 다수 채용하고 지방기관에는 한인을 다수 채용하였으며 사법기관과 경제기관에도 한인 보다 일인을 다수 채용하였다. 일제는 관료충원 뿐만 아니라 문관 자격시험에 있어서도 한인과 일인의 합격율을 3:1로 하였던 것으로 추정된다.

<표 1> 조선총독부의 기관별 관리수

	중앙기관	지방기관	치안기관	사법기관	경제기관	자문기관	합계
일인 (%)	500 (92.9)	931 (13.6)	3,401 (43.2)	532 (60.9)	1,925 (84.2)	21 (22.3)	7,310 (39.5)
한인 (%)	38 (7.1)	5,907 (86.4)	4,467 (56.8)	341 (39.1)	360 (15.8)	73 (77.7)	11,186 (60.5)
합계 (%)	538 (100.0)	6,838 (100.0)	7,868 (100.0)	873 (100.0)	2,285 (100.0)	94 (100.0)	18,496 (100.0)

(비고) 판임대우, 촉탁, 고원, 교원은 제외함.
(자료) 조선총독부「직원록」, 1910년과 조선총독부「시정연보」, 1910년
淺井良純, 전게서에서 재인용

표 1에서 볼 수 있는 바와 같이 총독부의 중앙기관에 일인이 92.9%를 차지하고 사법기관의 경우 60.9% 그리고 경제기관의 경우 84.2%를 차지하였으며, 한인 관료는 주로 대민부서인 지방기관(86.4%)과 치안기관(56.8%)에 종사하였다. 그리고 유명무실한 자문기관(중추원 등)에는 한인관료(77.7%)가 더 많다. 그러나, 각 행정기관의 상급관료(관료지배층)는 일인들이고, 한인은 주로 하급관료들이다.

표 1을 보면, 1910년 한국정부의 일인 고등관 이상이 334명이 되고 한인 고등관은 634명이다. 만약 통감부까지 합하면 일인 고등관이 약 2배가 된다. 그리고 표 4에서 볼 수 있는 바와 같이 지방기관에 갈수록 한인이 더욱 많다.[20] 같은 직급에 종사할 지라도 일인 관료와 한인 관료간에는 약 2배의

20) 도에 근무하는 일인은 72.7%이고 군의 경우 54.6%이지만 면의 경우 모두가 한인이다.

봉급 차이가 있다.[21)]

일반 경찰기관에서는 한인이 전체 직원의 59.1%(3,455명)가 되었지만 이들은 대부분 말단인 순사보로서 전체 한인의 90.6%를 차지한다. 반면에 상급직(경무부장, 경무관, 경시, 경부 등)은 거의 대부분 일인이 차지하였다.[22)]그리고 헌병경찰기관의 경우 한국인(1,012명)은 모두 보조원이고 장교, 하사, 상등병에는 모두 일인이 차지 하였다.

<표 2> 지방기관의 관료 정원

		사무관	서기		기사	기수
			한인	일인		
경기	도	2	8	22		10
	경성부	1	12	12		
	군		119	82		
충북	도	2	8	17		4
	군		60	40		
충남	도	2	8	19	1	4
	군		118	78		
전북	도	2	8	19	1	4
	부		4	4		
	군		95	60		
전남	도	2	8	21	2	4
	부		4	4		
	군		111	72		
경북	도	2	8	21		8
	부		5	5		
	군		139	93		
경남	도	2	8	21	2	7
	부산부	1	5	5		
	마산부		4	4		
	군		103	68		

		사무관	서기		기사	기수
			한인	일인		
황해	도	2	8	19		4
	군		75	52		
강원	도	2	8	17		2
	군		88	52		
평남	도	2	8	19		3
	평양부		5	5		
	진남포부		4	4		
	군		64	38		
평북	도	2	8	19		3
	부		4	4		
	군		74	48		
함남	도	2	8	17		5
	부		4	4		
	군		51	37		
함북	도	2	8	16		14
	부		4	4		
	군		35	27		
합계		28	1,291	1,115	7	72

(자료) 조선총독부「관보」, 1910.10 1
(비고) 각 도에는 관방, 내무부, 재무부의 부서만 있음.

21) 조선총독부「관보」, 1910년 10월 1일
22) 1910년에 한인의 경시가 9명(일인은 41명), 경부가 95명(일인은 170명), 그리고 순사가 181명(일인은 2,053명)이 있었다.(淺井良純 ,전게서, p.16)

이러한 순사보, 보조원 및 통역생들은 일제시에 중급 관료로 승진시켜 활용하였다.

한편, 일제시 관리의 봉급이 한인과 일인간에 큰 차별이 있었다. 표 3을 보면 관리의 직급이 높을수록 연봉의 민족별 차액이 더욱 심하였다.

<표 3> 조선총독부 및 주요 관서 직원별 봉급

(단위 ; 엔)

관서	민족별	칙임관 및 동대우		주임관 및 동대우		판임관 및 동대우		촉탁과 고원		합계	
		인원	봉급연액	인원	봉급연액	인원	봉급연액	인원	봉급연액	인원	봉급연액
조선총독부	한인	1	3,300	2	3,000	50	24,351	162	54,276	215	84,923
	일인	9	48,720	127	318,290	697	657,043	751	364,300	1,584	1,388,357
체신국	한인					8	3,240	970	165,966	978	169,206
	일인	2	11,480	46	104,800	1,290	669,072	2,377	604,487	3,715	1,389,839
고등토지조사위원회사무국	한인					10	4,200			10	4,200
	일인			6	16,520	21	17,316	2	636	29	34,472
세관	한인		4,130					15	4,130	15	4,130
	일인			13	36,370	330	208,560	95	39,044	438	283,974
고등복심법원	한인			42	38,900	217	87,312	259	51,322	518	177,534
	일인	17	92,540	215	522,905	425	323,067	171	54,782	828	993,295
학교	한인			5	5,500	20	9,504	12	3,392	37	18,396
	일인			48	116,400	185	181,810	62	29,496	295	327,706
지방청	한인	35	63,500	314	323,138	9,687	2,015,593	3,247	605,095	13,283	3,007,326
	일인	35	191,400	598	1,429,287	13,647	7,404,383	3,873	1,243,796	18,151	10,268,906
총계	한인	36	66,800	316	326,138	9,737	2,039,944	3,409	659,371	13,735	3,092,253
	일인	44	240,160	725	1,747,577	14,344	8,061,426	4,662	1,608,096	19,735	11,667,259

(자료) 국사편찬위원회, 「일제 침략하 한국 36년사」, 제 4권

(2) 식민지 관료구성

① 행정관료

일제는 한일합병 이전에도 통감부 이외 한국정부에 많은 일인 관료를 투입하였다. 이것은 일제 통감이 을사보호조약(1907년)으로 한국정부의 인사권을 장악하면서 나타난 현상이다.

일제 식민지 시대에 있어서 조선총독부 관료 중에서 최고의 권력자는 주로 육군 대장 출신인 총독(8명)과 그의 보좌관인 정무총감이다. 이들은 일황이 임명하는 친임관이고, 그 다음은 총독부의 각 국장과 도지사가 칙임관

이었다. 그리고 각 도의 참여관은 주임관이지만 이들은 모두 고등관(1등~2등은 칙임관, 3~9등은 주임관)이다. 그 아래는 판임관(4등급)이 있는데 이것은 각 장관이 전횡 임명할 수 있다. 조선인이 비교적 많았던 군수와 도지사 및 참여관은 고등관이었지만 중앙의 고등관은 일인이 독점하였고 임시직인 촉탁, 고원 등에는 한인이 많았다.

표 4에서 볼 수 있는 바와 같이 1908년 말 한국정부 관리(4,663명) 중에서 일인이 차지하는 비율이 38.5%가 되고, 1910년 6월에는 41.2%가 된다. 그러나 통감부 관리와 한국정부의 일인 관리까지 합산하면 그 수는 한인 관리를 훨씬 능가한다. 이것을 보면, 일제는 일한합병 이전부터 꾸준히 한국정부에 침투하여 왔다.

<표 4> 일제시 민족별, 직위별 행정관료

<table>
<tr><th colspan="2" rowspan="3"></th><th colspan="2">친임관</th><th colspan="4">고등관</th><th colspan="2">판임관</th><th colspan="2">촉탁</th><th colspan="2">고원</th><th colspan="2">합계</th></tr>
<tr><th rowspan="2">한인</th><th rowspan="2">일인</th><th colspan="2">칙임관</th><th colspan="2">주임관</th><th rowspan="2">한인</th><th rowspan="2">일인</th><th rowspan="2">한인</th><th rowspan="2">일인</th><th rowspan="2">한인</th><th rowspan="2">일인</th><th rowspan="2">한인</th><th rowspan="2">일인</th></tr>
<tr><th>한인</th><th>일인</th><th>한인</th><th>일인</th></tr>
<tr><td rowspan="2">1908</td><td>한국정부</td><td>17</td><td>2</td><td>105</td><td>34</td><td>597</td><td>371</td><td>2,147</td><td>1,390</td><td>2,866</td><td>1,197</td><td></td><td></td><td>2,866</td><td>1,797</td></tr>
<tr><td>통감부</td><td></td><td></td><td colspan="2">9</td><td colspan="2">161</td><td colspan="2">1,282</td><td colspan="4">2,951</td><td colspan="2">4,403</td></tr>
<tr><td rowspan="2">1910</td><td>한국정부</td><td></td><td></td><td>63</td><td>29</td><td>554</td><td>303</td><td>5,551</td><td>4,008</td><td>59</td><td>169</td><td>925</td><td>1,501</td><td>7,728</td><td>5,426</td></tr>
<tr><td>통감부</td><td></td><td></td><td colspan="4">451</td><td colspan="2">1,769</td><td colspan="2">50</td><td colspan="2">1,503</td><td colspan="2">3,773</td></tr>
<tr><td>1915</td><td>총독부</td><td>46</td><td>44</td><td></td><td></td><td>325</td><td>682</td><td>4,883</td><td>8,088</td><td>28</td><td>171</td><td>11,988</td><td>11,988</td><td>17,270</td><td>20,973</td></tr>
<tr><td>1924</td><td>총독부</td><td>35</td><td>41</td><td></td><td></td><td>333</td><td>892</td><td>9,658</td><td>17,613</td><td>79</td><td>286</td><td>4,587</td><td>5,448</td><td>14,692</td><td>24,280</td></tr>
<tr><td>1932</td><td>총독부</td><td>32</td><td>68</td><td></td><td></td><td>322</td><td>1,058</td><td>10,912</td><td>20,252</td><td>166</td><td>421</td><td>7,355</td><td>10,677</td><td>18,787</td><td>32,476</td></tr>
<tr><td>1940</td><td>총독부</td><td></td><td></td><td colspan="4">2,791</td><td colspan="2">38,268</td><td colspan="4">66,445</td><td colspan="2">107,504</td></tr>
</table>

(비고) ① 1910년의 통감부 직원은 1909년의 것임
② 1910년의 한국정부 직원 중에 외국인(12명)은 제외함.
③ 1940년의 촉탁, 고원 중에 일인이 25,654명이 이고, 일인 이원은 2,538명, 그리고 한인은 38,253명임.

1908년에는 한인의 고등관이 많았으나 1932년에는 급속히 감소되어 일인의 고등관이 약 3배가 되었으며, 이들은 특히 통감부에 급속히 증가되고 있다. 그리고 판임관의 경우 일인이 2배가 많고, 촉탁과 고원의 경우도 일인이 더욱 많다. 한인들의 고등관(주임관)이 더 많은 것은 이들이 지방의 군수

나 기수직에 일하기 때문이다. 특히 한인이 일인에 비하여 판임관 대우가 많은 것은 군수직 때문이다.

이와 같은 민족별 관료구성 비율은 일한합병 이후 정식 관료의 경우 한인에 비하여 약 3배가 더 많다. 그리고 1940년 총독부의 관리가 모두 10만 7천 504명인데 이것은 1910년에 비하여 적어도 6.4배가 증가 되었다.

일제는 한일합방 전부터 한국 정부의 인사권을 일인 관료가 장악하고 있었다. 이것은 1907년 이등박문 통감이 강제적으로 한일협약을 체결하여 사법, 행정, 관리임명권을 장악했기·때문이다. 일제 말기에 올수록 상급관료는 거의 대부분 일인이 충원하고, 특히 내부와 법부의 관료는 일인이 다수이며, 한인은 식민지통치에 필요한 지방관료, 그리고 무력한 관직에만 충원시키고 있을 뿐이다.

그러면, 일제가 어떻게, 그리고 어느 정도 일인과 한인을 관료로 충원시켰는 가를 고찰하여 보자.

<표 5> 일제 중기의 민족별 행정관료

	총독부		지방관서		합계	
	일인	한인	일인	한인	일인	한인
국장	5				5	
비서관	3				3	
이사관			30	9	30	9
서기관						
사무관	34	6	27	3	61	9
기사	50	3	101	1	151	4
통역관	10		2		12	
기수	153		545	379	698	379
군수			31	178	31	178
부윤			10		10	
주사			10		10	
서기	3	1	262	137	265	138
서기보			40	13	40	13
촉탁	167	22	1,399	1,382	1,566	1,404
면장			35	1,569	35	1,569
기타	11	1	48	36	59	37
합계	436	33	2,540	3,707	2,976	3,740

(자료) 조선총독부, 「직원록」, 1926

일제시의 관료세력에 대한 분석은, 일제 말기(1939년 11월) 창씨개명으로 말미암아 민족별 구별을 인명으로서 하기가 힘들고 전 기간의 자료도 빈약하기 때문에 일제 중기라 할 수 있는 1926년의 행정관료를 분석할까 한다.[23)]

표 5와 같이 조선총독부의 중앙관서에는 고등관 또는 판임관을 막론하고 거의 대부분이 일인이고, 지방관서(면)에 한인이 있을 뿐이다. 지방관서(도,부)에는 상급관리는 대부분 일인이고 한인은 지방의 말단 행정관료(면장 등)로 충원되고 있는 실정이다. 특히 한인은 군수와 면장이 일인에 비하여 월등히 많은데, 이것은 식민지통치에서 한인 지배에는 한인 관료가 더욱 효과적이기 때문이다. 그리고 촉탁관리가 상당히 많은데, 이것은 민족별 비율이 비슷하나 상층이동의 기회는 일인에게만 거의 주어져 있다. 심지어 말단 행정의 실질적 담당자인 서기 까지도 일인이 많다.

② 사법관료

일제시 사법관료는 표 6과 같이 일인이 절대적으로 많고, 고등법원과 복심법원의 법관들은 전부 일인이며, 지방법원에 소수의 한인 법관이 있으나 절대 다수는 일인이다. 판사와 검사, 특히 그 책임자는 모두 일인이고, 심지어 서기까지도 일인이 지배적이므로 가히 일인 독점 체제라 할 수 있다.

<표 6> 민족별 사법관료

	고등법원		복심법원		지방법원		합계	
	일인	한인	일인	한인	일인	한인	일인	한인
원장	1		2		11		14	
부장판사	1		4		17	1	22	1
판사	8		20	2	84	27	112	29
검사장	1		4				5	
검사	3		4		55	12	62	12
감독					55		55	
서기장	1		2				3	
서기	8	1	15	5	392	215	415	211
통역관	3		5		14		22	
기타			1		8	22	9	22
합계	26	1	57	7	636	277	719	285

(자료) 조선총독부, 「직원록」, 1926

23) 조선총독부 직원록(1926년)의 분석 결과임.

이와 같이 일인은 정치적 차원 이외에도 행정권 및 사법권 까지 관료를 중심으로 하여 지배해 왔고, 소수의 한인 관료는 일제 식민정책의 충실한 주구 노릇 밖에 할 수 없었다.

③ 경찰관리

일제시 치안기관으로서 경찰부(13개)와 경찰서(252개) 및 주재소(2,336개)는 거의 변화가 없으나 파출소(207개)와 출장소(212개)는 해마다 약간 증가되었다. 그러나 경찰관서의 직원들은 1910년대에 6천명에 미달하였으나 1934년에는 약 2만명으로 증원 되었다.

그러면, 경찰관리의 증가현상을 표 7에서 본다.

<표 7> 빈족별 직위별 경찰관리

	경찰부장	경시		경부		경부보		순사		순사보		합 계
	일인	한인	일인	한인	일인	한인	일인	한인	일인	한인	일인	
1910	13	15	32	101	167			181	2,053	3,131		5,784
1913	13	8	28	87	164			247	2,133	3,055		5,821
1917	13	10	30	131	179			230	2,024	2,819		5,437
1922	13	14	41	140	377	268	730	8,160	11,028			20,771
1925	13	11	37	95	333	170	611	7,057	10,131			18,458
1931	13	11	49	88	332	156	603	7,913	9,604			18,769
1934	13	9	48	87	339	155	605	7,926	10,144			19,326

(자료) 조선총독부「직원록」

표 7을 보면, 경찰직이 상위직 일수록 일인이 독점하고 하위직일수록 한인이 훨씬 많다. 특히 순사보는 한인만 임용되고 있다. 이것을 보면, 식민지 치안유지를 위한 대민관계는 일제 초기에 한인 순사보에게 맡기고 일인 경찰간부들은 그들을 지휘하고 있다.

3) 충원요인

일제시 관료는 이미 충원제도에서 본 바와 같이 초기에는 한말 관료 중에서 유입된 조선인이 대부분이다. 관료지배층(고등관) 중에 조선귀족이나 중추원 참의가 되지 못한 경우(3품 이상, 19.6%)는 퇴관하였겠지만 중·하급 관료는 7할 이상 유임되었다. 그리하여 일제 식민지 초기의 관료는 대부분 한말 관료이고, 이들이 승진하여 관료지배층이 되었기 때문에 한말 관료의 충원요인을 자세히 설명할 필요가 있을 것 같다.24)

한말 관료들의 72.6%가 갑오개혁 이후 1895년~1906년에 입관하였다. 갑오개혁 이전에 입관한 관료는 전체의 18.2%이고 이들도 갑신정변 이후에 입관하였으며 나머지는 통감부 설치 이후에 입관하였다.

갑오개혁 이전에 입관한 관료는 과거에 합격한 경우가 약 40%로서 가장 많지만 품계가 없는 관료가 44.2%인 것을 보면 이들의 대부분은 무관이거나 교원 들이기 때문에 나타난 현상인 것 같다. 갑오개혁 이후에 입관한 관료는 신제 학교 출신(42.5%)과 유학생 출신(7.5%)이 많다. 나머지 43.1%가 미상인데 이들이 대부분 신제의 관직(위관, 주사, 교원, 촉탁, 고원 등)을 지니고 있다.

한말의 관료는 초기에 학교가 발달하지 못했기 때문에 견습생에 의한 충원이 가장 많았고 말기에 올수록 교육제도에 의하여 충원되었다. 비록 교육과 시험에 의하여 관리임용의 자격 규정이 되어 있다 할지라도 특례와 추천에 의한 임용이 가능한한 비정상적 방법에 의하여 관료가 많이 충원되었을 것이다. 이와 같이 과시에 의한 관리의 충원보다 오히려 다른 방법에 의존하는 것이 압도적으로 많다. 관료 중에 15.3%만이 과시의 합격자들이다.

한말 관료 중에서 진사와 무과급제자가 많은 것은 왕조 말기에 다른 과시에 비하여 대량으로 뽑았고, 또한 1894년 6월 28일에 문무존비의 차별을 폐지하고 다만 품계에 따라 상견의를 갖는다는 의안 때문에 이들이 대량으로 문무관에 진출할 수 있었던 것 같다.

과거출신자는 무관이 된 사람이 가장 많으나 군수와 의관 및 시어로 간 사람도 많으며, 문과출신자는 대신, 제조, 참의 등 상급관료가 된 사람이 매우 많고 또 기타도 대단히 많은데 이것도 대부분 높은 관직의 소유자이다.

한편, 한말 관료 중에 과시를 거치지 않았던 83.3%의 다수 관료가 어떠

24) 김영모,「조선지배층연구」, 일조각, 1978, 고헌, 1999, pp.278~285 참고

한 방법에 의하여 충원이 가능하였는가를 그들의 초직에서 알아 본다.

상급관료의 초직은 관제개혁 이전의 관직에 많이 분포되어 있고, 하급관료는 오히려 그 역현상이다. 비록 상급관료 일지라도 특히 정 3품(주사와 참위 등)은 다수가 갑오개혁 이후의 관직을 초직으로 하고 있다. 하급관료(거의가 6품 주사와 9품 주사와 참의 등)와 무품자(주사, 교원, 참위, 참봉, 견습생 등)는 거의 대부분 신제 관직(무관 등)을 소유하고 있다.

이것은 갑오개혁 이후 10년~15년의 경과로 벌써 새로운 충원제도에 의한 관료형성이 정 3품 이상의 상급관료가 생기게 되었고, 또한 이들이 관료층의 대다수를 차지하게 되었다는 것을 의미한다.

관료의 초직 중에서 가장 많은 관직은 주사인데 이것이 전체의 27.7%를 차지하고, 그 다음으로 의관(11.7% 중 11%가 참의 임), 교관(9.9%), 참봉(5.6%), 기수・사(4.1%), 견습생(4.6%), 총순(2.8%) 등이다.

이러한 초직은 갑오개혁시에 관료(특히 주사와 참봉 등)가 된 사람도 있겠지만 대부분 각 부아의 판임관 이상의 추천제도가 큰 기능을 한 것 같다.[25)]

교원의 임용은 선임시 시험규칙에 의하면, 교원은 졸업생으로 임용하되 본부로부터 특별한 임시시험을 거친 후에 서임하고 시험과목은 한성사범학교과정에 의한다고 되어 있어서 이곳의 졸업생은 대단히 쉽게 교원이 될 수 있고, 학부의 국장과 참서관이 판임관(박사) 또는 상공학교 교원을 무수히 추천하고 있는 것을 학부령에서 찾아 볼 수 있다.

총순은 대개 순사에서 승진이 되는데 순사는 경무요서, 본국지리, 논문작성 능력 등이 있는 자를 순검채용규칙(1895년) 등이 있었지만, 특별한 자격이 없어도 특정기능이 있거나 아니면 판임관이 될 수 있는 자격 또는 육군하사 이상의 직에 있었으면 될 수 있었고, 참의 또는 부위의 문관이 경시로 될 수 있었다.

또한 견습생도 각 부아의 칙, 주임관의 추천에 의하여 그 재예를 시험하여 입관할 수 있고, 기타의 직에서 많이 볼 수 있는 위원도 각 아문의 장이

---

25) 상게서, p.286

추천하여 임용하게 되어 있다.

이러한 추천제도는 지방관리의 경우에 더욱 심하다. 지방관리의 임용을 전행할 수 있는 각부 관찰사와 참서관 및 각군 군수의 신임시에는 각 관청 칙임관이 보천케 하고(단 관찰사는 대신만 보천하고, 각 대신은 관찰사 1명과 군수 3명을 내무대신에 보천하여 충원함) 각 부속 판임관 이하의 임면은 판윤과 관찰사, 그리고 목사와 군수에 의하여 결정되었다.

여기에서 관료의 초직이 대부분 시험을 필요로 하지 않는 관직을 거치고 있으며, 시험을 치르더라도 까다롭지 않는 관직을 거치고 있음을 알 수 있다.

일반적으로 초직 중에서 교관과 무관은 학교졸업으로서 충원될 수 있고 기수, 통역관, 의관 및 참봉 등은 특채될 수 있으며 견습생과 서기 등은 시험이 필요치 않다. 그러나 시험이 필요한 관직은 주사, 참사관, 총순, 위원 등인데 이것도 시험을 거치지 않고 임관이 가능한 것이다. 1894년 7월 군국기부처의 의안에 의하면, 각 부 아문주사 총액 중 3할은 현역 이서 중에서 겸견하고 문산이 있는 자를 택하여 전고국시험을 거쳐 임명하도록 하고 있다. 따라서 한말 관료의 27.7%가 주사인데 이들의 73.5%만 이 규정에 의하여 임용된 것 같다.[26]

이러한 것을 보면, 한말 및 통감부 시대에 있어서 관료의 절대 다수를 차지하는 촉탁과 고원은 주로 상급 관료의 '추천'에 의하여 입관하고, 판임관과 칙주임관(고등관)은 주로 이러한 관리의 충원요인에 의하여 입관하였음은 일제시대에도 마찬가지이다. 따라서 일제시대 관료의 절대 다수를 차지하는 촉탁과 고원은 상급관료들의 추천에 의하여 입관하였다.

이러한 촉탁과 고원은 비정규 관료들이지만 이들 중에서 판임관시험이나 보통시험 등에 의하여 정규직이 될 수 있다. 그래서 거의 매년 실시되는 판임관 시험에 순사, 교원, 고원들이 가장 많이 응시하였다. 그리고 판임문관은 고등문관시험을 거쳐서 승진될 수 있지만 대부분 근무연한과 충성도에

26) 상게서, pp.287~288

따라 고등관으로 승진하였다.

한편, 촉탁과 고원, 그리고 판임관은 학력에 의하여 충원될 수 있다. 전자는 문산이 있는 보통학교 출신 이상이면 가능하지만 후자는 중학교 또는 전문학교 이상의 학력이면 입관이 가능하다. 이들도 근무연한과 충성도에 따라 고등관(칙·주임관)으로 승진할 수 있다. 이러한 승진기회는 오래 걸리지만(약 12년) 고등문관시험에 합격하면 그 기간이 단축될 수 있다.(약 3년)

이와 같이 한말이나 일제시대에 관료가 되는 길은 무엇보다 집안이 부유해야 하고(중농 또는 중산층 이상) 친일적인 요인(관리 또는 도·군의원, 지주 부농 등)이 있어야 중학교 이상을 졸업하거나 판임관시험, 보통시험, 또는 고등문관시험에 합격하여 정규 관료가 될 수 있다.

3. 관료의 사회적 배경

1) 신분배경

(1) 신제학교 졸업생

일제 초기의 관료들은 주로 한말 관료들로 충원하였다. 이들은 소수의 과시합격자(약 15.3%)를 제외하면 대부분 신제학교 출신들과 중인(서리, 잡직, 향리 등) 출신들로 구성되어 있다고 전술하였다. 특히 과시 출신들은 관료지배층을 형성하고 신제학교(유학생 포함)와 중인 출신들은 중·하급 관료들을 형성하고 있다. 그러나 이들은 세월이 지나가게 됨에 따라 문관임용령, 법관전고령 등에 따라 상승이동할 수 있는 기회가 제공되었다.

한말 관료 중에 신분이 밝혀진 자는 전체의 29.4%이다. 그러나 나머지 약 7할은 주로 신제학교나 중인 출신들이 아닌가 한다. 왜냐하면 신제학교 중에서 관료를 많이 배출한 관립학교 입학자의 신분배경과 부친의 직업배경에서 그것을 잘 알 수 있다.

표 8과 같이 관립학교 입학생의 출신배경은 1914년에는 양반이 45.2%이고 상민은 54.8%이며, 1915년에는 양반이 43.9%이고, 상민은 56.1%이다.27) 표 8에서 고보(중학) 입학생의 양반 출신이 더 많은 것을 보면 관리가 될 수 있는 중학교 졸업생의 신분배경이 더욱 높은 것이다. 그리고 서울지방 학교의 입학생은 양반이 많고, 평양지방은 오히려 상민이 많다. 그리고 여학교의 입학자는 정원에 미달하고 있다. 상급학교 입학자의 출신배경이 양반이 많은 것을 보아, 관료가 되기 쉬운 상급학교 학생의 사회적 배경은 매우 높은 것을 알 수 있다. 특히, 귀족 또는 상류계층은 그들의 자제들을 일인학교에 많이 입학시키고 있어서 관립학교에는 적은 것 같다.

<표 8> 관립학교 입학자의 신분배경

		귀족	양반	상민	합계
1914	고보		276	213	539
	보통		50	134	184
1915	고보	1	290	369	660
	보통	1	61	83	145

(자료) 조선총독부 관보

한편, 공립학교 입학생들의 직업 배경을 보자.28)

위의 표 9에서 볼 수 있는 바와 같이, 가장 많은 직업이 농민출신(62.7%)이고, 그 다음은 상업(22.9%), 서업(5.2%), 관공리(4.6%), 노동자(2.5%), 공업(1.8%) 및 은행·회사원(0.4%)의 출신이다. 이러한 직업은 전국적 수준과 비교하여 보면, 상공업, 관공리, 노동자의 출신들이 대단히 많은 편이다. 이것은 당시의 직업구성을 감안한다면 비농업 가정의 자녀가 교육을 많이 받고 있다. 이것은 농민 보다 생활수준이 높은 것을 의미하고 또, 실제로 교육기

27) 조선 말기의 신분구조는 역계층화 현상이 나타나 대구부와 울산군의 호적상 양반이 각각 약 4할이 되고 중인은 약 15%, 양인(상민)은 약 16%, 천민은 13%이다. 1907년 한말 한성부의 호적에는 양반 관료가 전체 호수의 38.2%가 되고, 나머지는 상인(23.8%)과 시민(16.3%) 및 농민(67.0%)이다.(김영모, 「한국사회계층연구」, 일조각 1982, 고헌 1999, pp.124,181)

28) 조선총독부, 「통계연보」 1914년

관이 도시에 편재해 있기 때문에 나타난 현상이다. 특히, 농업학교 학생의 가족배경에 있어서 보통학교에 비해 농민이 많다는 것과, 관립학교에 비해서 출신 기반의 다양성을 찾아 볼 수 있다.

<표 9> 공립학교 입학자의 직업배경

	농업	상업	공업	관공리	은행·회사원	노동자	서업	합계
보통학교	32,291	11,748	967	2,395	228	1,308	2,746	51,683
실업학교	918	323	9	66	9	3	16	1,344
간이실업학교	782	272	36	49	6	18	66	1,229
합계 (%)	33,991 (62.7)	12,343 (22.8)	1,012 (1.8)	2,510 (4.6)	243 (0.4)	1,329 (2.5)	2,828 (5.2)	54,256 (100.0)

(비고) 직업란의 서업은 자영업인 것 같음.
(자료) 조선총독부 통계연보(1914)

그 다음으로 실업학교의 경우를 보면, 1910년도 각종 실업학교의 입학자는 약 3:1의 경쟁을 치르고 있으며, 연령수준은 20~25세가 가장 많다. 그 다음으로, 18~20세, 그리고 16~18세의 연령이 차지하고, 나머지는 대부분 14~16세와 25~30세의 연령층이다.

실업학교 입학자 부형의 신분과 직업을 보면 표 10과 같다.[29] 실업학교 중 관립학교 입학자의 신분배경은 상민이 다수이고, 양반은 30.5%이다.[30] 양반 출신은 주로 평양, 전주, 광주지방의 입학자 중에서 많고, 상민 출신은 부산, 대구, 함흥, 해주, 춘천, 영변 출신에서 많다.

<표 10> 실업학교 입학자의 신분배경

	양반	상민	합계
공립실업학교	257	431	688
간이실업학교	130	510	640
사립실업학교	39	32	71
합 계(%)	426(30.5)	973(69.5)	1,399(100.0)

29) 조선총독부「관보」, 1911. 1. 27
30) 조선총독부「관보」, 1912. 7. 11

공립 간이실업학교의 입학자는 관립 학교의 입학자 보다 출신 배경이 낮고, 입학자는 거의 대부분 지방과 무관하게 상민 출신이 많다. 즉, 양반과 상민의 비율이 2:1이다. 그러나, 사립 실업학교의 입학자는 상민 출신보다 양반 출신이 약간 많다.31)

실업학교 입학자의 직업배경은 농업이 53.9%로서 가장 많고, 그 다음으로 상업(26.8%)과 관공리(8.1%)이다. 부형이 농업인 경우는 50마지기(부농) 이상과 10~50마지기(중농) 사이가 가장 많아 각각 36.5% 정도이고, 나머지도 5~10마지기(소농) 정도를 소유하고 있다. 그리고 실업학교 입학자는 기혼자가 전체의 65.5%를 차지한다.

<표 11> 실업학교 입학자의 직업배경

	관공리	은행 · 회사원	농업	상업	공업	노동	기타	합계
실수	90	10	604	300	4	1	110	1,119
백분율	8.1	0.9	53.9	26.8	0.4	-	9.9	100.0

마지막으로 일본에 간 한인 유학생들의 실태를 보면, 1913년 11월 현재 모두 669명이다. 이 중에서 관비 유학생은 불과 48명이다. 나머지는 모두 자비 유학생(621명)이다. 이들은 대부분 동경에서 공부하고 있는데, 이들의 출신지는 경기(227명) 출신이 가장 많고, 그 다음은 경남(95명), 평북(59명), 평남(54명), 경북(53명), 전남(50명), 함남(37명), 충남(29명), 황해(28명), 전북(14명), 충북, 강원, 함북의 순이다.32)

관비 유학생은 주로 농업(18명), 공업(10명), 어학(10명), 상업(6명) 분야에 해당하는, 식민지 관료로서 필요한 공부를 하도록 보낸다.33) 그러나, 자비 유학생은 반드시 그렇지도 않고 이들의 학비는 거의 부모들이 부담하고 있기 때문에 그들은 일제시 지주부농 또는 상공업자본가 및 관료의 자제들이

31) 조선총독부「관보」, 1912. 7. 11
32) 조선총독부「관보」, 1913. 11. 22
33) 조선총독부「통계연보」, 1912년 판, 표 548

라고 할 수 있다.

이와 같이 일본 유학생이 많아진 것은 한국에 대학이 단 1개 뿐이고, 전문교육기관이 적어서 간 사람이 대부분이기 때문이다. 1944년 통계에 의하면, 일본에서 대학을 졸업한 사람이 약 7,000명이다. 이들이 일제시 또는 해방 후 행정관료 및 지배층으로 다수 충원되었던 것이다.

여기에서 일반적으로 각종 학교 입학자의 신분배경에 있어서 양반이 대단히 많고, 비농업 특히 상공업과 관공리 출신이 많은데, 이것은 학교수준이 높을수록 그 비율이 높다. 특히 전수학교와 고등보통학교 졸업생들이 관료로 많이 충원되고 있다.

그 밖에 졸업생도 한말의 관료형성 보다 그 충원기반의 다양성을 보여주고 있다. 그러나 아직도 사회적 지배계급의 자녀들이 교육을 많이 받을 수 있고 교육수준이 높을수록 신분배경이 높아 이들의 자제들이 관료세력을 용이하게 형성하게 되었다.

(2) 문관시험 합격자

일제시 관료가 된 한말 관료의 부친 신분이 밝혀진 경우는 초지이 주사가 된 자가 많지만(전체의 30.9%) 그렇지 않는 경우는 26.5%가 된다. 그리고 부친이 관직이 없는 경우 자식의 추직은 참위와 교원 및 기타가 많으며 미상의 부친도 참위와 교원 및 견습생이 많다. 이것을 보면 높은 신분 출신자는 과시 합격이나 중학교 이상을 졸업하고 입관하는 경향(전체의 42.0%)이 있지만 그렇지 못한 경우는 하급직이지만 입관이 용이한 길을 선택하고 있는 것 같다.(전체 약 40%)

그러면, 일제시 관료의 지름길인 판임문관시험과 보통문관시험 합격자의 신분배경을 보자.

판임문관시험은 본래 자격시험이지만 이 시험의 합격자는 행정기관의 주사직에 임용될 수 있다. 판임관이 될 수 있는 보통문관시험 합격자는 1919~1937년간 모두 1,152명이고, 이 중에서 한인은 전체의 33.4%인 385명이다.(표 6 참조) 이 시험 합격자의 29.5%는 현직자 들이다. 이들은 대부분 순

사(23.6%), 훈도(2.9%), 간수(1.5%), 군고원 · 면서기(1.7%) 등이다.[34]

이와 같이 일제는 보통문관시험에 한인 합격자는 일인의 경우에 비하여 3할만 선발한다. 이 시험은 현직 순사들이 많이 응시하는데 이것은 순사들의 학력이 대부분 보통학교 수준(전체의 86.1%)이기 때문에 판임관이 되려면 그 지름길이 된다.

<표 12> 판임문관 및 보통문관 시험 합격자

실시연도	시험종류	한인 합격자	일인 합격자	실시연도	시험종류	한인 합격자	일인 합격자
1911	조선인 판임문관시험	93		1921	보통시험	16	89
1912	조선인 판임문관시험	43		1922	〃	7	41
1913	판임관 견습시험	6	27	1923	〃	8	37
〃	임시판임관 견습시험	14	58	1924	〃	7	21
〃	〃	6	31	1925	〃	7	34
〃	조선인 판임문관시험	68		1926	〃	5	21
〃	판임관 견습시험	7	51	1927	〃	3	24
1914	판임관 견습시험	7	86	1928	〃	5	15
〃	조선인 판임문관시험	181		1930	〃	17	27
〃	판임관 견습시험	12	114	1931	〃	21	29
1915	판임관 견습시험	40	67	1932	〃	23	30
〃	문관보통시험	5	611	1933	〃	40	67
〃	판임관 견습시험	23	78	1934	〃	55	51
1916	판임관 견습시험	50	89	1935	〃	34	22
〃	조선인 판임문관시험	97		1936	〃	33	26
〃	판임관 견습시험	46	85	1937	〃	69	42
〃	판임관 견습시험	61	66	1938	〃	150	69
1917	〃	33	83	1939	〃	95	41
〃	판임관 견습시험	36	91	1940	〃	32	84
1918	〃	30	74	1941	〃	30	53
〃	보통시험	9	59	1942	〃	15	35
1919	〃	9	59	1943	〃	28	59
1920	〃	17	73	합 계		1,587	2,179

(자료) 안용식 편, 「한국행정사연구」, II, 1994, 부록2에서 작성

한편, 고등문관시험은 일제시 고등관료(주임관 및 칙임관)가 되는 지름길

34) 응시자들은 매년 약 500여명이 되고, 응시자의 직업은 경찰관(도순사 등)이 가장 많고(약 43%) 그 다음은 관청 고원(약 25%) 및 교원(약 4%)이다.(장신, 전게논문, p.50)

이다. 이 시험에 합격한 한인은 대부분 지방 군수(고등관 대우)가 되었다.

일제시 조선총독부 고등관은 모두 230명인데 그 중에서 한국인 고등관은 사무관 5명, 기사 5명, 시학관 1명, 편수관 1명 등 모두 12명이다. 고등관은 조선총독부 관료의 10%에 지나지 않았고, 한인의 경우 전체의 5.2%에 불과하며 이들의 6할 이상은 지방부서에 소속되어 있었다.[35] 일제시 고등문관시험의 한인 합격자는 모두 134명으로 이들은 대부분 지방의 군수(고등관 대우) 등으로 근무하였다.

이와 같이 고등문관시험에 합격하면 식민지 시대의 관료지배층이 쉽게 된다. 이들은 가정의 충분한 경제적 배경이 있어야 하고, 동시에 상당한 친일 가문이라야 대학과 같은 고등교육을 이수할 수 있었다.

2) 학력배경

일제시 관료가 되는 길은 전술한 바와 같이 학력이 매우 중요하다. 이미 '문관임용령'에서 밝힌 바와 같이 판임관이 되려면 중학교 또는 문부대신이 이와 동등 이상으로 인정한 학교 졸업자(대부분 관립학교)와 전문학교령에 의하여 법률학, 정치학, 행정학 또는 경제학을 교수하는 학교에서 3년의 과정을 이수하고 졸업한 자는 임용될 수 있다. 그 밖에도 보통문관시험이나 고등문관시험에 합격하려면 중학교 이상의 학력 소유자라야 가능하다.

일제시 중학교 이상의 교육기관의 학생수는 1912년에 전체의 6.0%이고 나머지 93.9%는 보통학교 학생이다. 그 후 1920년에도 중학생의 구성비는 6.2%이고 1930년에도 6.1%이며 심지어 1942년에는 4.8%(약 3만명)에 불과하다. 사실 당시 시골(군)에서는 보통학교(초등학교)에도 입학하기 어려운 실정이고(1개 면에 1개 학교 정도 설립) 중학교는 1개군에 1개교 정도 설립되어 있어서 더욱 입학하기 어려웠다.[36] 더욱이 관립 중학교와 경성제국대학 등에

---

35) 장세윤, 전게논문, p.54

36) 저자가 1944년 언양공립보통학교 입학시에 간단한 입학시험을 치러서 2개 반만 선발하였다. 해방후 초등학교 병설(공민반)이 설립되어 4학년시 5개반이 되었다. 그래서 같은 학년에 일제시 입학하기 어려웠던 3형제가 동시에 다닌 경우가 있었다.

입학하려면 친일 인사(중추원 참의나, 도·부의 협의회 회원 등)의 자제가 아니면 어려웠다.[37]

<표 13> 고등관료의 입관연도별 학력

	1910년대	1920년대	1930년대	합 계
동경제국대학	4	3(1)	9(9)	16(10)
기타 일본대학	8	21(3)	16(16)	48(19)
경성전수학교	29	22(2)	2	53(2)
경성제국대학			10(10)	10(10)
사범학교	4	3	1(1)	8(1)
관립외국어학교	9			9
경성고보	12	8		20
관립 제학교	19	1		20
사립전문학교	2		1	3
기타 사립학교	10		1	11
동경 제2중학교			1(1)	1(1)
유학			1	1
독학		1(!)		1(1)
합 계	98	59(7)	45(37)	202(44)

(비고) 괄호 안의 숫자는 고등고시 합격자임.
(자료) 박은경,「일제하 조선인 관료 연구」, 1999

일제시대에 고등관료(202명)의 학력배경은 전체의 64%가 전문학교 이상의 학력을 가지고 있으며 일본에서 대학을 졸업한 관료도 전체의 32%를 차지하고 있다.[38]

가장 많은 고등관료를 배출한 학교는 표 7과 같이 경성전수학교이고(전체의 26.2%) 그 다음은 경성고보(10.0%), 동경제국대학(7.9%), 경성제국대학(5.0%)의 순이며 나머지는 기타 일본대학(23.8%), 관립 제 학교(10.0%), 사범학

37) 일제시 도(13개도)와 부(12부)에는 임기 4년인 도 평의원 회원(281명)과 부협의회 회원(1926년 230명 중 한인 84명), 면협의회 회원(2,507개 면에 각각 8명~12명)이 있었다. 도협의회 회원은 임기가 3년으로, 면장 16명, 변호사, 의사 7명, 회사중역 12명, 농업(주로 대지주임) 215명, 상업 25명, 무직 6명으로 구성되어 있다. 이들 도·부·면의 회원들은 일제 초기에는 임명제였으나 1920년 후에는 선거제(12부와 24개 지정면)와 임명제가 있었다.(강동진, 전게서, p.332)

38) 박은경, 전게서, p.95

교(4.0%), 기타 사립학교(5.4%) 등이다.[39]

한편, 일제시 고등관료가 될 수 있는 고등문관시험에는 한인 합격자는 모두 약 134명인데 이 중에서 경성제국대학 출신이 가장 많고(45명), 그 다음은 동경제대(18명), 경도제대(17명), 구주제대(10명), 동북제대(6명), 일본 중앙대학(6명)과 전문부(6명), 명치대학(5명), 경성법전(5명), 일본대학(4명), 경성사범(3명), 와세다대(2명), 기타(7명) 등이다.[40] 다시 말하면, 일본 유학생이 고등관료의 32.7%이고 경성전수학교와 경성제대 및 경성고보와 관립학교 출신이 전체의 51.0%를 차지하는데 이들은 거의 대부분 관공리와 지주부농의 자손들이라 할 수 있다. 당시 물질적 배경(유학비, 학자금 등)이 없으면 거의 불가능하기 때문이다.

이것을 보면, 일제시 고등관료를 가장 많이 배출한 학교는 경성고보(현 경기고)와 경성제국대학(현 서울대)이기 때문에 이들 학교의 입학생의 신분배경을 고찰하여 본다.

(1) 경성고보

경성고보는 1905년에 관립중학교로 출발하여 1911년에 경성고등보통학교로 개칭하여 한성외국어학교를 편입하고, 또 관립사범학교를 계승한 교원양성소를 부설하였다.[41]

여기에서는 경기고보와 경성 제1고등학교 및 경기공립중학교에 다닌, 재학생의 학적부(1911년~1945년)를 조사하여 그들의 지역 및 신분배경을 파악하여 본다.

당시 경성고보의 재학생들은 비록 학교는 서울에 소재하지만 거의 전국

---

39) 상게서, p.96

40) 전욱언, 전게서, pp.423~643
1910~1917년간 일본 고등문관시험 합격자는 1,145명인데 이 중에서 평민 출신이 69%이고 귀족 출신은 31%이다. 매년 상위 10명은 평민 출신이 82%를 차지한다.(Robert M. Spaulding, *Imperial Japan's Higher Civil Service Examinations*, Princeton University Press, 1967, p.301)

41) 그 후 1921년에 경성 제1고등학교, 1938년에 경기공립중학교로 개칭하였다.(경기중 · 고등학교 동창회, 「회원명부」, 1971, p.6)

에서 몰려들고 있다. 물론 서울 출신이 가장 많지만, 다른 지역 출신도 상당하다. 서울 출신은 전체의 60%로서 가장 많고, 그 다음은 경기도 출신과 충남 출신이다. 심지어 거리가 멀리 떨어진 호남과 영남 및 서북 출신들도 상당히 많다. 지방 출신들은 군 출신이 60.0%를 차지하고, 부 출신은 9.1%이며 나머지는 서울 출신이다. 특히 지방 출신들은 잘 사는 지주 부농이나 관공리 출신이 많다.

이와 같이 전국적으로 입학생이 모이는 것은 경성고보 출신들이 조선인 학교로서 고등문관시험에 가장 많이 합격하고, 경성제국대학에도 가장 많이 입학한 소위 명문학교로 명성이 있었기 때문이다.

<표 14> 경성고보 재학생의 출신 지역

	서울	경기	충남	충북	전남	전북	경남	경북	강원	황해	평남	평북	함남	함북	미상	합계
1911	24	30	22	13	1	6	6	11	7	4	25	7	5	4		167
1914	63	14	7	2	1	2		2		1		1	1		3	96
1917	41	23	5	7	3	4	3	5	3	1	2	2	1	1		101
1920	55	36	20	11	5	7	6	10	11	8	2	6	1	3		181
1928	40	24	10	6	4	2	6	1	5	3	1		1			103
1931	27	22	17	5	7	4	5	8	2	6	1	2	5			111
1934	58	30	10	7	4		10	7	5	4		1	4	2		142
1937	60	30	11	7	7	10	6	9	4	6	3	3	4	1		161
1940	57	37	13	4	6	6	3	3	3	3	3	3	4	2	28	175
1943	59	34	17	7	10	10	9	9	5	9	7	2	10	3		191
1945	58	25	19	5	10	11	6	7	5	2	10	1	11	2		172
합계 (%)	542	305	151	74	58	62	60	72	50	47	54	28	47	18	31	1,600 (100.0)

(자료) 경기고등학교 학적부, 각 연도

경성고보 재학생(보호자)의 신분배경을 표 3에서 보면, 양반이 전체의 53.4%로서 가장 많고 그 다음은 평민이며(30.1%) 나머지는 대지주(1.3%)와 귀족(0.8%), 미상(12.5%)이다. 양반의 구성비가 일제 말기에도 가장 많은 것을 보면, 이들의 대부분이 시골에서 양반 행세를 하는 사람들이라 볼 수 있겠다.[42]

42) 경기고보 재학생의 보호자는 부(父)가 전체의 79.5%이고, 그 다음은 형(7.5%), 삼촌(7.2%), 조부(3.6%), 모(1.5%)이다. 보호자가 형, 삼촌, 조부가 많은 대가족제도를 의미하는 것 같다. 또한 1920년 재학생의 종교는 유교가 가장 많고(38.4%), 그 다

한편, 이들의 직업 배경을 표 16에서 보면, 가장 많은 직업이 농업(38.1%)이고, 그 다음은 상업(17.3%), 관공리(12.1%), 회사원(4.9%), 교원(4.7%), 의사(3.1%), 은행원(2.7%), 변호사(2.7%), 지주(2.2%), 광공업(2.6%) 등의 순이다. 그리고 1930년대 이후에는 학부형의 직업이 회사원과 은행원 같은 화이트 칼라와, 의사와 변호사와 같은 전문직 및 상공업의 기업가들이 증가하고 있는데 이것은 식민지 자본주의 산업이 발달하고 있음을 알 수 있다. 다시 말하면 과거에는 관료가 권력을 독점하였는데 식민지 시대에서도 역할 분화로 권력의 분화 현상이 나타나고 있다.

<표 15> 경성고보 재학생 보호자의 신분배경

졸업년도	귀족	양반	지주	평민	미상	합계
1914		71		17	8	96
1917	1	63		32	5	101
1920	3	127		48	3	181
1928	1	68		31	3	103
1931	1	72	1	33	4	111
1934	2	83		38	19	142
1937	1	90	5	62	3	161
1940	1	107	2	61	4	175
1943	1	80	2	59	49	191
1945	1	34	8	50	81	172
합계(%)	12(0.8)	765(53.4)	18(1.3)	431(38.1)	179(12.5)	1,433(100.0)

(자료) 경기고등학교 학적부

이것을 보면, 당시에 관공리 등 화이트 칼라 출신들이 전체 학부형의 21.1%가 된다는 것은 대단히 높은 것이다. 그리고 농업이 전체의 38.1%가 되는데 이들은 지주 부농이 대부분일 것이다. 특히 지방에서 서울에 자녀를 유학시킨다는 것은 상당한 재력이 없으면 불가능하다. 예컨대 1942년 신입생(박기동)의 보호자가 농업으로 되어 있는데 그 집안은 지주 부농(약 5백석)이고 양조장을 경영하며 아버지는 언양면장(박영한)을 오래 하였다.

음은 무교(29.6%)와 미상(20.8%)이 많고 나머지는 기독교(4.6%)와 불교(3.5%), 천주교(2.5%)이 비슷하다.

<표 16> 경성고보 재학생 보호자의 직업

졸업연도	농업	상업	공업	광업	관공리	교원	회사원	은행원	지주	의사	변호사등	기타	미상	합계
1914	22	13		2	13	3		2		2		2	37	96
1917	43	22			13	6	1	2					14	101
1920	109	18		2	20	11					3	1	13	181
1928	30	21		2	13	3	5	4		1			24	103
1931	58	21			14	1	6	1	4	2	2		2	111
1934	52	18	3	1	23	8	10	2	4	5	5	3	8	142
1937	52	46		1	19	6	10	6	5	7	5	1	3	161
1940	61	34		5	17	11	12	11	5	8	9	1	1	175
1943	67	33	4	6	22	8	9	6	7	11	11	2	4	191
1945	52	22	4	7	20	11	17	5	7	8	3	3	3	172
합계	546	248	11	26	174	68	70	39	32	44	38	13	109	1,433
(%)	(38.1)	(17.3)	(0.8)	(1.8)	(12.1)	(4.7)	(4.9)	(2.7)	(2.2)	(3.1)	(2.7)	(0.9)	(7.6)	(100.0)

(자료) 경기고등학교 학적부, 각 연도

(2) 경성제국대학

경성제국대학은 1924년 5월 2일 칙령 제 103호로 경성제국대학 관제가 공포되고 경성제국대학 내 법문학부와 의학부를 두었다.43) 또한, 경성제국대학에는 예과(2년)와 본과(3~4년)의 과정을 두었다.

경성제국대학은 1924년 부터 1940년 까지 졸업생 2,686명(예과생)을 배출하였으며, 이 중에서 조선인은 914명(전체의 34.2%)이다. 이 중에서 법문학부 졸업생은 조선인이 355명이었고,(일본인 488명) 의학부의 경우 567명이 졸업하였다.(일본인은 198명)

일제시 관료가 된 경성제대 한인 졸업생은 주로 법문학부 졸업생이고(108명) 의학부 졸업생의 경우 극소수(10명)가 있었다. 법문학부의 한인 졸업생은 관공리가 가장 많이 되었는데 전체의 32.2%이고, 나머지는 교원(26.2%), 은행・회사원(13.1%), 금융조합(1.5%), 신문・잡지사(1.5%), 기타 취직(8.1%), 미

43) 정선이, 「경성제국대학 연구」, 문음사, 2002, pp.152~154
한편, 1929년부터 1942년 9월 까지 선과생을 포함한 경성제대 한국인 졸업생은 642명이고(일본인은 1,214명) 법문학부 한인 졸업생은 398명이라 한다. 한국인 학과별 졸업생은 법학과가 39.2%이고 의학부 37.3%이고 철학, 사학, 문학과는 23.5%이다.(「경성제대 일람」, 1941년판, pp.392~393 및 장세윤 전게논문, p.62)

상(16.7%) 등이다.44) 일제는 식민지 약탈을 위하여 이미 한말에 은행 · 금융조합등 금융기관과 토지회사(동척 등) 및 광공업 회사를 많이 설립하였다.45)

이것을 보면, 경성제대 법문학부 한인 졸업생들이 모두 관계로 진출하지 않고, 학교 이외 은행 및 회사 등 자본주의적 기업 발달로 화이트 칼라가 성장하고 있다.

<표 17> 경성제국대학 법문학부 졸업생의 취업현황

졸업연도	관공서		학교		은행·회사		금융조합		신문·잡지사		기타 취직		기타		합계	
	일인	한인	일인	한인	일인	한인	일인	한인	일인	한인	일인	한인	일인	한인	일인	한인
1929	13	5	12	6	10	3	1		1		2	10			43	25
1930	9	9	14	5	13	2	2				2	6			44	25
1931	10	14	12	10	5		2		2		1	4	3		39	31
1932	13	5	17	4	6	2			1	1	6	2		5	45	20
1933	14	9	14	6	7	4				2			1	6	38	27
1934	14	13	9	5	7	2	1	3		1			1	4	36	30
1935	7	12	13	6	8	1		1					1	5	32	25
1936	10	9	16	15	8	4				1	1	1	5	5	41	38
1937	9	13	13	3	16	3					3	1	2	7	48	28
1938	7	9	13	3	14	6						2	2	8	38	29
1939	2	1	3	3	4	1					1		1	3	13	12
1940	5	6	7	3	15	7		1			1	1	1	7	30	25
1941	7	3	7	2	23	9					1		2	6	41	20
합계	120	108	150	71	136	44	6	2	4	5	18	27	19	56	488	335
(%)	(24.6)	(32.2)	(30.7)	(21.2)	(27.9)	(13.1)	(1.2)	(0.6)	(0.8)	(1.5)	(3.7)	(8.1)	(3.9)	(16.7)	(100.0)	(100.0)

(자료) 「경성제국대학일람」, 1941년 및 정선이, 「경성제국대학연구」, 2002

경성제대 졸업생으로 고등문관시험 합격자는 모두 53명이고(법학과 졸업

44) 상게서, p.152, 의학부 한인 졸업생은 198명인데 이들 중에 교원(학교)으로 간 사람이 가장 많고(42.5%), 그 다음은 한인 개업의(24.7%), 관공립병원(7.6%), 사립병원(6.6%), 회사(5.1%), 군의(2.0%) 등이다.(상게서, p.154)

45) 1910년에 한국은행(12개 지점), 농공은행(27개점), 지방금융조합(120개), 동척금융부 등 특수은행과 보통은행(한국계 3개, 일본계 5개) 등이 있었다.(「조선총독부 통계연보」) 회사는 1911년에 197개가 1941년에는 3,354개로 증가되었고, 공장은 252개(종업원은 14,575명)가 1943년에 14,856개(종업원 549,751명)로 증가되었다.(김영모, 「한국사회계층연구」, 일조각, 1982, 고헌, 2005, pp. 264~265)

생의 22.2%) 고등문관시험을 합격하지 않고 고등관인 군수로 승진한 7명과 판검사가 된 12명이 있었다. 경성제대 출신으로 관공리가 된 졸업생(108명)의 66.7%가 고등관료가 되었고, 법학과 졸업생(239명)의 30.1%가 고등관료가 되었다.[46)]

이와 같이 경성제대 법학과 출신의 약 3할이 고등시험 또는 학벌로 고등관이 되었으며, 이들이 식민지 관료지배층을 형성하였다.

경성제국대학의 예과 합격자(1924~1939년간 855명)는 전국에 분포되어 있는데 그 중에서도 경성고보(현 경기고) 출신이 가장 많아 전체의 25.5%(216명)를 차지하고, 그 다음은 대구고보(현 경북고)가 5.4%, 청주고보가 4.3%, 경성중(현 서울고), 신의주고보, 함흥고보가 각각 2.9%이며 나머지는 보성고보(2.6%), 중앙고보(2.2%), 휘문고보(2.1%), 광주고보(2.1%), 배재고보(1.9%), 양정고보(2.0%), 해주고보(1.8%), 평양중(1.5%), 원산중, 춘천고보, 전주고보, 동래고보, 대전중, 공주고보, 신의중(이상 1.0%미만) 등이다.[47)]

여기에서도 경성고보 졸업생이 경성제대에 가장 많이 입학하여 대부분 고등관료의 길을 걷고 있다.

4. 관료의 사회이동

1894년 갑오개혁으로 신분제도와 관료충원제도가 과거와는 달리 급변함으로서 비록 상급 관료는 과거제도에 의하여 관료지배층이 되었으나 하급관료는 주로 신제 교육에 의하여 충원되었다. 한말 관료의 72.6%가 1895년 갑오개혁 이후에 입관하였고 당시의 인사권을 일제 통감이 장악하였기 때문에 특히 관료지배층의 경우 친일 관료가 대거 승진 이동하게 되었다.

일제는 한일 합방 후 초기에 한말 관료의 대부분을 유임하였지만 합방 후 5년 이내 유임되었던 한말 군수의 57.6%를 갈아 치울 정도로 한말 관료지배층의 도태작업이 급속히 나타나기 시작하였다.[48)] 이를 보충하기 위하여

46) 상게서, p.162
47) 상게서, pp.97~99

표 7에서 볼 수 있는 바와 같이 일제 초기에 대량의 판임관 시험이 실시되었다.

그 뿐만 아니라 중학교 이상 신제학교 졸업자와 보통학교 졸업자를 간단한 시험과 추천에 의하여 식민지 관료를 형성하였다. 그리하여 과거와는 달리 문반 및 향반 보다도 무반(무관과 순사)과 중인(향리와 중농) 출신들이 많이 신제학교를 졸업하여 식민지 관료로 충원 되었다.[49] 이미 경기고보학생 보호자의 직업배경에서 볼 수 있었던 바와 같이 현대적 직업 종사자인화이트 칼라(중간계급)가 많은 것을 볼 수 있다. 그 만큼 사회가 변화되고 이에 따라 새로운 신분체계가 형성되고 있다.

그러면, 다음에 일제시 고위 관료(고등관)의 출신배경과 경력이동, 그리고 그들을 많이 배출한 경성제대와 경기고보 졸업생들의 사회진출이 어떠한 가를 본다.

1) 도지사·참여관의 출신배경

일제시 한인 관료지배층(고등관 이상)을 지냈던 자는 모두 2,835명이다. 이 중에서 가장 높은 지위를 가졌던 한인 고등관은 도지사(32명)와 참여관(45명)이고, 가장 많은 수를 차지하는 고등관(대우)은 일제시 군수를 지낸 자이다. 군수를 지낸 자는 모두 1,040명인데 이 중에서 70.5%(733명)가 한말 관료(군수) 출신이다.[50]

---

48) 19세기 전라도 군·부·현의 수령들은 문관 출신이 4곳(전주부, 부안현, 옥구현, 무장현)에 임용되고, 5곳(고창현, 안경현, 석산현, 운봉현, 홍덕현 등)에는 무관이 임용되었으며 나머지 17곳은 모두 음관이 임명되었다. 일반적으로 무과 출신은 연변지역에, 음관들은 내지에, 그리고 문과 출신들은 연변, 내지 구별 없이 주요 지역에 임용되었다.(「조선시대 전라도의 감사, 수령명단」, 전북대 전라문화연구소, 1995)

49) 일제시 중학교 졸업자는 판임관이 될 수 있지만 보통학교 졸업자는 주로 부·군의 촉탁과 고원이 될 수 있었다. 예컨대 경남 울산군 언양보통학교(1906년 사립 영명학교로 설립, 1911년 사립보통학교, 1913년에 공립보통학교로 인가)의 초기 졸업생들을 보면, 대부분 이 곳 향리(좌수와 아전)와 중농의 자손들이 거의 대부분을 차지한다.(언양국민학교「동창회 명부」, 1994) 이곳 양반(향반)의 자제들은 초기에 취학을 기피하였고, 학교 교사들이 학용품을 주면서 입학을 권고하였다고 한다. 이들 졸업생 중에서 면장, 관공리 등이 나오고, 또 고상과 대학에 진학한 대지주 및 아전의 자손들은 교수 또는 은행원이 되었다.

50) 박은경, 전게서, p.117

<표 18> 일제시 한인 도지사의 출신배경

직위 (임관 연도)	성명	본관	출생 연도	입관 동기		본인 경력			비 고 (친일관계)
				과시·학력	초직	갑신정변 시	한말 최종직	일제시 전직	
경기지사 (1939)	尹泰彬		1888		외국어학교 교사	토지조사국 서기		경기참여관	
충남지사 (1910)	朴重陽	밀양	1974	일본청산학원 보통중학 경시청 수습	농상공부 주사		평남 관찰사	함북참여관	러일전쟁 일본통역관
〃 (1921)	金寬鉉		1877	경응의숙 성성학교 육군사관학교	일본 육군 참위		내부 회계국장		만주봉천 함락시 부상
〃 (1925)	石鎭衡	충주	1877	일본 법정대학 법률과 졸	군부주사		내부 서기관	전남참여관	
〃 (1926)	兪星濬	기계	1880	경응의숙 동경 부기전문학교, 명치법률학교	통리통상 아문주사	내무부 부주사	내무차관	충북참여관	을미사변 망명 국사범 은전 유길준 동생
〃 (1927)	申錫麟		1866	명치법률학교			창원부윤 (주임)	경남참여관	
〃 (1929)	劉鎭淳						탁지부 세무주사	평북참여관	
〃 (1933)	鄭僑源	영일	1887	대구유성산사숙 명치대 법과 교외생	육군참위 주사		탁지부 서기장 (판임관)	전남참여관	
〃 (1936)	李範益	전주	1883	외국어학교 (일어)	외국어학교 부교관		농상공부 서기관 (주임관)	경남참여관	
〃 (1939)	李聖根		1887	김천군 육영학교 해주 순검교습소	해주경무서 순검		황해도 경부	함북참여관	폭도토벌 수훈
충북지사 (1917)	柳赫魯	진주	1853	무과	장위영 영관	행동대원 (통신,정찰)	평북 관찰사	경기참여관	박영효수신사 수원, 갑신정변 망명
〃 (1918)	張憲植		1869	동경제대			한성부윤	평남참여관	
〃 (1925)	金潤晶	청도	1869	미국캘리포니아대 (영어)	주미공사 관서기		인천부윤	전북참여관	
〃 (1931)	洪承均		1885		탁지부 주사			경북참여관	
〃 (1931)	南宮營							경남참여관	
〃 (1935)	金東勳	경주	1885	춘천공립소학교 한성일어학교 일본국민중학	소학교 교원		학부위원	경기참여관	
〃 (1939)	兪萬兼	기계		동경제대	총독부속			충남참여관	유길준 아들

직위 (임관 연도)	성명	본관	출생 연도	입관 동기		본인 경력			비 고 (친일관계)
				과시 · 학력	초직	갑신정변 시	한말 최종직	일제시 전직	
강원지사 (1910)	李圭完	전주	1862	일본 호산학교 (1881관비유학생)	남행부장		경무관 동척고문	함남지사	갑신정변 망명 을미사변 망명
〃 (1919)	元應常	여주	1870	경응의숙 동경법학원			탁지부 국장	전남참여관	
〃 (1923)	尹甲炳	파평	1872		내무주사		함북 관찰사	평북참여관	러일전쟁종군 일진회 총무
〃 1926	朴相駿	밀양	1877	한성전보 학당/만주전보사 견습생	금성전보 사 주사	훈련대장	강계군수	평남참여관	
경북지사 (1910)	李軫鎬		1871	무과 일본 연무공원			평남 관찰사		을미사변시 훈련대장 국사범 망명
전북지사 (1910)	李斗璜	인천	1858	무과	친군 좌영 초관	수문장	전북 관찰사	전남참여관	
〃 (1934)	高元勳	제주	1869	명치대학			경부총감부 경부	강원참여관	보성전문 교수 교장
〃 (1935)	孫永穆		1881	사립 진성학교			군 주사	경북참여관	
〃 (1936)	金時權		1885	평양일어학교			탁지부 주사	함북참여관	
전남지사 (1929)	金瑞圭	안동	1875	외부 견습생	외부주사		성진참서관 (겸 검사)		
황해지사 (1910)	趙羲聞	평양	1858	무과 무관양성소	친군우영 초관	훈련원 주부	제실회계 감사관	충남참여관	
〃 (1932)	韓圭復	청주	1874	일본 신천중학 와세다대정치경제	참모부 번역관		탁지부 번역관	함남참여관	
〃 (1937)	姜弼成	전주	1885	원산원산중학교 와세다대 법률과	탁지부 주사		탁지부 주사	함북참여관	
함북지사 (1925)	朴榮喆	충주	1879	일본성성학교 일본 육사 졸	육군기병 참위		군부기병 과장		러일전쟁 종군
함남지사 (1910)	申應熙		1859	일본호산학교 (1875)	남행부장		전남 관찰사		갑신정변 망명 을미사변 망명

그러면, 일제시 고등관을 지낸 한인 관료지배층(도지사, 도참여관 및 군수)의 출신배경과 사회이동을 분석, 고찰하여 보자.

일제는 식민지 통치를 효과적으로 수행하기 위하여 지방 관료는 한인을 많이 임용하였다. 비록 한인을 지방행정 책임자로 임용할지라도 그 아래 행정관료는 일인을 배치하였다.

일제시 13개 도의 한인 지방행정 책임자(도지사)는 36년간 모두 32명이었다. 이들은 주로 충청남·북도와 강원도와 같이 산간지대에 배치하였고 평야(곡창)지대인 경기, 경남, 전남, 경북, 황해도에는 1명 이하를 임명하였다.

그 만큼 농업·농민에 대한 식민지 착취를 염두에 둔 인사행정이라 할 수 있다.

도지사들은 대개 도 참여관을 역임하였고, 도지사로 퇴직후 중추원 참의가 되어 친일 어용단체의 임원을 지냈다.

그러면, 표 18에서 일제시 도지사들의 출신배경을 보자.

첫째, 도지사들은 대부분 개항 이후에 태어났고, 일제시 초임직으로 참여관을 거쳐 도지사가 된다.

둘째, 도지사들의 씨족 배경은 매우 다양하고 대부분 중인등 비명문 집안 출신이다.

셋째, 도지사들의 충원요인은 과시 보다도 주로 학력에 의존하고 있다. 과시에 의하여 입관한 경우는 모두 무과급제자(4명)이고, 학력의 경우도 문관임용령, 즉 중학교 또는 전문학교 이상의 학력에 의한 입관(37.5%)보다 일어학교, 보통학교, 견습 등에 의한 입관이 다수이다.(전체의 53.1%) 비록 신제학교 출신자일지라도 일본 육사, 성성학교, 호산학교 등 무관 양성소 출신이 많다.(28.1%) 이들은 경응의숙과 함께 초기 유학생들이 많다. 이것을 보면, 일어를 구사할 수 있는 중학 이상 졸업자나 일어학교 출신 및 일본 유학생이 관료지배층이 되었다.

넷째, 도지사들의 초직은 무관이 8명이 되고, 순검도 1명이며[51] 교원은 3명이 된다. 따라서 군인출신 통감은 역시 무관을 신뢰하였다.

다섯째, 도지사들의 일제시 전직은 대부분 도 참여관을 거친 것으로, 그 충성도를 확인한 것 같다.

여섯째, 도지사들 중에서 김옥균, 박영효, 홍영식 등 친일 개화세력이 주도한 갑신정변의 행동대원(유혁로, 신응희)으로서 참여하였다가 일본에 망명하였거나(3명), 을미사변(민비시해)으로 김홍집 내각이 붕괴된 후 일본에 망명

---

51) 순검 출신 도지사는 평민 출신 이성근으로, 그는 황해도 해주 수비대와 함께 폭도(의병) 토벌에 공헌하였다고 하여 여러번 수당(상금)을 받았으며, 그 공로로 유일하게 도지사 까지 되었다.

한 자(유성준, 이진호, 이규완) 그리고 러일전쟁에 참전한 자(박중양, 윤갑병, 김관현, 이규완) 등이 많다.52)

이들은 행정관료로서 단계적인 승진을 하지 않고, 망명간지 10여년만에 통감부 시절에 복직(권)하여 관찰사 등으로 고속 승진을 하였다. 이것을 보면, 이미 통감부 시절에 이등박문 통감이 대한제국의 고등관 인사권을 마음데로 행사하였던 것을 알 수 있다.

한편, 일제시 참여관(45명)은 도지사의 행정 보좌관인 동시에 도지사가 되는 지름길이다. 이들은 도지사와 마찬가지로 충북, 충남, 강원, 전남, 함북, 함남도에 주로 배치하였으며 나머지 도는 1~2명 정도 배치하였다.

이들의 출신배경은 표 19에서 볼 수 있는 바와 같이 도지사의 경우와 매우 유사하다. 이들은 대개 군수를 역임하였고 도지사로 승진한 후 중추원 참의가 되어 친일 어용단체의 임원이 되었다.

첫째, 참여관들은 대부분 갑신정변 이후에 태어 나서 갑신정변 및 갑오개혁시 경력이 없다.

둘째, 참여관들의 씨족 배경은 대부분 중인 등 비명문 집안 출신이다.

셋째, 참여관들의 충원요인은 '문관임용령'에 명시된 문관시험 합격자는 한 명도 없고, 중학 또는 전문학교 이상 출신은 전체의 29.0%이며 나머지는 대부분 일어학교 졸업생(30.1%) 또는 일본 유학생(6.6%) 출신이다. 여기에서 일어를 구사할 수 있는 능력, 즉 친일적 요인을 중요시 하였다.

넷째, 참여관들의 60.3%는 주사, 군수 등 한말의 판임관 이상을 지낸 자들이다. 참여관 중에 순사, 경부 출신이 5명이고 번역관 출신이 2명인데 이들도 대부분 군수를 거치고 있다.

다섯째, 참여관 중에서 갑신정변시 김홍집 내각이 붕괴된 후 망명하였던 자(정난교, 김창한, 유승흠, 이범래)와 을미사변으로 망명하였던 자(최정덕)들이 일제 통감의 도움으로 한말에 관찰사, 부윤, 경무국장 등으로 임관하였다가 일한합방 후 다시금 고등관이 되었다.

---

52) 이규완(강원지사)과 신응희(함남지사)는 박영효 집안의 하인으로, 일본 호산학교에 관비유학생으로 다녀왔다. 그들은 체일시 김옥균, 박영효의 신변 보호 책임자였다.

<표 19>　　일제시 한인 참여관의 출신배경

직위 (임관연도)	성명	본관	출생 연도	입관 동기		본인 경력				비 고 (친일관계)
				과시·학력	초직	갑신정변	갑오개혁	한말 종직	일제시전직	
경기참여관 (1925)	朴容九		1879	일어학교	양지아문 견습생				탁지부 사무관	
충남참여관 (1910)	鄭蘭教		1867	일본유학 남행부장		사관생도	군부아문참의	중추원 부참의		일본시찰수원 갑신정변망명
〃 (1924)	李宅珪	인천	1875	대구 일어학교	탁지부 기수견습생			원주군수	원주군수	
〃 (1931)	朱榮煥	웅천	1876	일어학교	일어학교 부교관			한성고등학교 교관	이천군수	일본 시찰
〃 (1939)	趙鏡夏		1868	보선전문학교	군서기				봉화군수	
충북참여관 (1918)	徐相勉	대구	1866	성균관 진사	농상공부 주사			영림서 사무관	성천군수	
〃 (1921)	尙灝		1879	영어학교 동경제1고등	영어학교부교사 농상공부 기사			농상공부 서기관	성진군수	
〃 (1923)	朴喆熙	고령	1877	탁지부 견습생	탁지부 주사			경기도 사무관	금산군수	
〃 (1923)	金漢睦		1877		대구 우체사 주사			경기도 사무관	취조국 위원	
〃 (1932)	安鍾哲	광주	1881	한성 일어학교	탁지부 주사			탁지부 서기관	장흥군수	
〃 (1936)	楊在河		1863	동경제대	봉천 부영사			경기도 사무관	양산군수	
〃 (1938)	金化俊	김해	1885	전주일어학교 농림학교 속성과	농상공부 촉탁			농상공부 기수	맹산군수	
경북참여관 (1910)	崔廷德		1865		중추원 의관			충남 관찰사	경남 참여관	을미사변망명
〃 (1937)	李昌根		1880	명치대학	내무국 속				학무국 사무관	
〃 (1939)	具滋環		1885		나주경찰서 순사(통역생)			영광경찰서 순사	동경부	
경남참여관 (1936)	嚴昌燮		1885	황주 일어학교	군서기			궁내부 주사	내부국 사무관	
평북참여관 (1939)	李源甫		1888	원산원홍학교	원산일어학교 교사			경찰서 번역관보	평남경시 진위군수	
평남참여관 (1927)	李鍾國		1875	한성사범학교 한성법률학교	순검			내부경시 청 경부	함북도 경시	
〃 (1938)	金秉泰		1890	대구일어학교	군서기			군 주사	경북도 서기	
전북참여관 (1932)	李鍾殷	경주	1872	한성사범학교	학부소학교교관			탁지부 주사	초산군수	
〃 (1938)	鄭然基		1871	동경제대	농상공부 기수				삼척군수	
전남참여관 (1921)	兪鎭明		1880	경응의숙 동경 법학원	전화과 주사			경무청 경무관	황주군수	

직위 (임관연도)	성명	본관	출생 연도	입관 동기		본인 경력				비 고 (친일관계)
				과시·학력	초직	갑신정변	갑오개혁	한말 최종직	일제시전직	
전남참여관 (1925)	沈晥鎭	청송	1892		탁지부 주사			탁지부 주사	문경군수	
〃 (1929)	白興基	수원	1885		탁지부 측량 견습생			탁지부 주사	강진군수	
〃 (1936)	李基方		1885	사립 교동일어학교	탁지부 측량학 강습생			탁지부 기수	임실군수	
〃 (1939)	金大羽		1880	구주제대	내무국 서기				박천군수	
〃 (1939)	金永培			한성외국어학교	군 서기				운산군수	
황해참여관 (1910)	金彰漢	안동	1870		외아무문 주사			내무 경무국장	도 기사	갑신정변망명
함북참여관 (1910)	李範來							함남 관찰사		갑신정변망명
〃 (1921)	金英鎭	안동	1876	와세다대 정치경제 일본현정사무견습	참서관			안성군수	재령군수	
〃 (1927)	李胤榮		1884					탁지부 재무관	장기군수	
〃 (1935)	張憲根	덕수	1881	일본 성성학교 졸	육군유년학교 교관			교관 (경부)	경남경시 통천군수	
함남참여관 (1910)	趙秉教	한양	1863	일본유학				농상공부 통신국장		일본해관 사무 유람
〃 (1921)	柳承欽		1856	일본유학 명치대학				덕원부 부윤		갑신정변 도일
〃 (1925)	李鎭國									
〃 (1929)	張錫元		1882		내참사 주사			궁내부 주사	경흥군수	
〃 (1933)	金泰錫		1883	한성사범학교				공립보통 학교 훈도	경기도경시 가평군수	
강원참여관 (1910)	李宅珪	홍주	1852		규장각 검서	통리아문 별단	순천부사	탁지부 사계국장	원주군수	주일본서기관
〃 (1921)	金祥演	영천	1877	와세다대 경제정치 (관비), 현행정견습	농상공부 교관			법관양성소 교관	용천군수	
〃 (1924)	柳基浩		1863	일어학교 명치대학	한성외국어학교 강사				중추원참의	보성전문법과 교수
〃 (1926)	石明瑄		1874	한문 사숙	내부 주사			강릉군수	강릉군수	
〃 (1932)	玄櫶			관립일어학교				학부 시학관	학무국시학관	
〃 (1934)	洪鍾國	남양	1885	법관양성소				평북 주사	시흥군수	
〃 (1938)	宋文憲		1867	보성전문학교	군서기				청송군수	

일제는 과거 갑신정변과 을미사변 등에서 국사범이었던 일본 망명자들을 10여년이 지나서 다시금 복권시켜 관료지배층을 만들고 있는 것이다. 갑신정변을 남북한에서 높게 평가하고 있는데 일제는 이것을 부정하고 있는 것 같다.

사실 갑신정변의 주역들(김옥균, 박영효, 홍영식 등)이 초기에는 자주적 개화세력이었지만 그 후 일제에 의하여 변절자가 된 것이 아닌가 의문이 간다.

일제시 군수로 유임되기 전 관직을 표 20에서 보면, 처음부터 군수가 된 자는 전체의 39.5%이고 서기에서 군수로 승진한 자는 41.3%를 차지한다. 처음부터 군수가 된 사람은 이미 한말에 군수직에 있었다는 뜻이다. 고등문관시험에 합격한 후 바로 군수가 된 사람은 주로 1920년대와 1930년대에 임관한 44명에 불과하다.53)

군수가 승진하여 중추원 관료(참의)가 된 자는 모두 73명이다. 중추원의 참의는 한말 관료였던 조선귀족 출신이 대부분이고, 일제 시대에 충원된 자(고등관과 지주부농 및 기업인 등)도 전체의 29.2%가 된다.

<표 20> 군수의 시기별 임용 유형

	1910년대	1920년대	1930년대	합계(%)
처음부터 군수로 임용	381	17	13	411(39.5)
서기→군수	74	184	172	430(41.3)
경부(경시)→군수 경시→군수	5	19	22	46(4.4)
재판소 서기→군수	2	6	2	10(1.0)
판사→군수	6	1		7(0.7)
기수→군수	4	4	6	14(1.3)
사학관→군수		3	16	19(1.8)
촉탁,통역생→군수			2	2(0.2)
군수→이사관급 이상 승진	53	31	17	101(9.7)
합 계	525(50.5)	265(25.5)	250(24.0)	1,404(100.0)

(자료) 박은경, 「일제하 조선인 관료 연구」, 1999

53) 일제시 보통문관시험 합격자(1,152명) 중에 7.7%(89명) 만이 고등관으로 승진하였고 순사, 간수, 훈도, 교원을 포함한 임용자(832명) 중에 10.6%를 차지하였다. 조선인 임용자(385명)의 4.2%, 일본인 임용자(767명)의 9.4%만이 고등관으로 승진하였다.

일제시 경찰로서 경부보나 경부에서 고등관직에 오른 자는 258명이 되고, 도 경시(오늘날 총경 이상)로 승진한 자는 105명이며, 경찰직 군수를 지낸 자도 84명이 된다. 그리고 도 참여관을 지낸 자는 12명이고 후에 도지사를 역임한 경찰 출신은 2명이다.[54)]

경찰이 군수로 승진하려면 일단 경시가 되어야 한다. 경시가 되려면 문관 시험에 합격하거나 아니면 순사보나 헌병보조원으로서 신임과 능력이 인정될 때 순사부장 등이 되고, 다시금 일정한 기간이 지나면 군수가 될 수 있다.

한편, 일제시대 판·검사로 임용되었던 자들은 모두 221명이었다. 이들 중 81명이 대한제국 관료 출신자들이며, 이들의 경력이동은 다음과 같다.

통감부 시절에 이미 법관은 일본인으로 대치되고, 1909년에 일본인 판사 192명에 조선인 판사는 경우 88명에 불과하였다. 1910년에는 일본인 판사 183명에 조선인 판사 70명, 일본인 검사 55명에 조선인 검사 6명, 그리고 1912년에는 일본인 판사 161명에 조선인 판사 38명, 일본인 검사 54명에 조선인 검사 3명 밖에 없었다. 따라서 합병 당시 조선인 판·검사의 대부분은 대한제국 시절 판·검사들이 그대로 유임되었으나, 1912년 조선인 판사의 수가 거의 절반 가까이 준 것에서 알 수 있듯이 병합 후 5년 이내에 사직한 자는 대한제국 판·검사 출신의 약 63%에 달한다.[55)]

<표 21> 판·검사의 시기별 경력 이동 유형

	1910년대	1920년대	1930년대	합계(%)
판·검사	81	15	6	102(46.2)
서기→판·검사	26	65	15	106(48.0)
통역생→판·검사	1			1(0.5)
시보→판·검사		3	9	12(5.4)
합 계(%)	108(484.9)	83(37.6)	30(13.6)	211(100.0)

(자료) 박은경,「일제하 조선인 관료 연구」, 1999

54) 안용식, 일제하 한국인 경찰간부 930명,「연합뉴스」, 2008. 8. 13
55) 박은경, 전게서, p.120

판·검사들의 경력이동 유형은 서기에서 판·검사가 된 자가 가장 많고(48.0%), 그 다음은 바로 판·검사가 되었는데 이들의 79.4%가 한말의 판·검사들이다. 따라서 일제시에 바로 판·검사된 자는 29명에 불과하다.

2) 경성제국대 졸업생

경성제국대학 졸업생들은 표 11과 같이 졸업 후 대부분 관공리와 교원 및 은행·회사원으로 취업하였다. 다시 말하면 일제시 선망의 대상인 직장이었다. 이들은 좋은 집안에서 태어나 좋은 직장에서 안정된 생활을 누릴 수 있었다.

경성제국대 졸업생들은 해방후에도 한국사회의 권력지배층이 되었다. 한인 졸업생(533명)의 해방후 진로를 보면, 대학교수가 가장 많아 전체의 25.1%를 차지하고 그 다음은 정치인(주로 국회의원)이 6.2%, 행정관료(장관 등)가 12.8%, 재계(은행 및 회사)에 11.6%, 법조계에 8.3%, 언론계에 2.1%이며, 납북 또는 월북한 자도 18.8%가 된다. 그 밖에는 불명이 12.9%, 중등교장이 4.7%, 재학 중 사망(2.8%), 재외국(1.5%), 기타(2.8%) 등이다.[56)]

또한, 고등관 출신 졸업생(60명)은 해방 후 주로 행정 및 사법의 관료지배층이 되었고,(33.3%) 또한 국회의원(16.7%), 대학교수(8.3%), 변호사(8.3%), 재계(3.3%), 납북(10%) 등으로 각계의 지배적 지위를 누렸다.[57)]

이것을 보면, 경성제국대 법무학부 한인 졸업생들이 대다수가 관계와 학계로 진출하였지만 상당한 수가 식민지 자본주의의 발달로 은행과 회사에서 화이트 칼라가 되고 있다.

이와 같이 경성제대 졸업생은 해방 이후에도 관계, 정계, 학계 심지어 재계를 넘나들면서 한국사회의 권력지배층이 되었다.

3) 관·공립학교 졸업생

일제시 관공립학교(특히 중학 이상) 졸업생은 문관 임용령이나 특채(추천

56) 정선이, 전게서, p.166
57) 상게서, p.165

등)에 의하여 쉽게 관료가 될 수 있다. 그런데 표 8에서 볼 수 있는 바와 같이 교원(66.4%)이 가장 많은데, 이것은 교원 양성소 졸업생이 많기 때문이고, 이것을 제외하면 관립학교 졸업생들은 역시 관공리(10.1%)와 은행 · 회사원(7.7%) 및 진학생(6.6%)이 많이 되고 있다.

그리고 관립학교 졸업생의 진출상황을 보면 표 22와 같다.58) 즉, 경성전수학교 졸업생은 모두 관공리가 되었고, 고등보통학교 졸업생은 소수이지만 관공리, 은행 · 회사 및 진학에 분산되어 있으며, 이의 부설 교원속성과 졸업생은 대부분이 교원이 되었다. 그리고 여자고보 졸업생은 교원과 가사에 주로 종사하고, 실업학교 졸업생은 은행 · 회사와 관청에 들어가고 있다.

<표 22> 관립학교 졸업생의 진출현황

	관공리	교원	은행 · 회사	농업	상업	가사	진학	미정	합계
경성전수학교	23		1						24
총독부교원양성소		27						1	28
경성고보 본과		1	4	1	1		1	10	18
경성교원양성소		119							119
평양고보 본과 평양교원양성소	2	1 37	2			1	4	2	12 37
경성여자고보	1	4				5	14	2	26
인천실업학교	3	1	15		3				22
합계	29	190	22	1	4	6	19	15	286

(자료) 조선총독부 「관보」, 1915

한편, 공립학교 졸업생의 진출상황은 표 23과 같다.

<표 23> 공립학교 졸업자의 진출상황

	가업	관공서 · 은행 · 회사	진학	유학	기타	합계
보통학교	3,338	554	1,561	23	247	5,773
실업학교	124	274	15	1	10	424
간이실업학교	508	126	67	2	3	706

(자료) 조선총독부「관보」, 1915

58) 조선총독부「관보」, 1915. 12. 6

보통학교와 간이실업학교의 졸업자는 가업 종사자가 가장 많고, 그 다음으로는 전자가 진학이고, 후자는 관공서·은행·회사에 들어간다. 그리고 실업학교 졸업자는 역시 관공서·은행·회사에 많이 들어가고 있다. 그런데 실업학교(15개의 농업학교와 3개의 상업학교)는 입학생(943명)에 비하여 졸업생(461명)이 적고, 퇴학생(482명)이 졸업생을 초과하고 있는 실정이다.

<표 24> 경기고보 졸업생의 사회 진출

	농업	상업	실업	공무원	교수 (교장,교원)	회사원	은행원	의사 약사	변호사 (사법서사)	사망	기타 (납북등)	미상	합계
1914 (경성고보)						2		3		37		32	74
1917 (경성고보)	2	3			1			2	1	37	5	31	81
1932 (경성고보)					4			4		30	3	63	104
1928 (경성1고보)			11	2	1	3		14		36		36	103
1931 (경성1고보)		5	2	4	8	6		4	1	27	5	62	111
1934 (경성1고보)	3	10	5	7	14	12		14	1	30	22	24	142
1937 (경성1고보)	1	1	8	10	19	24	11	12		11	1	62	161
1940 (경기중)	1	1	3		24	21	3	16		28	4	74	175
1943 (경기중)	1	16		13	15	25	4	22		28	13	59	196
1945 (경기중)		4	4	12	38	23	6	24	2	13	1	10	137
합 계 (%)	8 (0.6)	40 (3.1)	34 (2.6)	48 (3.7)	124 (9.7)	116 (9.0)	24 (1.9)	117 (9.1)	5 (0.4)	277 (21.6)	63 (4.9)	453 (35.2)	1,284 (100.0)

(비고) 1) 졸업생의 취업 및 사망 등 현황은 1971년 1월 기준임.
2) 1945년도 졸업생은 41회(137명)와 42회(207명)를 배출하였음.
(자료) 경기중·고등학교 동창회「회원명부」, 1971년

그러면, 고등문관시험 합격자와 경성제국대학 입학생을 가장 많이 배출한 경성고보(현 경기고) 졸업생들의 사회진출을 보기로 한다.

일제시 경성고보 졸업생들 중에서 미상(전체의 35.2%)과 사망자(21.6%)가 많아서 그들의 졸업후 진로(취업)를 정확히 알기 어려우나 취업이 밝혀진 경

우를 보면, 대체적인 경향을 알 수 있다. 졸업생 중에 교수 및 교원(9.7%)과 의사・약사(9.1%) 및 회사원(9.0%)이 가장 많고, 그 다음은 공무원(3.7%), 상업(3.1%), 실업가(2.6%), 은행원(1.9%)들이 많은 편이다. 다시 말하면 전문직 화이트 칼라가 가장 많다.

이러한 진출 경향은 일제시 졸업생의 각 기별 또는 졸업연도별로 보아도 매우 유사하다. 그리고 1931년~1934년 졸업생들 중에 북한에 납북된 자가 많고, 1943년 이후 졸업생들은 미국에 유학 또는 체재중인 자가 많다.

한편, 일제시 대구고보(현 경북중고) 졸업생(총 1,773명)의 사회적 진출을 표 25에서 보기로 한다.[59)]

<표 25> 대구고보 졸업생의 사회진출

졸업 연도	농업	상업	실업	공무원	교원 (교수 교장)	회사원	은행원	의사 약사	변호사 (사법 서사)	기타 (재북 해외)	미상	사망	합계 (%)
1919~1924	1	1	2		13	1		3	4	5	78	43	151 (8.5)
1925~1928	11		4	2	16	3		8		11	72	34	161 (9.1)
1929~1932	6	5	14	3	30	5	5	21	4	1	95	44	233 (13.1)
1933~1936	4	2	19	19	28	9	15	21	5	5	106	46	279 (15.7)
1937~1939	1	3	23	29	31	20	14	30	2	16	56	29	254 (14.3)
1940~1942	2	1	20	29	35	19	7	23	1	7	63	31	238 (13.4)
1943~1944	7	7	4	19	47	26	3	18		8	38	15	192 (10.8)
1945 (1,2회)	3		27	38	54	31	3	27	1	22	41	18	265 (14.9)
합계 (%)	35 (2.0)	19 (1.1)	113 (6.4)	139 (7.8)	254 (14.3)	114 (6.4)	47 (2.7)	151 (8.5)	17 (1.0)	75 (4.2)	549 (31.0)	260 (14.7)	1,773 (100.0)

(비고) 국회의원(4명)은 공무원에 포함시킴.
(자료) 경북중고등학교 동창회, 「1965년 회원명부」

59) 대구고보생은 대구・경북 지역 출신이 거의 대부분이지만 경남, 전북, 충남 지역 등에서 약 1할 입학하고 있다.

대구고보 졸업생들은 1965년경에 미상(31.0%)과 사망자(14.9%)가 많아서 그 취업구성을 정확히 알수 없으나, 표 25를 보면 대체적인 경향을 알 수 있다.

대구고보 졸업생들 중에서 가장 많이 진출한 직업은 교원·교수들인데 전체의 14.3%를 차지한다. 그 다음은 의사(8.5%), 공무원(7.8%) 및 실업가(6.4%), 회사원(6.4%) 등이다. 교원들은 대부분 교수와 초·중 교장들이 많고, 실업가들은 양조장을 경영하는 경우가 많으며, 농업인 경우 과수원을 많이 경영하는 편이다. 다시 말하면, 대구고보 졸업생들도 대부분 교수·교원, 의사와 같은 전문직이나 공무원과 실업가 및 회사원과 같은 관리직에 많이 종사하였다.

<표 26> 경성중학 졸업생의 진학 대학과 졸업후 직업

	농업	상업	실업	공무원	장관	교수	회사원	은행원	의사약사	변호사	기타	미상	사망	합계(%)
경성제대			2		1	2	1		3	2	1	4	1	17 (14.7)
서울대				1			2	1	3		2	2	1	12 (10.3)
동경제대										1	1		2	4 (3.4)
경도제대					1	2	1				1	2		7 (6.0)
구미유학				1	2	2	1				1			7 (6.0)
기타일본대학			2		2	1	2	1	1		3	2	3	17 (14.7)
경성고상			1	1			2	1	2		2	2	1	12 (10.3)
기타·미상			2	3	1	3	4		2		1	16	8	40 (34.5)
합계(%)	-	-	7 (6.0)	6 (5.2)	7 (6.0)	10 (8.6)	13 (11.2)	3 (2.6)	11 (9.5)	3 (2.6)	12 (10.3)	28 (24.1)	16 (13.8)	116 (100.0)

(비고) 경성중학교 3회~34회(1915~1945년) 졸업자 임.
(자료) 서울중·고등학교 동창회,「동창회원 방명록」, 1966

그리고 일제시 일본인 학교인 경성중학교(현 서울고)에는 친일 인사들이 주로 입학하였다. 이러한 것은 졸업생의 명단을 보면 대부분 그들의 자손들이라는 것을 알 수 있다.

그러면, 경성중학교 한인 졸업생(116명)의 졸업후 진학한 대학교와 졸업후 사회 진출을 보기로 하자.

표 26을 보면, 경기중학교의 한인 졸업생들은 대부분 경성제대(25.0%)나 일본의 제국대학(9.4%) 또는 사립대학(14.7%), 심지어 구미 대학(6.0%)에 많이 진학하였다. 그리고 이들은 졸업후 귀국하여 일제시 또는 해방후에 의사(9.5%)와 장관 그리고 실업가 및 회사원(17.2%) 등 전문직과 관리직 등 화이트 칼라로서 많이 종사하였다.

여기에서 일제시 고등교육이 식민지 관료를 육성하는데 가장 큰 기여를 하였지만, 동시에 식민지 자본주의 발달에 기여할 수 있는 화이트 칼라의 육성에 큰 기여를 하였다. 식민지 시대에 있어서 화이트 칼라는 중간계급 이상의 지위와 급여를 받았다.

5. 결 론

일제는 일한합방 후 한말 관료의 약 7할을 유임하였다. 그러나 한말 대신 이상은 조선귀족이니 중추원의 고문 · 참의직을 주이 권력으로 부터 퇴출시켰고 하급 관료들도 5년 이내 약 2할 이상 그만 두었다. 조선귀족들도 합방후 5년 내지 10여년 만에 사망 등으로 현직에서 대부분 물러났으며, 고위 관료직은 일인들로 충원되었다.

일제 식민지 관료가 된 한말 관료는 과거와는 달리 갑오개혁과 '문관임용령' 등으로 과시(15.3%) 보다도 신제 학력(44.9%) 또는 추천(41.8%)에 의하여 입관하였다. 이러한 입관제도는 일제시 개정된 '문관임용령'과 매우 유사하여 추천에 의한 관료 충원이 더욱 많았다.

일제시 고등관 이상의 관료지배층은 일인이 독점하고 하급관료라도 촉탁 및 고인 등 비정규직도 이들이 다수 차지 하였으며, 관료지배층 중에 한인이 다수를 차지한 관직은 군수(고등관 대우)와 도지사 및 도참여관이었다.

이와 같이 관료 세계에 있어서 민족간 차별은 조선인을 무시하고 일본인을 우월시 하는 경향이 생기게 하였다. 관료들의 충원은 문관시험 보다도 신제 학력 및 추천에 주로 의존하였는데 신제 학력도 주로 일어학교와 무관학교의 졸업생 및 일본 유학생이 대부분을 차지하였다. 더욱이 갑신정변이나 을미사변시 국사범으로 일본에 망명간 친일 무관들을 일제는 한말에 군수 또는 관찰사 등 관직을 주었다가 다시금 일제시 도지사 또는 도참여관으로 임용하였다. 그 만큼 한반도 식민지화의 기여도와 충성도에 따라 친일 관료지배층을 형성하였다.

한편, 다수의 하급관료(판임관 등)는 대부분 신제 학력 또는 추천에 의하여 충원하였는데 이러한 결과는 한국인의 관료에의 출세(관료주의) 학벌주의를 조성하였다. 더욱이 관료가 되려면 소위 빽(권력, 금력, 배경 등)과 연줄(지연, 학연 등)이 있어야 가능하다는 의식을 심었다. 그래서 자손 중 한사람 이라도 잘 되면 한 집안의 모든 자손들이 출세할 수 있는 것으로 여겼다. 이 신제 교육은 보수적인 양반, 유생들에게는 부정적이었지만 왕조시대의 중인 및 상인들에게는 사회적 상승이동의 기회가 되었다. 특히 지방의 중인(향리와 좌수 등)과 상민 출신들은 신제 학문과 학교 교육에 적극적으로 참여하여 식민지 관료가 많이 되었다. 이들은 대개 계층상으로 중농 이상 부농 또는 관공리, 회사원 등 화이트 칼라 출신들이었다. 따라서 식민지 시대에 있어서 중간계급 출신의 상승이동이 가능하였다.

이와 같이 식민지시대에 한인 관료층을 형성하였을지라도 이들은 일인 관료에 비하여 문관자격시험이나 입관시 충원기회의 차별(약 1대 3)이 있었고,또한 한일인 관료간에 임금 차별(약 1대 2)이 심하였다.

제 4 장 일제시 대지주의 신분배경과 사회이동

동척 출장소 분포

대토지회사 동척 본관

대일 반출미(군산항)

일제의 토지 측량

제 4 장 일제시 대지주의 신분배경과 사회이동

1. 서 론

지금까지 일제시 대지주에 관한 연구는 주로 생산관계, 즉 토지소유 및 소작제도를 중심으로 기존의 문헌조사에 의하여 다루어 왔고, 그것의 개설적 고찰이나 사례연구는 비교적 많았다. 그러나 대지주의 형성 과정과 신분배경 및 그 진화 형태에 관한 연구는 많지 않았다.[1] 그리고 최근 대지주의 명부가 발견되면서 그것에 대한 심층 연구결과가 나타나고 있으나, 그것은 몇 지방의 경우에 불과하였다.[2] 최근 저자는 일제시 대지주에 관한 자료를 수집하는 중 경기도의 지주명부를 구할 수 있었다.[3]

일제시 대지주의 명부는 현재 충남·전북·평북·경남·함북 지방의 것이 있으나, 이것은 지방 지주의 것이고 중앙(경성)의 것은 찾아 보기 어려웠다. 중앙의 지주명부인 일제시 경기도의 것을 조사할 수 있는 것은 매우 가치 있는 일이다. 경기도의 경우 한성의 대지주(대부분 부재지주임)가 포함되어 있기 때문에 이들의 성격 규명은 우리나라의 관료지주 또는 지주자본가의 전형적인 성격을 동시에 규명할 수 있기 때문이다.

일제시 대지주의 성격은 무엇보다도 그들의 토지자본의 소유관계와 수

---

1) 金泳謨, '일제시 대지주의 사회적 이동'「아시아연구」, 통권 42호, 1971
   張矢遠, '식민지하 조선인 대지주 범주', 「경제사학」, 제 7호, 1984
2) 장시원은 충남·전북지방의 100정보 이상 대지주의 형성과 자본전화에 관한 연구를 하였다.(전게논문 참조)
3) 경기도의 지주명부는 부분적인 것은 그간 구할 수 있었으나 전체 지주명부는 경기도 총회가 1938년 5월 발행한「지주명부」이다.

익(지대), 그리고 그들의 자본 형성과 신분 배경 및 그 전화 형태에서 파악할 수 있으리라 생각한다.

이러한 것을 파악하기 위하여 저자는 문헌조사와 명망조사를 실시하기로 하였다. 명망조사는 주로 한성 이외 지역에서 거주했던 도내 재촌지주에 대하여 1984년과 1985년 여름 그 지방의 유지를 면접하여 탐문 조사를 하였고[4] 문헌조사는 당시에 발간된 지주명부, 인명록, 한말 관원이력서, 은행·금융조합·회사·공장에 관한 자료 등을 이용하였다.[5]

저자가 행한 명망조사는 경기도 20개군 중에 11개 군의 재촌지주(222명) 중에 탐문 조사가 가능한 136명을 조사하였고, 또 탐문이 가능한 부재지주 11명을 보완 조사하였다. 이와 같이 탐문 조사가 미진한 것은 제한된 시간에 조사한 이유도 있지만, 무엇 보다도 약 50년 전의 대지주에 대한 사실을 제대로 알고 있는 지방 유지들이 많지 않았기 때문이다.

2. 전통적 토지제도와 지주 형태

조선시대의 토지제도는 오늘날 토지 사유제도의 입장에서 본다면, 토지는 수조권자의 소유도 아니고 농민의 소유도 아니다. 다시 말하면, 토지의 점유권은 농민에게 있고 수조권자는 이에 대하여 일정한 공납을 강제하는 권리를 가지고 있다고 할 수 있다. 이러한 토지는 원칙상 전제군주(국왕)에게 집중 되어 있지만 이는 전제군주 한 개인의 소유가 아니라 실질적으로 관료군 전체의 상호보험적인 토지 공유였다. 토지 국유제는 점차 공전의 일반적 사유화 경향으로 허구화 되어 버려 토지국유와 사적 점유의 모순이 나

---

4) 조사대상의 군과 지주수는 수원 27명, 안성 23명, 강화 21명, 연천 14명, 이천 9명, 포천 10명, 여주 10명, 양평 7명, 부천 6명, 김포 5명, 용인 4명의 재촌지주와 수원 3명, 연천 3명, 용인 2명, 이천·영주·포천 각 1명의 부재지주로 모두 147명이다.

5) 東亞經濟時報社 편, 「朝鮮銀行會社要錄」; 京城商工會議所, 「朝鮮會社表」, 昭和 13년 12월 ; 京城商工會議所 「京城商工名錄」, 京城府 編, 「京城府農業要覽」, 昭和 16년 ;「朝鮮紳士名鑑」, 明治 43년;「朝鮮紳士大同譜」, 大正 2년

타나게 되었으며, 이러한 기초에서 모든 토지소유의 특수한 성격이 나타나게 되었다. 봉건적 토지 국유제하에서 개인에 의한 토지지배는 두 가지 형태가 있는데 하나는 관료적 지주형이고 다른 것은 농촌적 지주형이다.[6] 전자는 개인이 국가에 의하여 수조권을 받은 것으로서 주로 공신과 관료 등이고, 후자는 개인이 토지를 매수, 개간, 증대, 기탁, 횡탈 등으로 점전권을 획득한 경우이다. 후자의 경우도 대부분 권력 있는 토호, 군수, 관찰사와 같은 수조권자가 지방 관인들과 결탁하여 관부를 개정하여 농민의 소유제를 탈취함을 예사로 생각하였기 때문에[7] 봉건적 토지소유의 모순이 격심하게 되었다.

이와 같이 관권을 이용한 토지의 겸병과 사유화가 심화 되고 신분해체로 인한 조세 담당자의 감소는 상대적으로 농민 및 천민에 대한 착취가 증가 되었다. 이러한 관료 및 지배계급의 공전의 사유화는 조세가 개인의 전유물로 되고 국가재정이 감소함에 따라 봉건적 지배권력의 물질적 기초가 약화 되었으며 이러한 물질적 기반의 상실은 봉건적 지배 신분관계를 해체시키게 되었다.

이러한 봉건적 시배층을 중심으로 한 토지소유는 합법적 수단에서 보다 오히려 비합법적 수단에 의하여 대규모로 성취되었다. 봉건적 신분제가 해이되어 감에 따라 그들의 유일한 생계수단인 관직을 계속 누리기가 힘들게 되고, 그럴수록 물질적 기반을 확고히 하려고 한다. 그리하여, 봉건적 지배층, 특히 왕실과 귀족 및 관료, 심지어 향리와 아전 까지 자기에게 주어진 권력과 권위를 최대한 악용하여 토지를 사유화 하고 지대와 고리대를 통하여 더욱 비대하여 진다.

이와 같이 조선 말에는 봉건적 지배층을 중심으로 대토지 소유, 즉 봉건적 지주가 각 지방에서 나타나고, 봉건 지배층의 생활근거가 도시였기 때문에 대도시에 관료형 지주, 즉 부재지주가 모여 살게 되었다.

한말 전 경지의 면적은 약 1,800,000 정보라 한다. 전 경지의 60% 내외

---

6) 全錫淡, 「朝鮮經濟史」, p.71

7) 朝鮮總督府 農商務省 編, 「韓國農産調査報告」,(경기도 충청도, 강원도), p.328

는 직접 황실 내지 각 궁의 지배하에 있었고, 역둔토와 각 궁장토는 원칙상 융희 2년에 국유로 이속되었다.[8] 전 도의 이러한 경지는 압도적인 부분이 왕실, 관료, 호족의 소유이고, 현실적 경작자는 대다수가 생활자료 이상의 전 잉여를 지주에게 착취를 당하였다. 농업의 발전을 막는 화근은 부재지주인데, 지주는 왕실과 양반 내지 관인이고, 대지주는 수백 내지 수천 정보를 가지고 있는 경우가 많으며 대부분 경성이나 기타 대도시에서 살고 그 밖에는 지방의 읍(군청소재지)에 살고 있었다.[9]

당시의 토지소유 상태를 살펴 보면, 중부 조선지방의 경지는 산간벽지를 제외하면 압도적인 부분이 부재지주가 지배하고 경작자가 80~90%가 순전히 소작인이며[10], 서부 지방도 대체로 같은 모양이라 한다. 황해도 경작자의 70%이상이 소작인이고, 비옥한 토지를 가진 지주는 경성에 주로 살고 개성에도 약간 살며[11], 평안도는 자작인이 2~3% 이상이고 소작인이 60~70%로 추정한다.[12] 이러한 현실은 남선지방에도 사정은 다르지만, 역시 비슷하다고 한다. 경기도 23개 군 중 2개 군에 재촌지주가 있고, 다른 2개 군중 풍덕에는 경성과 개성에 부재지주가 있으며, 삭령군의 지주는 철원에 있고, 나머지 군은 모두 경성에 지주가 있다. 충청도는 33개 군 중에 지주가 대부분 경성인이 많고, 재촌지주가 극소수라고 한다.[13] 그리고, 경상도와 전라도에서는 소작인이 가장 많고 자소작인이 그 다음이며, 관리, 상업자 등은 대개 도회에 살고 있다고 한다.[14]

이러한 것을 보아서, 한말에 이미 극소수의 대지주가 전경지의 대부분을 차지하고 이들은 주로 경성에 살고 있으며, 소작인도 북선지방이 약 70%이고 중부지방은 약 80~90%이며, 남선지방도 이와 비슷하다고 한다. 그리고,

8) 臨時財産整理局, 「事務要綱」, p.1
9) 朝鮮總督府 農商務省編, 전게서, p.259
10) 상게서, p.26
11) 朝鮮總督府 農商務省編, 「韓國土地農産調査報告」(황해도), p.75
12) 상게서(평안도), p.152
13) 각주 25와 같음.
14) 상게서(경상도, 전라도), pp.247~248

나머지는 자작농이라 한다.

이러한 토지 소유관계는 한말에 올수록 그 정도가 심했던 것 같다. 조선 후기의 전라도 고부 양안에 의하면, 일반 민전의 소작지는 60% 내외이고 소작 전호도 44.4%이다. 이러한 소작 전호 중에서 순 소작농은 21.1% 내지 25.7%이다.15) 나머지는 대부분 자작지와 자작농가, 즉 농민적 토지소유라고 할 수 있다. 이것은 다른 지방에서도 나타나고 있는 보편적 현상이다. 비록 전국적 수준에 있어서 정도의 차이는 있을지라도 민전의 소유자 중에는 그 자작 농토를 상실하고 병작 전호 또는 순소작 전호로 전락해 가는 자가 증가되고 있는 것을 볼 수 있다. 특히, 봉건적 지배층의 토지겸병 및 공전의 사전화는 소작농을 더욱 확대시켰을 것으로 짐작이 간다.

이와 같이 한말 대지주의 출현과 함께 소작농의 증가 현상이 나타나게 되었다. 물론, 대지주는 봉건 지배층이 중심 세력이 되겠으나, 재촌지주가 대부분인 '농민적 지주형'이 존재하였다.

조선시대의 지배계급을 양반이라고 하지만, 후기에 이르러 실질적 특권을 향유할 수 있었던 계층은 전기한 봉건 지배층이고, 농촌의 양반, 대부분의 향반, 토반, 노호들은 농업을 비롯한 생업에 종사하는가 하면 심지어 소작농 까지 있고, 오히려 천민들 중에 자작농이 되어 있는 경우가 많다. 상주 이동면의 자작농 중에 19.4%가 양반이고 59.8%가 평민이며, 나머지 20.8%가 천민이다. 이곳의 양반 가운데 대부분은 사회적 지위가 대단히 낮은 양반이고, 상당수가 납속수직, 모칭 양반인 것 같다. 그리고, 실제로 지방의 양반 중에 지주는 거의 존재하지 않았으며, 당시의 양반 구성비에 비하여 낮은 비율인 것 같다.

여기에서 우리는 평민층과 천민층 가운데서 신분 상승을 할 수 있는 물적 기초가 있었고, 신분 상호간 사회적 거리가 거의 존재하지 않았던 것이 아닌가 한다. 왜냐 하면, 전자는 '평민층에서 자작 농토만으로는 그것이 불가능한 소농 빈민 중에서 37.6%의 기주가 상급 신분으로 상승해 갈 수 있는

15) 金容燮, '量案의 研究(下)' 「史學研究」, 제 17호, 1964, p.115

농가였고 천민층에서는 14.8%의 중농 이상의 기주와 28.9%의 소농 및 빈농 기주가 그러한 능력이 있었기 때문이다. 후자는 평민과 양반이 병존하였기 때문'이다.16) 그 뿐만 아니라 신분 위세에 따라 경제적 수준의 차이에 있어서 어느 정도 상관성을 보여 주고 있지만, 신분과 무관하게 소작농 또는 상공업에 다수가 겸업을 하여 부의 축적을 하고 있다. 이러한 것을 보아 신분과 토지소유, 나아가 신분과 직업의 차별적 상관성이 존재하지 않고 양자간에 계급분화가 일어나고 있는 것을 알 수 있다.

이와 같이, 조선시대 신분제의 해체 현상은 이미 농촌사회의 토지자본에서도 기초하여 있고, 신분과 자본의 분해에 의하여 농민분해가 일어나고 있다. 다시 말하면, 자본발전으로 인하여 토지 집중과 소작인화, 즉 대지주와 소작농으로 사회계층의 양극 분해가 초래되었다.

이러한 한말의 계급분해 현상을 보면, 근대적 개념의 계급관계가 법적으로 확인되지 않았지만, 실질적으로 이미 지주와 소작인간의 계급관계가 존재하였던 것이다. 그럼에도 불구하고 1910년 3월에서 1918년 11월 까지 실시된 조선총독부의 토지조사사업을 기점으로 하여 농촌사회의 새로운 계급분화의 광범한 통로를 열어 놓았다고 한다17). 오늘날 많은 경제사가들이 이러는 견해에 동의하고 있는데 이것은 잘못된 견해라고 할 수 있다. 물론 근대적 토지 사유제도의 확립, 자유로운 토지의 매매, 양도, 저당의 '법적 확인'을 갖게 했음은 사실이나, 계층분화는 이미 조선 중엽부터 시작되었던 것이다.

한편, 신고주의에 의한 토지조사사업의 결과는 종래의 양반, 귀족, 관인 등의 수조권자들이 종래의 수조지와 농민 소유지를 함부로 자기 명의로 신고하여 막대한 토지를 점탈한 것도 사실이지만, 그 보다도 대규모로 이러한 토지 약탈에 솔선한 것은 일인들이었다. 그들은 주로 비옥한 도작지대의 농

---

16) 金容燮, '朝鮮後期에 있어서의 신분제의 동요와 농지점유'「史學硏究」, 제 15호, 1963, p.44, p.11

17) 朴文圭, 農村社會分化の 時點としての 土地調査事業たたて, 「朝鮮社會經濟史硏究」,1933

경지를 대상으로 하여 종래의 농민소유지 또는 부락공유지를 자기 명의로 신고하여 자기 사유권을 확립하였다. 그 밖에도 일제는 막대한 궁장토, 역둔토를 국유화 시켰다가 후에 헐값으로 불화를 하거나 아니면 여러 가지 방법으로 대토지를 사유화 시켰다.

이와 같이, 토지조사사업의 진행 과정에서 봉건적 지주제를 현실화 하고, 더욱이 봉건 지배층을 식민 지배하에서도 계속 지배층으로 잔존시켜 식민지 통치를 효과적으로 수행하려 하였다.

그리하여 지주제는 일제하에서도 사회 지배체제의 근간을 이루었다. 일제시 대지주는 대체로 ① 일본 상업고리대 자본가와 대토지회사, ② 조선시대의 수조권자인 관인과 호족, ③ 지방의 소 관인과 부농으로 구성되었다.

한말 봉건지배층이 봉건적 신분제의 해체로 사회적 지배세력으로서의 지위가 부정되어야 함에도 불구하고 외세에 의해 재 확립 되었으며, 농민은 토지의 점유권에서 분리되어 소작농으로 전환 되었다.

일제시 농민의 토지로 부터의 이탈은 직접 농업생활의 자본주의적 방식을 발달시키지 못하였고, 토지를 상실한 대다수의 농민이 도시노동자 또는 농업노동자로 흡수될 수 있는 소지가 없는, 당시의 우리나라에서는 다시금 봉건적 사회로 이행하게 되어 영세농적 생산양식하의 소작농으로 재편성되어, 일제시에 보는 바와 같이 반봉건적 소작관계로 들어가게 되었다고 한다.[18] 토지조사사업이 진행되고 있는 시기에서도 반봉건적 생산관계가 더욱 강화되고 있었으며, 일제 중기 이후에 비하여 급격한 양극 분해가 일어나고 있었다. 즉, 1914년에 지주는 전농가 호수의 1.8%이고 소작농은 76.2%인데 비하여, 토지조사사업이 종료된 1919년에는 전자가 3.4%, 그리고 후자가 76.9%이다. 그 후 1924년에는 지주가 3.8%, 그리고 1932년에는 3.6%, 1944년에는 패전의 가능성으로 오히려 2.2%로 감소되고 있다.[19] 특히, 1932년의 지주는 전 경지를 모두 소작시키는 경우가 전체 농가의 1.1%로서 약 3만 3천호이고, 대부분의 농지를 소작시키며 일부를 자경하는 지주는 전체의 2.5%

18) 久間建一, 전게서, p.10
19) 朝鮮銀行, 「朝鮮經濟年報」, 1948, pp.1~28

로서 7만 2천호였다.

이것을 본다면, 일제시 우리나라의 대지주 또는 부재지주는 4만호 정도이고 소지주 또는 재촌지주가 7만호 정도라는 것을 알 수 있다.

봉건사회의 사회경제적 지배층은 그의 물질적 기반이 토지이기 때문에 대토지 소유자는 동시에 권력의 소유자이고, 소유적 지배관계가 공고하였기 때문에 권위관계가 지속되었다. 그러나 생산력의 발전과 재정의 문란으로 봉건적 신분제가 해이됨에 따라 권력 없고 권위(신분)만이 있었던 향반, 토반, 심지어 관직 없는 양반 까지 경제력을 강화할 수 있는 수단이 약화 되어 몰락하는 반면, 권력이 있는 관료는 물론 권위는 없으나 권력 있는 중인, 향리 까지도 권력 없는 양반보다도 자본축적이 용이하였다.

3. 대지주의 토지 소유와 지주 형태

일제시 우리나라의 대지주는 해마다 증가하고 있다. 토지조사사업이 진행되고 있는 1914년에는 전 농가의 1.8%(46,754호)이던 것이 1919년에는 3.4%(91,386호)로 급속히 증가되고 1929년에는 3.7%(104,496호), 1932년에는 2.2%(남한)를 차지하고 있다. 이러한 소수의 지주는 그들의 소유지가 1914년에는 전 농지의 65.4%를 차지하고 1942년에는 68.3%로 더욱 증가하고 있다. 이와 같이 지주의 양적 증가는 동시에 질적 비대를 나타내고, 따라서 소수 지주에게 토지의 집중 현상이 일어나고 있다.

일제시 대지주가 증가하는 것을 <표 1>에서 보면, 1921년에 50정보 이상의 대지주가 3,112명이었던 것이 1942년에는 3,492명으로 증가하였다. 또한, 일제시 대지주일수록 일본인이 많고 소지주일수록 한국인이 많았다. 그 예로서 일제 중기인 1926년 민족적 대지주의 구성을 보면, 200정보 이상의 지주는 일본인이 177명이고 한국인은 66명, 그리고 100~200정보의 지주는 일본인이 366명이고 한국인은 325명이다. 그러나, 50~100정보의 지주는 한국인이 1,689명이고 일본인이 690명이며, 30~50정보의 지주는 한국인이 6,442명이고 일본인이 1,056명이다. 이와 같이 일제시 대지주일수록 일본인이 많으나 한국인 대지주도 상당히 많다는 것을 알 수 있다.

한편, 30정보 이상의 대지주는 도별·민족별 분포가 다르다.

<표 1> 대지주의 토지 집중화 현상

(단위 ; 명)

	200정보 이상		100정보 이상		50정보 이상		30정보 이상		비고
	일본인	한국인	일본인	한국인	일본인	한국인	일본인	한국인	
1921	169	66	321	360	519	1,650	729	5,294	
1923	178	67	332	289	594	1,233	883	4,742	
1926	177	66	369	325	690	1,689	1,056	6,442	
1942	118	116	402	429	733	1,628			
1945	17	16	23	49	57	257	498	2,025	남한

(자료) 朝鮮銀行, 「朝鮮小作慣行」 및 「朝鮮經濟年報」

<표 2> 30정보 이상 대지주의 지역별 민족별 소유규모(1930년)

(단위 ; 호, 정, %)

경지 / 민족 / 도별	30~50정		50~100		100~500		500~1,000		1,00정 이상		합 계		소유 면적	
	일본인	조선인	일본인	조선인	일본인	조선인	일본인	조선인	일본인	조선인	일본인	조선인	일본인	조선인
경기도	19	369	18	147	26	116	2	8	2	2	67	642	16,014	53,786
충청북도	11	124	3	31	4	10					18	165	1,617	8,678
충청남도	33	168	26	135	21	72	2	3	2	2	84	380	15,080	31,754
전라북도	31	119	38	134	45	82	9	4	10	2	134	341	43,154	29,482
전라남도	63	157	52	158	67	100	8	7	7	1	189	423	45,545	43,753
경상북도	20	31	19	89	10	40		3	2		51	163	9,185	16,130
경상남도	43	175	45	168	23	86	2	4	3		116	433	19,600	34,055
황해도	24	329	20	172	22	86	3		6	1	75	588	40,478	42,634
평안남도	8	107	11	197	7	75	1	2	1	2	23	383	4,982	34,107
평안북도	4	73	6	120	9	45	1		1		21	238	4,695	22,610
강원도	15	135	12	57	8	35	1	1	2		38	228	8,666	12,184
함경남도	11	120	12	20	5	9			1		29	149	3,187	9,473
함경북도	8	14	8	10	4	4					20	29	1,503	2,324
합 계	290	1921	270	1439	246	760	27	32	37	10	870	4,162	216,704	340,970

(비고) 소유지는 경지 이외도 포함.

(자료) 白頭山人, '統治 25년 朝鮮經濟 問答', pp.246~247(「改造」 1935년 11월 호)에서 작성.

<표 2>에서 1930년의 경우를 보면, 경기·충북·평남·평북지방에는 일

본인 대지주가 한국인 대지주에 비하여 1할 밖에 되지 못하나, 특히 평야지대인 전북・전남・경북・함북 지방의 경우는 2~3할 이상이 되고 또 소유경지의 규모도 크다.

이러한 지주 가운데 부재지주가 전체의 1.1%(32,890호)이고, 재촌지주는 2.4%(71,933호)이다.[20] 부재지주는 대토지 소유자가 많고, 재촌지주는 보다 영세한 소토지 소유자이다. 또한 전자는 일본인이 많고 후자는 한국인이 많으며, 전자는 주로 경성과 같은 대도시 또는 군청소재지에 집결하여 살았다.

이러한 부재지주는 토지의 수익 이외에 상공업・고리대・은행업・투전업・양조업・어업 등에서 따로 수입원을 가지고 있었던 대지주도 많았다. 다시 말하면, 이들은 농촌에 있어서는 고리대의 강화에 의하여 점차 그 수익률을 높이고 그것의 대부분을 도시에서 공채 또는 주식에 투자하여 그 방면의 이자 배당에도 참여하였다.[21] 그리하여 부재지주가 기초한 토지자본 이외에 상공업 자본에의 전화 기틀이 마련되었고 상공업가로 발전하기도 하였다. 이러한 전신이 우리나라의 대지주 중에서 어느 정도 가능하였는지 궁금하지 않을 수 없다. 다시 말하면 30정보 이상의 한인 대지주 중에 상공업 자본가 등 비농업 부문에로 전신하지 못한 사람은 기생적 지주의 성격을 지니고 있었다고 생각한다. 따라서, 이러한 기생적 존재로서 대지주가 일제시의 대지주 중에 어느 정도 있었는가를 규명하여 보는 것도 흥미롭다고 생각한다. 기생적 대지주는 일반적으로 부재지주 중에서 많이 찾아 볼 수 있고, 또 부재지주는 관료형 대지주가 많겠기 때문에 그러한 성격은 더욱 두드러지리라고 생각한다.

이러한 대지주의 형태와 성격을 본고에서 전국적인 특징을 말하기는 어려우나 우리나라의 행정 중심지이고 가장 전형적인 관료형 지주가 많이 거주하는 경성과 경기도의 대지주 조사에서 그 성격을 어느 정도 파악할 수 있으리라 생각한다.

1937년 경기도(경성 포함)에 있는 30정보 이상의 대지주는 <표 3>에서 볼

---

20) 京城日報・毎日新報社 編, 「朝鮮年鑑」,1935년, p.354
21) 印貞植, 「朝鮮の農業機構」, 1935, p.91

수 있는 바와 같이 모두 777명이다. 그 중에서 한인 지주는 727명이고 일인 지주는 52명이다. 그리고 한인 지주는 개인인 경우 703명으로서, 경성 지주가 305명이고 도내 지주가 386명이며 도외 지주가 12명이다. 그리고 개인 지주가 아닌 경우, 회사(7개), 학교(6개), 사원(7개), 기타(4개) 등으로 모두 24개이다. 그리고 일인 지주는 개인 지주가 33명으로서, 경성 지주가 7명이고 도내 지주가 19명이며 도외 지주가 7명이다. 그리고, 개인 지주가 아닌 경우 모두 19개의 회사 지주이다.

<표 3> 경기도내 30정보 이상 대지주의 성격

(단위 ; 인, 정)

		개인 지주				특수 지주					총 계
		경성 지주	도내 지주	도외 지주	소계	회사	학교	사원	기타	소계	
조선인	지 주	305	386	12	703	7	6	7	4	24	727
	소작인	54,202	56,635	1,285	112,122	2,062	3,306	783	1,033	7,184	119,306
	답	18,146	19,885	745	38,776	927	852	271	337	2,387	41,163
	전	7,234	9,796	279	17,309	262	241	184	179	866	18,175
	전답계	24,380	29,681	1,014	56,085	1,189	1,093	456	516	2,282	58,369
일본인	지 주	7	19	7	33	19				19	52
	소작인	1,771	2,114	585	4,470	15,025				15,025	19,495
	답	933	1,194	748	2,885	7,062				7,062	9,947
	전	416	544	407	1,367	3,152				3,152	4,519
	전답계	1,341	1,738	1,165	4,252	10,214				10,214	14,466
합계	지 주	312	405	19	736	24	6	7	4	41	777
	소작인	55,973	58,749	1,870	116,592	17,087	3,309	783	1,033	22,212	138,804
	답	19,079	21,079	1,503	41,661	7,989	852	271	337	9,449	51,110
	전	7,650	10,340	686	18,676	3,414	241	185	179	4,019	22,695
	전답계	26,729	31,419	2,189	60,339	11,403	1,093	456	516	13,468	73,807

(비고) 1937년 6월 말 현재 30정보 이상 지주

이러한 지주의 소유경지와 소작인은 평균적으로 한인 지주의 경우는 각각 80정보와 159명이고 일인 지주의 경우는 35정보와 135명이다. 그러나 특수지주의 경우는 보다 넓은 경지와 많은 소작인을 거느리고 있다.

이것을 본다면, 우리는 일제시 경기도의 대지주는 다른 지주에 비하여 한인이 훨씬 많고, 또 경성에 거주하는 부재지주, 즉 관료형 지주가 대단히 많으리라는 것을 짐작할 수 있으며, 일인 지주가 큰 힘을 발휘하지 못했다는 것을 알 수 있다. 그리고, 일제시 대지주는 역시 개인보다도 회사·학교·사원과 같은 특수 지주가 많은 경지를 가지고 있었다는 것을 알 수 있다.

<표 4> 토지규모별 지주 형태

토지규모 \ 지주형태		조선인				일본인				특수 지주				합계 (실수)
		경성 지주	도내 지주 부재	도내 지주 재촌	도외 지주	경성 지주	도내 지주 부재	도내 지주 재촌	도외 지주	회사	학교	사원	기타	
논	9이하	17.6	2.9	50.0	5.9	2.9		5.9		8.8		2.9	2.9	100.0(34)
	10~19	27.4	16.8	37.9	3.2	2.1	1.1	3.2	2.1	4.2	1.1	1.1		100.0(95)
	20~29	41.2	16.0	37.1	1.5			1.5		1.0		1.5		100.0(194)
	30~39	35.2	15.6	46.9				1.6			0.8			100.0(128)
	40~49	40.0	13.8	36.9		4.6		1.5				1.5	1.5	100.0(65)
	50~69	60.0	11.8	24.7							2.7		1.2	100.0(85)
	70~99	41.9	17.7	27.4	1.6	1.6	3.2	3.2	1.6	1.6				100.0(62)
	100~149	44.0	10.0	30.0	4.0	2.0			4.0	4.0		2.0		100.0(50)
	150~199	44.4	7.4	29.6		3.7	3.7		3.7	7.4				100.0(27)
	200이상	26.2	7.1	19.0	2.4	2.4		4.8	2.4	28.6	4.8		2.4	100.0(42)
밭	9이하	46.3	11.6	34.2	1.6	1.1	1.1	1.6	0.5	1.6		0.5		100.0(190)
	10~19	36.0	15.7	42.1	0.8	0.8	0.4	0.8	0.8	0.8	0.8	0.8	0.4	100.0(261)
	20~29	42.6	12.4	34.1	3.1	1.6		0.8	1.6	1.6	1.6		0.8	100.0(129)
	30~39	30.9	17.6	32.4	2.9	1.5	1.5	5.9		4.4		2.9		100.0(68)
	40~49	37.8	10.8	27.0		2.7		8.1		2.7	2.7	5.4		100.0(37)
	50~69	36.1	13.9	27.8	2.8			2.8		13.9			2.8	100.0(36)
	70~99	40.7	11.1	25.9		3.7				14.8			3.7	100.0(27)
	100이상	26.5	14.7	26.5		2.9		2.9		26.5	2.9			100.0(34)
논밭	30~39	36.8	13.4	44.1	2.4			1.2	0.4	0.4		0.8	0.4	100.0(247)
	40~49	42.4	14.4	32.0	1.6	2.4	0.8	2.4	0.8	0.8	1.6	0.8		100.0(125)
	50~69	34.5	14.9	39.9		1.4		2.7		3.4	0.7	2.0	0.7	100.0(148)
	70~99	47.6	19.5	25.6		1.2	2.4	1.2	1.2	1.2				100.0(82)
	100~149	47.3	10.8	27.0	2.7	2.7		2.7	1.4	4.1			1.4	100.0(74)
	150~199	40.5	10.8	43.2						2.7		2.7		100.0(37)
	200이상	30.4	10.1	18.8	2.9	2.9	1.4	2.9	4.3	20.3	4.3		1.4	100.0(69)
합계 (실수)		39.0 (305)	13.8 (108)	35.5 (278)	1.5 (12)	1.3 (10)	0.5 (4)	1.9 (15)	0.9 (7)	3.3 (26)	0.8 (6)	0.9 (7)	0.5 (4)	100.0(782)

경기도의 대지주는 재촌지주가 전체의 37.4%(293명)이고 나머지는 거의 부재지주라 할 수 있다. 부재지주는 경성에 거주하는 자가 305명이고(일인은 불과 4명), 도내 지주 중에서 약 3할은 부재지주이다. 그리고 지주의 경지규

모가 크면 클수록 부재지주가 더 많고 그렇지 않은 경우는 재촌지주가 더 많다. 그러나, 재촌지주와 특수지주 중에서 150정보 이상의 대지주도 상당히 많다. 이러한 대지주가 경기도의 일환에 어떻게 분포되어 있는가를 보면 <표 5>와 같다.

<표 5> 도별 지주 형태

	조선인				일본인			특수지주				합계 (실수)
	경성 지주	도내지주		도외 지주	도내지주		도외 지주	회사	학교	사원	기타	
		부재	재촌		부재	재촌						
양평	59.6	6.4	25.5	2.1		2.1		4.2				100.0(47)
가평	61.9		33.3							4.7		100.0(21)
안성	35.0	5.2	45.6	7.0				3.5	1.7	1.7		100.0(57)
파주	63.6	11.4	13.6					4.5	2.2			100.0(44)
수원	35.5	4.6	51.4	0.9	4.5	2.8		3.7		0.9		100.0(107)
용인	35.4	12.5	39.6					12.5				100.0(48)
양주	85.7	7.1	2.3			2.3		2.3				100.0(42)
김포	58.1	4.6	25.6					9.3			2.3	100.0(43)
이천	66.1	2.9	16.1	2.9	2.3	1.4		4.4	2.9	1.4		100.0(68)
여주	30.7	1.6	24.6	3.3	1.4	1.6		3.3	1.7	1.6	1.6	100.0(61)
연천	47.2	12.7	32.7	3.6				1.8				100.0(55)
부천	35.8	15.1	22.6		1.8	9.1	1.8	5.5	1.8	1.8		100.0(53)
시흥	67.9	7.1	10.7		5.5			7.1	3.5		3.5	100.0(28)
개풍	10.9	74.5	5.5					7.2	1.8		1.1	100.0(55)
진위	41.1	13.3	22.2	1.1				8.9		2.2	6.4	100.0(90)
광주	71.9		9.4		4.4		5.6	12.5		3.1	2.8	100.0(32)
포천	34.0	6.4	36.2			4.3		6.4		4.3		100.0(47)
장연	19.7	56.3	14.1		2.1	2.8		1.4		1.4	3.7	100.0(71)
고양	48.1	7.4	29.6		1.4		3.7	7.4				100.0(27)
개성		100.0										100.0(1)
인천	33.3							66.7				100.0(3)
강화	6.1	15.1	7.2		3.0				3.0			100.0(33)
경성(부)	100.0											100.0(3)
합계 (실수)	44.0 (466)	14.2 (148)	27.2 (283)	1.3 (14)	1.4 (15)	1.5 (16)	0.7 (7)	5.6 (58)	0.9 (9)	1.6 (12)	1.1 (11)	100.0 (103.9)

(비고) 한 지주가 여러 지역에 땅을 소유하고 있을 때, 거주 지역과 동일한 경우는 재촌지주로 하고, 다른 경우는 부재 지주로 처리하였으므로 실제의 지주 수 보다도 본 표의 지주 수는 많이 나타난다.

<표 5>에서 경기도의 대지주가 경기도의 여러 군에 토지를 소유하고 있다는 것을 알 수 있다. 특히, 경성에 거주하는 부재지주는 경성부내 토지를

소유하고 있는 지주는 3명에 불과하고, 나머지의 많은 지주는 각 군의 대지주 중에 강화·개풍군을 제외하고는 35% 이상을 차지하고, 특히 양주·광주군의 경우는 7할 이상을 차지하며 시흥·이천·여주·파주·가평군의 경우는 6할 이상을 차지한다. 그리고, 재촌지주가 많은 군은 강화군(72.7%), 수원군(51.4%) 등이고 도내 부재지주가 많은 군은 개풍군(74.5%), 장연군(56.3%) 등이다. 도내 부재지주는 거의 대부분 군청소재지 등에 거주한다.22)

경기도의 대지주를 그들이 소유하고 있는 토지의 군별 분포를 보면 <표 6>과 같다.

<표 6> 지주형태별 토지분포

			1개군	2개군	3개군	4개군	5개군 이상	합계(실수)
조선인	경성 지주		71.1	14.4	7.9	3.3	3.3	100.0(305)
	도내	부재	87.0	12.0			0.9	100.0(108)
		재촌	94.2	3.6	11.1	1.1		100.0(278)
	도외 지주		91.7		8.3			100.0(12)
일본인	경성 지주		90.0	10.0				100.0(10)
	도내	부재	100.0					100.0(4)
		재촌	93.3	6.7				100.0(15)
	경성 지주		100.0					100.0(7)
특수지주	회사		61.5	26.9			1.5	100.0(26)
	학교		50.0	50.0				100.0(6)
	사원		71.4	14.3			14.3	100.0(7)
	기타							100.0(4)
합계(실수)			82.2 (643)	10.5 (82)	3.6 (28)	1.7 (13)	2.0 (16)	100.0(782)

<표 6>을 보면, 대지주의 82.2%가 한 개의 군에 토지를 소유하고 있으며, 경성의 지주와 특수 지주는 다른 지주에 비하여 2개 이상이 군에 토지를 소유하고 있다. 대지주의 토지가 한 개의 군에 집중되어 있는 것은 토지의 효율적 관리를 할 수 있기 때문인 것 같다.

---

22) <표 5>를 보면, 대지주의 수가 경기도의 실제 지주 수 보다 많은 것은 대지주의 거주 지역과 동일한 경우는 재촌지주로 처리하였고, 다른 경우는 부재지주로 처리하였기 때문이다. 만약 이러한 기준에서 재촌지주를 파악한다면 경기도의 부재지주는 훨씬 많아진다.

이러한 것을 볼때, 일제시의 대지주는 점차 수적 증가의 토지 집중이 일어나고, 특히 대지주일수록 일인 지주의 증가율이 높다. 일인 지주는 지방일수록 그 수가 많으나, 경기도의 경우는 한인 지주가 전체의 93.5%이고, 나머지는 일인 지주이다. 한인 지주의 경우, 전체의 39.0%(305명)이나 경성에 거주하고 이들은 거의 재촌지주이며 비록 도내 지주라 할지라도 그것의 27.9%가 부재지주이다.

이와 같이, 경기도의 부재지주는 지역에 따라 차이가 있으나 대다수가 재촌지주이고, 부재지주 일수록 재촌지주에 비하여 소유토지가 많다. 이러한 부재지주가 경성에 많다는 것은 그들의 신분적 배경이 조선시대의 양반·귀족·관료 및 그 자손들이 많은 것이 아닌가 생각한다. 반면에, 재촌지주는 상공업이나 농업 등의 이윤에 의하여 토지자본을 축적한 농민형 지주 또는 상인형 지주 등이 아닌가 생각한다.

4. 대지주의 출신배경과 형성요인

일제시 대지주는 어떠한 요인에 의하여 형성되었는 가를 탐구한다는 것은 매우 어려운 일이다. 25여년 전 촌노들에 대한 명망조사의 결과에 따르면, 소위 천석군, 만석군의 형성요인이 초기에는 주로 권세와 고리대에 의한 강제적 토지의 점탈에 기초하였고, 후기에는 고율 소작료와 경제외적 강제와 상업자본의 농촌 투입에 의하여 주로 기초하였으며, 근면·절약에 의한 이른바 자수성가한 지주도 많다는 것을 지적한 바 있다.[23)]

이번 조사에서도 과연 상술한 요인에 의하여 토지자본이 어떻게 형성되었는 가를 검토하여 본다.

1) 출신 배경

대지주가 형성된 구체적 요인은 여러 가지가 있겠지만, 우선 그들의 신분 및 직업적 배경에 따라 대충 짐작할 수 있다. 그리하여 일제시 경기도

---

23) 金泳謨, 「韓國支配層硏究」, 一潮閣, 1982, p.114

<표 7> 농회가 조사한 경기도 대지주의 직업

(단위 ; %)

지주형태 \ 직업			귀족	도(부)회의원	군수	면장	면협의회원	관공리	기업인	금융조합(은행원)	수리조합(농계)	금광업	제약업	정미업	양조업
조선인	경성 지주		0.7	0.7			1.0	0.3	1.0	0.3		0.3	0.3	0.7	
	도내지주	부재	0.9	3.7		1.9	·	0.9	1.9		0.9			1.9	
		재촌		0.7	0.4	4.7	6.8	2.2		1.4	1.1				0.4
	도외 지주							8.3							
일본인	경성 지주										10.0				
	도내지주	부재												25.0	
		재촌						6.7							
	도외 지주							14.3							
합 계 (실수)			0.4 (3)	1.0 (8)	0.1 (1)	1.9 (15)	2.8 (22)	1.4 (11)	0.6 (5)	0.6 (5)	0.6 (5)	0.1 (1)	0.1 (1)	0.6 (5)	0.1 (1)

농회가 조사한 경기도 대지주의 직업 (계속)

지주형태 \ 직업			인쇄업	대금업	상업	의사	변호사	교사	진사	학생	농업	사원	기타	不記	합계(실수)
조선인	경성지주		0.3		10.5	1.0	0.7	0.7	0.3	1.6	0.7		1.0	78.0	100.0 (305)
	도내지주	부재		1.9	7.4					0.9		0.9		76.9	100.0 (108)
		재촌			3.6	0.4			0.4	1.1	3.6		1.1	68.7	100.0 (278)
	도외지주				8.3						8.3			75.0	100.0 (12)
일본인	경성지주						10.0				10.0			70.0	100.0 (10)
	도내지주	부재		25.0										50.0	100.0 (4)
		재촌									6.7	6.7	6.7	73.3	100.0 (15)
	도외지주			14.3										71.4	100.0 (7)
합 계 (실수)			0.1 (1)	0.4 (3)	6.6 (52)	0.5 (4)	0.4 (3)	0.3 (2)	0.1 (1)	1.2 (9)	1.2 (15)	1.9 (1)	0.1 (8)	69.8 (546)	100.0 (782)

재촌지주의 본인 및 부친의 신분 및 직업에서 그것을 추적하여 본다.

먼저 경기도 농회가 조사한 1937년 대지주의 직업을 보면, <표 7>과 같다.

<표 7>을 보면, 경기도 대지주(782명) 중에 직업이 없는 경우(미기록)가 전체의 약 7할이 된다. 직업이 없는 경우는 조사 미상의 경우도 있지만, 주로 현재 농업(토지 관리)에 종사하고 있거나, 그것은 마름(사음)에게 맡기고 주로 놀고 있는 유한계급을 말하는 것 같다. 또한 직업이 없는 경우 부재지주의 비율이 재촌지주에 비하여 약간 높으나 실제로 양자의 직업적 성격은 거의 동일하다고 지적할 수 있다.

<표 8> 대지주의 해방전 직업과 부친의 신분 및 직업

(단위 ; 명)

부친의 신분,직업 / 해방전 직업	신분						직업								합계
	귀족왕실	양반	중인	상민	천민	모름	고급관공리	하급관공리	기업인	상인	지주	자작농	기타[2)]	모름	
도·부의원		2		1			1				2				3
면장		3	1	1		4					5			4	9
면의원		1		2							1			2	3
고급 관공리	1	1				4					2	1	1	2	6
하급 관공리		2		1		2	1							4	5
기업인			3	1		2			1		3			2	6
은행(조합)원		1		1	1	1					2			2	4
정미업		1									1				1
양조업		1		1		3				1	1		1	2	5
광산업		1	1					2							2
대금업		3		6		2			1			2	1	7	11
상업		2		8	2	6	1				4	1		12	18
어업					1	1								2	2
마름			1	1								1		1	2
학교 설립자		2		1							2			1	3
상업+정미업				1	1	8					3	3	1	3	10
상업+양조업				1		1								2	2
무직		12		8	2	29	3	1		1	30	4		12	51
기타[1)]				1		2					2		1		3
모른다						1								1	1
합계	1	32	6	35	7	66	6	3	2	2	58	12	5	59	147

(비고) 1)은 인쇄인, 과수원, 소방대원이 각 1명 임.

2)는 군수, 마름, 정미업, 과수원, 대장쟁이가 각 1명 임.

경기도의 대지주가 농업 이외의 직업을 가진 자는 전체 대지주의 약 3할로서 이들은 다양한 직업에 종사하고 있다. 특히 그들이 많이 종사하는 직업은 상업(6.9%), 면협의회 회원(2.8%), 면장(1.9%) 등이다.

이것을 재 분류하여 보면, 관공리 · 귀족 등이 가장 많고(9.6%), 그 다음으로 상인(7.0%), 전문직(1.1%) 등이 많다.

이번의 명망조사 결과에 의하면, 경기도 재촌지주의 직업은 무직이 가장 많고(34.7%), 그 다음이 관공리이다.(20.4%) 대지주가 무직 또는 상공인인 경우 한학을 이수한 자가 많고, 100정보 이하 지주가 많다. 그러나 신교육을 받은 자는 관공리가 많고, 관공리는 100정보 이하의 지주가 많으며, 상공인은 다른 직업인에 비하여 100정보 이상의 대지주가 많다. 여기에서 재촌지주의 다수가 무직이라는 것과, 또한 상공인과 관공리라는 것에서 여러 가지 의미를 찾아 볼 수 있다. 물론, 재촌지주의 자본축적에 있어서 근원적 요인을 알 수 있는 것은 아니지만, 당대에서도 권력과 상공업 및 고리대 자본이 토지 자본의 형성에 있어서 크게 기여하고 있다는 것을 알 수 있다.

그러면, 농회 조사와 명망조사에서 나타난 다수의 무직은 선대 부터 대지주라는 것을 알 수 있는데 선대에 부친의 신분 또는 직업이 무엇인 가를 보기로 하자.

<표 8>을 보면, 일제시 대지주 선친의 신분이 모르는 경우가 가장 많고(44.9%) 그 다음으로 상민(23.8%)과 양반 · 귀족(22.4%) 나머지는 중인이다. 대지주의 일제시 직업이 관공리인 경우 부친은 양반이 많고, 상업자인 경우 상민이 많으며, 무직인 경우는 양반과 상민이 많다.

한편, 대지주 부친의 직업은 모른다(40.1%)와 지주(39.5%)가 가장 많고, 나머지는 자작농(8.2%), 관공리(6.8%), 기업인, 상인 등이다. 여기에서도 부친의 직업을 모르는 경우가 많다는 것과 또 대지주의 직업이 무직인데도 부친의 직업이 대지주가 많은 것을 보면, 조사 대상의 6할 이상이 선대에서 토지 자본의 축적 요인을 찾아야 될 것 같다. 만약 부친대에 이미 지주가 된 것을 고려하면, 8할 이상이 된다. 따라서 일제시 대지주의 선대라는 것은 그들의 대부분이 조선 말기 이전에 대지주가 되었다는 것을 의미한다.

<표 9>를 보면, 대지주가 된 세대 및 시기를 알 수 있다. 일제시 대지주가 당대에 되었다는 것은 전체의 34.7%이고, 비록 선대에서 지주화 되었지만 당대에 자본 축적을 강화했다는 것이 전체의 37.4%이다. 나머지는 주로 선대(16.3%) 또는 부친대(8.8%)에 자본을 축적하였다. 그리고, 대지주 일수록 당대 보다도 선대에서 이루어졌다는 것을 알 수 있다.

<표 9> 대지주가 된 세대 및 시기

(단위 ; 명)

세대 시기 / 토지 규모	세대								
	당대	아버지	당대+아버지	선대	당대+선대	당대+아버지+할아버지	아버지+할아버지	모른다	조선말기 이전
30~39	15	4	7	5	5	3	3	1	3
40~49	10		4	5		3		1	1
50~69	11	3	5	2	5	2	2		1
70~99	8		3	3		2			
100~149	2	2	2		2	1		1	
150~200	2	3	1	2	2	2	1		2
200이상	3	1	1	1	1	4		1	
합계	51	13	23	18	15	17	6	4	7
세대 시기 / 토지 규모	시기								합계
	구한말 이전	일제 초기	일제 중기	일제 말기	일제하	한말+일제	조선+한말+일제	모른다	
30~39	5	3	2		16	8	4	2	40
40~49	1		4	1	10	2	2	2	23
50~69	3	1	4		10	5	4	2	33
70~99	3		2		4	4	2	1	16
100~149		1	2		2	3	1	1	10
150~200	2		3	1	4	1			13
200이상		4	3			1	2	2	12
합계	14	9	20	2	46	24	15	10	147

이와 같이 대지주의 형성이 당대에도 가능하였고 또 대지주는 몇 대 지속이 가능하였다는 것을 알 수 있다.

이러한 대지주의 형성이 어느 시기에 가능했는 가를 보면, 일제하에 가능했다는 것이 전체의 52.3%이고, 나머지는 그 이전이었다고 한다. 대지주가 된 시기에 대한 조사 결과는 신빙성이 상당히 약할지 몰라도 앞서 지적한 선대 이전에 대지주가 되었다는 것과 관련시켜 보면 적어도 일제시 대지주의 약 절반이 한말 이전 부터 형성이 가능하였고, 또 일제시에도 약 절반이 대지주가 될 수 있었다고 보여진다.[24] 특히, 일제시에 대지주가 된 것은 토지조사사업 과정과 권세의 힘도 있었겠지만, 그 보다도 상공업 자본과 고리대의 영향이 크지 않았나 생각한다.

2) 축재 요인

일반적으로 일제시 대지주의 원초적 형태는 관료형 지주이고, 이것이 조선시대, 한말, 일제 초기를 거치면서 주로 권력에 의하여 대지주가 형성되었다고 말한다. 과연 관료형 지주가 재촌 지주에서도 많이 나타날 수 있는 가를 궁금히 여기지 않을 수 없었다. 그런데 이번의 명망조사결과에 의하면 <표 10>에서 볼 수 있는 바와 같이, 관료형 지주가 전체의 1.4%에 불과하다. 물론 경기도의 지주명부가 1937년에 조사된 것이고, 또 선대에 있어서 토지자본 축적과정을 정확히 알 수 없었기 때문에 나타난 현상인 것으로 생각하기 쉬우나 반드시 그렇다고 보기는 어렵다. 왜냐하면 축재요인으로 유산이 가장 많기 때문이다. 그러나 이것은 일제 말기의 대지주는 새로운 형태의 대지주가 많이 나타나고 있음을 보여 주는 것이라고 말할 수 있다.

<표 10>을 보면, 대지주가 된 축재 요인이 개별 요인으로서 유산이 가장 많고, 복합 요인으로서도 유산이 가장 많다. 만약 복합 요인의 비율까지 가산한다면, 전체 대지주의 60.5%가 유산으로 가장 많이 되었고, 그 다음의 경우 상업이며(27.2%), 나머지는 고리대(16.3%)와 근검·절약(16.3%) 및 공업(8.2%)의 요인으로 대지주가 되었다.

여기에서 축재 요인으로 가장 많이 지적된 유산이 과연 선대에 있어서 어떠한 토지 자본의 축재 요인이었던가? 이에 대하여서는 분명히 응답하기

24) 張矢遠은 일제하 조선인 대지주는 대체로 1890년대~1900년대 사이에 보편적인 존재로 형성되었으며, 이들이 1905년 이후 1910년대를 통하여 식민지적 지주제로 질적 변용을 경험하는 동시에 양적으로도 더욱 대규모화, 보편화 되었다고 한다.

는 어렵지만, 그들 선대의 신분과 직업을 미루어 그 중에서 상당한 수의 관료형 지주가 있는 것이 아닌가 생각한다. 만약, 이것이 사실이라 한다면, 일제시 경기도의 부재지주는 관료형 지주와 상인형 지주가 가장 많고, 그 다음으로 근검·절약에 의한 농민형 지주와 공인형 지주도 상당히 많다고 지적할 수 있다.[25)]

<표 10>의 교차 분석에서 볼 수 있는 비와 같이 일제시 대지주가 무직인 경우 축재 요인으로 유산과 근검·절약에 의존한 것이 가장 많고, 상업 및 정미업자인 경우 역시 가장 많이 상업·정미업에 의존하고 있으며, 또 관공리의 경우 유산에 주로 의존하고 있다.

이러한 것을 본다면, 대지주의 출신배경과 축재요인과의 상관성이 어느 정도 나타나고 있음을 알 수 있다.

또한, 대지주의 축재요인과 학력 및 소유토지 규모와 상관시켜 분석하여 보았더니, 학력이 높을수록 유산을 많이 지적하고 한학 등 저학력일수록 복합 요인을 많이 지적하고 있다.

이러한 것을 본다면, 일제 시대에 소지주일지라도 생산관계, 특히 소작료와 고리대 등에 의존하여 토지집중이 일어나고 있음을 알 수 있다.

일제시대에 있어서 상업, 소작료와 경제외적 강제[26)] 및 고리대[27)]는 이미 많은 사람이 지적한 바와 같이 대단히 높았고, 이것이 일제 말기에 올수록 증가하였다. 그리하여 소지주들이 지대 및 고리대의 수익을 토지 겸병에 투자하여 대지주화가 가능하였다.

---

25) 장시원은 일제하의 조선인 대지주가 성장한 사회경제적 배경에 따라 분류하면, 상인형, 농민형, 중간관리형, 관료형의 4가지가 있다고 한다. '식민지하 조선인 대지주 범주에 관한 연구', 「경제사학」, 제 7집(1985), p.220

26) 久間健一, 「朝鮮農業の 近代的 樣相」(1935), pp.108~109, 그에 의하면, 소작인의 총 생산량의 74~76%가 지주에 제공된다는 것이다.

27) 張矢遠, '植民地下 朝鮮의 半封建的 土地所有에 관한 硏究', 「경제사학」, 제 4집(1980), pp.58~91: 善生永助, '朝鮮の 市場經濟', 조선총독부, 「조사자료」, 제 27집, 그에 의하면 5일만에 20%의 이자였다고 한다.

<표 10>　　　대지주의 해방전 직업 별 축재요인

(단위 ; 명)

축재요인 / 해방전 직업	유산 (1)	양조업 (2)	고리대 (3)	높은 소작료 (4)	권세 (5)	상업 (6)	근검 절약 (7)	개간 (8)	어업 (9)	유산+ 양조업	유산+ 고리대	유산+ 상업
도·부의원	2										1	
면장	4							1				
면의원											2	
고급 관공리	2											1
하급 관공리					1		1			1		
기업인	1											
은행(조합)원	1										1	
정미업	1											
양조업		3								2		
광산업												
인쇄업												
대금업			1								2	1
상업				1		7						4
어업									2			
마름												
학교 설립자	2											
상업+정미업	2											
상업+양조업												
무직	25			1			5	2			1	
기타											1	
모른다					1							
합 계	40	3	1	2	2	7	6	3	2	3	8	6

대지주의 해방전 직업 별 축재요인 (계속)

축재요인 / 해방전 직업	유산 + 공업	유산+ 근검절약	유산+ 포목상	유산 + 마름	정미업 +상업	고리대 +상업	곡묵수익+고리대	유산 + 기타	양조업 +기타	고리대 + 기타	유산+ 상업+ 기타	공업 + 기타	모른다	기타	합계
도·부의원															3
면장		2		1	1										9
면의원											1				3
고급 관공리		1							1					1	6
하급 관공리	1					1									5
기업인							1				2	2			6
은행(조합)원						1	1								4
정미업															1
양조업															5
광산업															2
인쇄업															
대금업										1	1				11
상업			1												18
어업						3	1		1	2					2
마름				1		3				1			1		2
학교 설립자					8										3
상업+정미업															10
상업+양조업															2
무직	1	12	2					1						1	51
기타								2							3
모른다															1
합 계	2	15	3	2	9	8	3	3	2	4	2	2			147

(비고) 축재요인의 1(유산)+기타는 1+17, 1+18이고 1+8+기타는 1+4+8, 1+7+8+9이며, 1+7+기타는 1+7+9, 1+7+3+16, 1+7+10, 1+7+10+11이다. 그리고 4+기타는 4+9+, 4+3, 1+4+16이고 3+해방은 1+3+4+2, 3+6이다.

3) 몰락 요인

일제 시대의 대지주는 해방 이후 실시되었던 남한의 농지개혁(유상몰수·유상분배) 또는 북한의 토지개혁(무산몰수·무상분배)에 의하여 대부분 몰락하였다.

<표 11>에서 볼 수 있는 바와 같이. 재촌지주의 62.6%가 농지개혁(1950년 실시)으로 몰락하여 그 다음도 전체의 10.2%가 토지개혁(1946년 실시)으로 몰락하였다.[28] 나머지도 농지개혁과 더불어 다른 요인이 병합하여 몰락하고 있다.(18.4%) 따라서 일제시 대지주의 91.2%는 주로 농지개혁으로 몰락하였다. 이러한 토지개혁 이외의 몰락요인은 대개 재산탕진, 사업실패, 재산분배, 정치자금, 질병 등으로서 이것은 매우 소수를 차지한다.

이러한 몰락 요인을 경지 소유 규모별로 분석하여 보면, 소지주일수록 농지개혁이 주요한 몰락 요인이 되고, 대지주 일수록 소지주에 비하여 다른 요인의 비중이 높은 편이다.

이와 같이 해방 이후에 있었던 농지개혁과 토지개혁은 봉건적 대지주를 몰락시킨 가장 중요한 요인이 되었다. 비록 남한에서는 토지자본가를 상업자본화 시키기 위하여 토지증권의 발행과 일정기간 유상몰수·유상분배의 농지개혁을 1950년 5월에 실시하였으나, 6·25전란으로 말미암아 지주에게 주려던 토지증권이 휴지화 되었던 것이다.

그리하여 그 이전에 산업자본화 또는 상업자본화 하지 못한 대지주는 대부분 경제적으로 몰락하였지만, 그들 또는 그들의 자손 중에 근대 교육을 받은 사람은 관료나 교수 또는 정치인으로 전신할 수 있었다.

5. 대지주의 사회이동과 자본전화

---

28) 대지주의 몰락 요인으로서 농지개혁과 토지개혁이 동시에 있었던 곳은 경기도의 일부 지역(군)으로 이 곳은 남·북한의 통치를 받았기 때문이다.

1) 사회이동

먼저 일제시 재촌 지주와 그 자손이 해방 이후에 어떠한 직업이동과 지역이동이 일어났는 가를 검토 한다.

일제시 재촌 지주는 <표 11>에서 볼 수 있는 바와 같이, 해방 이후 대부분 사망하였거나(전체의 42.2%), 무직(17.0%) 또는 잘 모르는 경우(16.3%)이며, 그들 중에서 해방 후 직업을 가진 경우는 농업인 경우도 마찬가지이다. 무직인 경우는 농업 또는 무직에 종사하는 자가 많다. 그리고 그들을 학력에 따라 보면, 중졸 이상인 경우, 해방 후에도 공무원으로 일하고 학력이 낮은 경우는 무직, 상공업, 농업 등에 종사하고 있다.

다음으로 재촌 지주의 세대간 직업이동을 보기로 하자. 세대간 직업 이동은 대지주의 아들 중에서 가장 출세한 사람을 기준으로 조사한 결과는 <표 11>과 같다.

<표 11> 재촌지주의 해방 전후 세대내 직업이동

(단위 ; 명)

전직업 \ 후직업	공무원	기업가	상업	농업	기타[1]	무직	사망	미상	합계(%)
관공리	5	2			1	7	11	4	30(20.4)
기업가		3			2	1	6	2	14(9.5)
상업대금업			5	1		7	11	5	29(19.7)
상업+제조업		2		2			2	6	12(8.2)
어업							2		2(1.4)
마름							2		2(1.4)
학교설립자					1	1	1		3(2.0)
기타[2]		1					1	1	3(2.0)
무직		1		9	1	9	26	5	51(34.7)
미상								1	1(0.7)
합계(%)	5(3.4)	9(6.1)	5(3.4)	12(8.2)	5(3.4)	25(17.0)	62(42.2)	24(16.3)	147(100.0)

(비고) 1)은 사무직, 회사원1, 납북 2, 학교 설립자 1이고,
2)는 소방대원1, 과수원 경영 1, 인쇄업 1임.

<표 12>를 보면, 재촌 지주 자식의 직업에 대하여 잘 모르는 경우가 전체의 23.8%이고, 나머지는 다수가 사회의 지도적 지위를 지녔다. 다시 말하

면, 가장 많은 비율을 차지하는 직업이 공무원(12.9%)과 기업인(11.6%) 및 관리직 사원(10.9%)이고 그 다음은 농업(8.2%), 의(약)사(5.4%), 상인(5.4%), 자영업(5.4%), 정치인(3.4%), 교수(4.8%), 법관 등이다.

재촌 대지주의 부자간 직업변동을 경지 규모별로 본다면, 경지 규모가 작을수록 전문직(의사 · 교사) · 관리직(공무원 · 경영자)에 종사하는 자식이 많고, 경지 규모가 클수록 기업인 · 공무원이 약간 많다.

재촌 대지주의 손자들이 어떠한 직업에 종사하는 가를 물어 보았더니, 그들의 거의 대부분에 대하여 잘 모르겠다고 응답하였고(71.5%), 그들에 대하여 아는 경우는 의약사, 공무원, 경영자, 농민들이 많았다.

<표 12> 재촌지주의 세대간 직업 변동

(단위; 명)

子의 직업 / 父의 직업	정치가	기업가	교원	의약사	공무원	회사원	자영업	상업	농업	기타	무직	미상	합계(%)
관공리		5	1	1	7	4	1		3		3	5	30(20.4)
기업가	2	3			1	2	1	1			1	3	14(9.5)
상업대금업	2	3	1	3	4	1	2	3	2			8	29(19.7)
상업+제조업		1	1			1	2	1	1		2	3	12(8.2)
어업											1	1	2(1.4)
마름				1	1								2(1.4)
학교설립자			2				1						3(2.0)
기타		1		1	1						1		3(2.0)
무직	1	4	2	5	5	8	1	3	6	3	1	14	51(34.7)
미상												1	1(0.7)
합계 (%)	5 (3.4)	17 (11.6)	7 (4.8)	19 (12.9)	19 (12.9)	16 (10.9)	8 (5.4)	8 (5.4)	12 (8.2)	3 (2.0)	9 (6.1)	35 (23.8)	147 (100.0)

이러한 것을 본다면, 재촌 대지주가 비록 농지개혁으로 경제적으로 몰락하였지만, 그 자손들은 우리나라의 각계 지도자가 많이 되어 있다. 비록 그 자손들 중에 무직 · 농민 · 상인 등이 있지만 이것은 소수이고 그들의 다수가 기업가 · 전문가 · 관료 · 정치인이 되었다. 다시 말하면 재촌지주는 경제적으로 몰락하였지만 비경제적 영역의 지배층이 되었고 심지어 경제적으로도 지배층화 되었다. 즉, 일제시대의 대지주, 또는 그 자손이 해방 후에도 우리나

라의 권력지배층이 되었다.

다음으로 저자가 조사한 재촌지주는 <표 13>에서 볼 수 있는 바와 같이 일제시에 대부분 농촌이나 군청 소재지에 거주하였고(각각 37.4%와 36.1%), 나머지는 도청 소재지와 경성에 거주하였다. 그러나, 해방 이후에는 이들의 다수가 사망하였고(39.5%), 또 서울에 거주하는 자가 가장 많았으며(21.1%), 나머지는 농촌과 군청 및 도청 소재지에 거주하였다. 다시 말하면, 일제시 재촌지주의 절반 이상이 사망하였거나 서울로 가서 살았다. 재촌지주가 이촌한 것은 다수가 해방 직후였으며 농지 개혁 후 또는 일제시에 이촌한 지주도 많다.

<표 13> 재촌지주의 해방전후 거주지

(단위 ;명)

거주지 \ 지역	일제시				농지개혁후							합계
	도청 소재지	군청 소재지	농촌	서울	도청 소재지	군청 소재지	농촌	서울	북한	사망	모른다	
연천		8	7	2			3	13		1		17
포천		2	7	2			2	3	1	3	2	11
양평		2	4	1			1	1		5		7
여주		6	2	3	1	1		2		7		11
이천		7	2	1		2				8		10
용인	1	1	4				2			4		6
안성	1	18	3	1		12	2	1		8		22
수원	24		4	2	13		2	7		8		30
부천		1	5			1	2	2		1		6
김포			5				4			1		5
강화	1	8	12		1	4	2	2		12		21
합계	28	53	55	12	15	20	31	31	1	58	2	147

다음으로 재촌 지주의 자식은 얼마나 농촌에 거주하고 있으며, 만약 이촌을 하였다면 언제이고 어디에서 거주하는 지를 보기로 하자.

<표 14>를 보면, 재촌 지주의 자식은 현재 서울에 거주하는 자가 가장 많고(전체의 39.5%), 그 다음은 군청 소재지이며, 나머지는 농촌 및 도청 소재지에 거주하고 있다. 도청 소재지에 거주하는 지주의 자식은 수원과 부천의 지주가 많고 군청 소재지의 경우는 안성의 지주들이다. 그리고, 이들 중에

농촌에 그대로 거주하는 지주 자식은 전체의 31.1%이다. 그러나, 이촌한 경우는 그 시기가 농지개혁 이후와 그 이전이 각각 절반이 된다. 이러한 이촌 시기도 연천 · 포천 · 양평 · 여주의 지주 자식은 일제시 해방 직후에 주로 이촌하였고, 다른 군의 지주 자손은 농지개혁 후에 주로 이촌하였다.

<표 14> 재촌지주 아들의 이촌시와 거주지

(단위 ; 명)

거주지 \ 지역	거주지									이촌 시기								합계
	도청 소재지	군청 소재지	농촌	서울	해외	북한	사망	기타 지역	모른다	일제하	해방 직후	농지 개혁후	1960 년대	1970 년대	재촌	사망	모른다	
연천			4	7					6	1	7				3		6	17
포천			1	6		1			3	2	4		1		1		3	11
양평		1		5			1			3		2			1	1		7
여주		2	2	6					1	2	4	3					2	11
이천			1	3			1		5		1	2			1	1	5	10
용인	1	3	2							1		1			3		1	6
안성		12		8	1				2		3	6	3	1	9		1	23
수원	7			8		1			14			4	3	1	6		16	30
부천	3			2					1			2		1			3	6
김포			1	3				1		1		2	1		1			5
강화	1	4	1	10	1	2			2	3	1	5		1	5		6	21
합계	12	22	12	58	2	4	2	1	34	13	20	27	8	4	30	2	43	147

이러한 것을 본다면, 재촌 지주의 자손들이 그대로 농촌 또는 지방에 거주하는 경우는 그 절반도 되지 못하고, 나머지는 서울과 같은 대도시로 이촌하였다. 이와 같이 이촌한 이유는 주로 그들이 새로운 교육을 받고 새로운 직업에 종사하기 위한 것이었다.

2) 자본 전화

일제시 대지주는 토지 자본가로서 그들의 지위에 만족하였는지, 아니면 비토지자본가로서 역할을 어느 정도 하였는지 궁금하지 않을 수 없다. 특히, 그러한 역할이 부재지주와 재촌지주에 따라 어떠한 차이가 있는지 궁금하지 않을 수 없다. 일제시 대지주의 사회이동에서 세대내 또는 세대간 사회이동을 어느 정도 알 수 있었지만, 그것은 농지개혁이라는 혁명적 조치로 인하여 나타난 현상이고 그렇지 않았던 일제시에 있어서 대지주의 사회이동이라 볼 수 있는 그들의 전신을 문헌조사에서 알아 본 결과는 <표 16>과 같다. 다시 말하면, 특수 지주를 제외한 경기도의 30정보 이상 대지주는 모두 691명인데 이 중에서 경성지주는 305명이고 도내·외 지주는 386명이다. 경성의 대지주는 당시의 문헌(주2 참조)에서 밝혀진 그들의 또 다른 분야에 종사하는 산업 및 직업 종사자는 전체의 33.6%이다. 아직 문헌조사에서 밝혀지지 않았던 대지주가 전체의 66.3%가 되지만, 이들 중에서도 소규모이지만 다른 산업 및 직업에 종사하는 사람이 있다는 것을 배제할 수는 없다.

이러한 것을 본다면, 경성과 경기도 대지주의 약 2/3가 순수히 토지자본의 수익에 의존하는 기생적 지주라는 것을 알 수 있고, 이들의 자손 중에 농지개혁후에 기업가로 전신한 경우도 있지만, 경제적으로 몰락한 경우가 많은 것 같다.

대지주 중에서 다른 자본 또는 직업에 종사한 지주는 기업에 투자한 경우가 가장 많다.(41명) 그 다음으로 금융·부동산업에 투자한 경우이고(39명), 나머지는 제조업·정미업·양조업·인쇄 출판업·운수업·광산업 등 기업이며(51명) 그 밖에 귀족·양반(19명), 면장(14명), 공무원(12명), 의사·변호사(5명), 교사(3명), 그리고 면·도협의 의원(23명), 조합 임원(6명) 등에 종사하고 있다. 특히 경성과 같은 지역에 거주하는 부재지주는 상업(38명)과 금융업(24명) 및 정미업(8명) 및 제조업(6명)에 종사하고, 도내지주는 면장(14명)·면협의 위원(16명), 그리고 상업(12명)·금융업(14명)·제조업(8명)·양조·운수업(10명) 등에 종사하고 있다.

이러한 것을 보면, 일제시 대지주는 순수한 토지자본가가 가장 많고(75.2%), 다음이 상업·금융업 등 상인자본가를 겸직한 경우이며(11.5%), 나머지는 제조·정미·양조업 등 공업 자본가(7.2%)이거나 양반·유지, 즉 관공리라 할 수 있다.[29] 다시 말하면 토지 수익을 다른 자본에 재투자한 토지는 약 2할인데 이들이 식민지 시대에 있어서 민족적 자본가가 될 수 있었

---

29) 일제시 100정보 이상 충남 대지주 중에 상공업 자본가로 전신한 자는 전체의 약 1/2이고, 전북의 경우는 약 1/3이라고 한다.(장시원, 전게논문, p.276)

<표 15> 대지주의 전신형태

(단위 ; 명)

		제조업	금융업	금부융동·산	상업	정미업	양조업	인쇄·출판	운수업	광산업	전력업	농업자재업	의사·변호사
경성지주	30~50	4	5	4	17	4		2					2
	51~100		4	5	14	3	1	2		1			2
	101~200		3		5		1						
	201 이상	1	1	2	3	1							
	소계	6	13	11	39	8	2	4		1			4
도내지주	30~50	2	3		3		2	2	2			1	
	51~100	2	4		5		3	1	2		2		
	101~200	2	2		3	2			1		1	1	1
	201 이상	2	3	3	1					1		1	
	소계	8	12	3	12	2	5	3	5	1	3	3	1
총계	30~50	6	8	4	20	4	2	4	2			1	2
	51~100	2	8	5	19	3	4	3	2	1	2		2
	101~200	3	5		8	2	1		1		1	1	1
	201 이상	3	4	5	4	1				1		1	
		14 (2.0)	25 (3.6)	14 (2.0)	41 (5.9)	10 (1.4)	7 (1.0)	7 (1.0)	5 (0.7)	2 (0.3)	3 (0.4)	5 (0.7)	5 (0.7)

대지주의 전신형태 (계속)

		교사	면장	공무원	조합임원	왕실·귀족	1품~3품	4품~9품	기타관공리(1)	면협의회원	도회협의의원	학생	기타(2)	미상	합계(%)
경성지주	30~50	2					4	3	2			3		98	150(49.2)
	51~100			1		2		3	1	1	1			45	86(28.2)
	101~200					1	2	1		1				34	49(16.1)
	201 이상	1				2		1				1		7	20(6.6)
	소계	3		1		5	6	8	3	2	1	4		184	305(100.1)
도내지주	30~50		9	5	1					13	1	1	1	147	193(50.0)
	51~100		2	1	2					1	2	2	1	78	108(30.0)
	101~200		3	1	3					1	1		1	28	51(13.2)
	201 이상			1						1				21	34(8.8)
	소계		14	8	6					16	4	3	3	274	386(100.0)
총계	30~50	2	9	5	1					13	1	4	1	254	343(4936)
	51~100		2	2	2					2	3	2	1	129	194(28.1)
	101~200		3	1	3					2	1		1	66	100(14.5)
	201 이상	1		1						1		1		31	54(7.8)
		3 (0.4)	14 (2.0)	9 (1.3)	6 (0.9)	5 (0.7)	6 (0.9)	8 (1.2)	3 (0.4)	18 (2.6)	5 (0.7)	7 (1.0)	3 (0.4)	458 (66.3)	691 (100.0)

(비고) (1)은 중추원 의원 1명, 궁내부 주사 1명, 육군 보병 특무정교 1명이고,
(2)는 구장 2명, 진사 1명 임.

다. 그러나, 이들이 일제 말기에 올수록 일인 자본가와 밀착하지 않을 수

없었고, 또 도·부·면 협의회와 금융·수리조합 등에 참여하여 자기의 경제적 기득권을 보호하지 않을 수 없었기 때문에 참된 민족적 자본가가 될 수 없었다.

<표 16> 대지주의 상공업자본에의 투자시기

(단위 ; 명)

		제조업	금융업	금융·부동산	상업	광산업	인쇄업	기타	미상	합계
경성지주	1918년 이전		4	3						7(2.1)
	1919~1926	6	3	1	2		3			15(4.4)
	1927~1932		3	1		3		1		8(2.4
	1933~1938	3		8	3		1			15(4.4)
	미 상	13	17		40		1	2	221	294(86.7)
	합 계	22	27	13	45	3	5	3	221	339[1](100.0)
도내지주	1918년 이전									
	1919~1926	1	1					2		4(1.0)
	1927~1932	6	1				1	4		12(3.1)
	1933~1938	3	5	1	3	1		1		14(3.6)
	미 상	5	5	2	9		2		333	356(92.2)
	합 계	15	12	3	12	1	3	7	333	386(99.9)
총계	1918년 이전		4	3						7(1.0)
	1919~1926	7	4	1	2		3	2		19(2.6)
	1927~1932	6	4	1		3	1	5		20(2.8)
	1933~1938	6	5	9	6	1	1	1		29(4.0)
	미 상	18	22	2	49		3	2	554	650(89.7)
	합 계	37 (5.1)	39 (5.4)	16 (2.2)	57 (7.9)	4 (0.6)	5 (1.1)	10 (1.4)	554 (76.4)	725 (100.0)

(비고) 1) 3, 4 사례는 중복 투자임.
2) 제조업은 섬유업,

<표 16>에서 볼 수 있는 바와 같이, 대부분의 대지주(66.3%)가 당시의 문헌에서 그들의 신분을 발견할 수 없었는데, 이것은 반드시 토지 이외의 자본에 투자를 하지 아니하였거나 다른 직업 또는 신분을 지니지 못하였다는 것을 의미한다.

그리고, <표 16>에서 경성지주에 비하여 도내 지주의 신분이 많이 밝혀진 것은 현지에서의 명망조사 결과가 첨가되었기 때문에 나타난 것이다. 그리고, <표 16>에서 대지주의 형태에 따라 그들의 전신 형태가 약간 달리 나

타나고 있는 것을 볼 수 있는데, 그것은 경성지주(부재지주)의 경우, 상업·금융·부동산에 투자를 많이 하고 귀족·양반이 많으며 도내지주(재촌지주가 많음)의 경우, 면장 등 관공리와 면협의회원이 많다는 것을 알 수 있다.

이것을 보면, 대부분의 대지주가 토지 자본(지대)에 기생하고 있지만, 그 중에서 약 3할이 상업 또는 공업 자본가로 전신하고 있음을 알 수 있다.

일제시 대지주 중에서 상공업에 투자한 경우에 그들의 직위는 거의 대부분 대개 업주이거나(전체의 7.8%), 대표(3.0%) 또는 취재역 및 감사 등으로 임원이 되었고 상업에 투자한 경우 전체의 약 6할이 그들의 신분이 미상이다.

이러한 것을 본다면, 일제시 토지자본으로 부터의 수익을 상공업에 투자한 경우 그들은 근대적 자본가, 즉 기업가로 전신하기 위한 것이라고 말 할 수 있다.

6. 결 론

일제하에 있어서 대지주는 양적으로나 질적으로 비대하여져 갔고, 특히 대지주 일수록 일인이 많고 그렇지 않은 경우 한인이 더 많았다. 일제 말 30정보 이상의 대지주는 약 1만호 였는데, 이 중에서 한인 지주는 약 8할을 차지한다. 특히, 경기도의 경우는 한인 대지주가 전체의 93.5%이다. 즉, 한인 경성 지주는 305명이고 한인 도내 지주는 386명이며 한인 도외 지주는 12명이다.

이러한 경기도의 대지주 중에서 부재지주는 거의가 경성 지주와 도외 지주, 그리고, 약 3할의 도내 지주이다. 그 나머지는 재촌 지주라 할 수 있다. 재촌지주는 일제시의 향도 이촌한 재촌지주도 있겠지만, 그것은 극소수에 불과하다. 따라서, 경성과 도읍에 거주하는 부재지주는 다수가 관료형 지주일 것이고 재촌지주는 농민형 지주가 많으리라는 것을 짐작할 수 있다.

이번에 조사한 결과에서도 대지주의 축재요인으로서 유산이 가장 많았고(60.5%), 그 다음으로 상업(27.2%), 고리대(16.3%), 근검·절약(16.3%), 공업

(8.2%) 등이었다. 이것을 보면, 역시 일제시 대지주는 관료형 지주가 가장 많았고, 그 다음으로 상인형 지주이며 나머지는 농민형 지주와 공인형 지주라는 것을 알 수 있었다.

이러한 지주형태는 비록 일제말 경기도의 경우이지만, 종래 지주형태로서 지적된 관료형 지주 또는 농민형 지주의 성격과는 매우 상이한 것이라 볼 수 있다. 또 그들이 토지로 부터의 수익을 당대에 약 2할 이상 상공업에 투자하고 있는 것을 보아 산업자본가로 전신하려는 대지주가 상당 수 있다는 것을 알 수 있다. 그러나 이들의 대부분이 관료형 지주라서 기생적 지주의 성격이 매우 강하다.

그리하여 이들의 91.2%가 해방 후 농지개혁 또는 토지개혁으로 몰락하고 만다. 그러나 이들은 세대 또는 세대간 사회이동에 있어서 새로운 지배층으로 전신하고 있다. 예컨대, 세대간 사회이동에 있어서 대지주의 자손은 공무원(12.9%), 기업인(11.6%), 사원(10.9%), 의약사(5.4%), 상인, 정치인, 교사 등으로 나타나고 있다.

이와 같이 일제시 대지주는 해방 후 농지개혁 등으로 경제적으로 몰락하였지만, 각 계의 새로운 지배층으로 등장하였다.

제 5 장 일제하 사회정책과 구빈사업

한국의 농가

시골 장터(부산진)

공출제도(밥그릇)

신발점(짚신)

제 5 장 일제하 사회정책과 구빈사업

1. 서 론

일제시대에 있어서 사회정책의 개념은 노동정책 보다는 오히려 빈곤정책이 그 핵심이라 할 수 있다. 노동정책은 아직도 공업화와 자본주의가 제대로 발달하지 못하였기 때문에 노동자가 많이 형성되지 못하였고 식민지 폭압성치로 노동쟁의와 노동운동도 억압되었다. 또한 일제는 저렴한 노동시장을 창출하기 위하여서도 노동정책을 강구하지 않았다.

그러나, 가혹한 식민지 정책과 각종 재해로 말미암이 대량의 이촌농민과 도시부랑자가 발생되었다. 이들의 폭력화를 예방하기 위하여 사회통제 수단으로 일제는 구빈정책 또는 구빈사업을 발전시키지 않을 수 없었다. 그러면서 한말에 이미 시작된 한인과 서양인의 자선사업과 박애사업을 탄압(추방)하여 시설보호사업을 못하게 하고 일제는 이것을 제생원으로 통합하여 운영하였다.

일제의 구빈정책은 절대빈곤 이하의 빈곤, 실업자, 요보호자의 기본적인 생계수단을 도와주기 위한 것이다. 이러한 구빈사업은 진휼구호사업이라 볼 수 있는 이재민구호, 궁민구조, 행려병인구호, 방면제도, 구료사업, 직업소개, 시설보호 등을 말한다. 다시 말하면 요보호자의 물질적 욕구를 해결하기 위한 구호행정이 일제시 사회정책의 핵심이었다.

이러한 구빈정책이 1910년 한일합방 이후에 시작된 것은 아니다. 조선시대에 있어서도 자혜인정(慈惠仁政)이라 하여 구휼제도와 재민구호 및 창제(倉制)를 중심으로 이러한 구빈행정이 발달하였으며 조선 말기와 통감부 시대에 있어서도 이러한 구빈행정이 존재하였다. 이러한 구빈행정이 일제의 식민정책과 더불어 발달하고 일제 말기에는 소위 사회사업의 개념이 국민후생의 개념으로 전환되었다.

이와 같이 일제시의 사회정책은 제대로 발달하지 못하였기 때문에 여기에서는 좁은 의미의 사회정책, 즉 전술한 사회사업의 개념(구빈사업)을 중심으로 그 운영주체, 적용대상, 운영방법 및 재원 조달을 고찰하여 보려고 한다. 여기에서 제시하는 대부분의 자료는 조선총독부 통계연보에서 얻은 것이며, 연도별 통계치는 대부분 조선인과 인본인의 합계이지만 일본인의 경우는 많지 않기 때문에 조선인의 것으로 간주하여도 무리하지 않을 것이다.

2. 한말 · 일제시 사회정책

1) 조선시대의 사회정책

조선 왕조시대에 있어서 사회복지정책은 구황제도(救荒制度)와 혜율제도(惠恤制度)가 있어서 이것을 효과적으로 집행하기 위한 혜민원과 진휼청 등이 있었다. 또 각 지방에 의창, 상평창, 교민창, 사창 등의 제도가 있었다. 조선 말기에는 경성에 총혜민사를, 각 군에는 분혜민사를 두었고, 원(院)에서는 진구(賑救)를, 사(社)는 전곡을 주관하고, 분사는 전곡과 진휼제무를 겸관하였다.[1]

이러한 사회정책은 주로 수재 또는 흉년으로 농민기근에 대한 양식 등을 지원하고 요보호자(고아, 기아, 과부, 노인, 병자 등)를 수용, 보호하기 위한 것이다. 이것은 군주의 인심혜정(仁心惠政)이지만 한 때 국가여력의 절반 이상을 진휼사업에 투입하였다. 그리하여 농경사회에 있어서 가장 큰 사회문제였던 수재, 한재 등으로 나타난 기근 농민을 구제하고, 그로 말미암아 발생된 요보호자를 구제하는 사업이 전통적인 사회정책의 핵심이었다.

1) 최익한,「조선사회정책사」, 1947, 박문출판사, pp.60~85

조선 왕조시대에 있어서 구빈정책으로서 창제(의창, 상평창, 교제창, 제민창, 사창)가 발달하였고, 구호사업으로서 계와 향약을 들 수 있다.[2] 구빈정책은 일제의 식민정책으로 사라지고 민간의 구호사업인 계가 아직도 그 전통을 이어 받고 있는 실정이다.

이러한 구빈정책과 구호사업의 전통이 발전적으로 개화되지 못한 것이 식민정책의 결과이지만, 해방 후에도 6.25 전쟁과 외원은 우리의 전통을 개발시키지 못하고 오히려 한말에 볼 수 있었던, 외국 선교사에 의한 자선사업의 전통이 다시금 나타났다.

2) 한말 · 일제시 구빈사업

한말의 사회사업은 동학혁명과 갑오개혁을 중심으로 한 인도주의적 개화사상과 천주교와 기독교를 중심으로 한 자선사상 및 실학사상에서 발달하였다. 1855년 프랑스인 메스트로 신부에 의하여 고아 구제사업이 시작되었고, 1880년에는 프랑스인 Jean Blanc 신부가 경성에 양로원과 고아원을 처음으로 개설하였다[3]. 또한 1895년에 유길준의 「서유견문록」에서 서구의 사상이 소개되었고, 한인에 의한 구빈사업도 발달하였다. 즉, 유길준은 미국 유학에서 돌아오면서 유럽에서 발달한 빈원(노인원, 유아원, 고아원, 기아원, 구빈원 등) · 병원 · 치아원 · 관인원 · 맹인원 · 아인원 · 교도원 등의 사회복지제도를 소개하였고[4], 또 유길준, 이우준 등이 1906년에 고아원을 설립하였다.

그 밖에도 한말에는 표 1과 같이 한인, 일인 또는 서양인에 의하여 고아원 뿐만 아니라 빈자, 행려병자, 기아, 환자 등을 구제하기 위한 시설 보호가 존재하였다.

이러한 자선적인 민간기관이 1910년 한일합방 이후에는 일제의 통제하에 들어가게 되어, 특히 1911년 6월 총독부 직영의 제생원[5](濟生院)의 설립

---

2) 상게서, pp.90~108
3) 박상일,「한말 및 일제시대의 사회사업에 관한 연구」,중대 사회개발대학원 석사학위논문, 1971, p.42
4) 유길준,「西遊見聞」, 1895, pp.439~450
5) 일제의 은사금 50만엔을 기금으로 조선총독부 직영 사회사업시설인 제생원이

으로 말미암아 점차 위축하게 되었다.

<표 1> 한말 및 일제 초기의 사회사업시설

명칭	소재지	목적 및 피수용자	설립자 또는 관리자	설립연도	유지 방법
부산자선교회	부산	빈자,행로병자 구휼	부산 본원사 별원 井上香憲	1877	회비, 기부금
인천자선회	인천	빈자,행려병자 구휼	信夫淳平	1886	회비, 기부금
자혜원	경성	고아교육(203명 보호)	살트르 St.Paul회	1888	성바오로회수녀들의 자비
불국 교회 고아원	경성	빈자구조	프랑스 레니유	1894	교회 기금
성 피터 고아원	경성	고아교육(25명 보호)	성 피터회	1895	영국 보조금과 기부금
목포 종교교회	목포	고독질병자.조난어부구조	高橋외 2명	1897	회비, 기부금
경성부인회	경성	교육위생기부, 빈자구조	三浦喜代子	1897	회비, 기부금
고아원	경성	고아 부양 교육		1899	영국 성공회 지출
고아원	경성	고아 부양 교육	센 베리	1900	영국 복음선교회 지출
진남포 부인 자선회	진남포	빈자,행로병자 구휼	일본 부인단체	1901	회비, 기부금
고아원	경성	고아교육(70명 보호)	이우준	1906	원주의 자비
경성 행려병자수용소	경성	행로병자 수용(1일 3명)	동본원사 경성교사	1906	교사의 헌금
고아원	경성	고아 부양 교육	유세춘	1906	폐하하사금,학부보조,기부금
고아원	경성	고아 부양 교육	유길준	1906	독지가 기부
구제소	경성	여아 수용(78명 보호)	미국인 니볼스 외 2명	1906	침례교 전도비
마산부인자혜원	마산	빈병자 구호	三增友子	1907	회원헌금, 기부금
기아수용소	경성	기아 수용부양(155명 보호)	최원식	1908	기부금
자혜부인회	경성	자선사업	차천경	1908	기부금
구읍고아원	옹천	고아구제및 교육(17명)	장영화외 1명	1908	기부금
자혜부인회	경성	고아원사업보조(84명)	조민회 부인	1908	
인천구호원	인천	출옥자 보호	大島玄瑞	1910	신도 기부금
동촌부식농원	대구	고아의 독립농업자 양성	加島敏郎	1911	농원 기금
공주관업원	공주	연수 보호	鯰江震次郎	1911	기부금
부산보호원	부산	연수 보호	卒川政義	1911	유지 기부금
전주보호원	전주	연수 보호	이두황	1912	회원 헌금
고아원	선천	고아 양성	미 코스스	1912	
출옥인보호회	대구	연수 보호	諏訪善太郎	1912	회원 헌금
제생원	경성	고아양육, 맹아교육, 나환자구료	조선총독부	1912	50만엔 은사금, 기금,기부금

(자료) 1)「통감부 통계연보」, 1907년과 1909년판
2)「조선총독부 통계연보」, 1909년~1912년판

1911년 6월 21일 조선총독부령 제 77조로 설립되었다. 제생원은 조선총독부의 감독하에 고아의 양육, 맹아의 교육, 나환자의 구료를 행하였다.

한편, 1921년에 조선사회사업연구회(1929년에 조선사회사업협회로 개칭, 현 한국사회복지협의회의 전신)가 관계자간에 조직되고, 각 도에 지부가 설립되었으며, 회원에 정무통감, 부회장에 학무국장, 간사에 사회과장이 충임되었기 때문에, 1944년에 공포된 조선총독부의 구호령과 마찬가지로 식민 정책의 수단으로 이용되었다.

비록 일제시에 구호시설과 그 대상자가 표 2 및 3과 같이 해마다 약간씩 증가되었으나, 식민지 시대의 한인의 비참한 생활수준과 1920년대에 가장 심했던 빈민, 걸인, 부랑자, 유민의 양적 증가에 비하면 이것은 아무것도 아닌 것이다.

<표 2> 일제시 구호시설

	출옥인 보호	맹아 교육	고아 빈아교육	빈민 구제	행려병인 구호	빈민 시료	나환자 시료	아편중독자 구료	노동지 숙바	합세
1915	20	1	6	9	1	18	2	3	1	61
1925	27	2	20	11	15	55	4	-	5	139

<표 3> 일제시 구호사업시설

	일반구호 사업	구료사업	아동 보호사업	경제적 보호사업	사회 교회사업	석방자 보호	조사기관	합계
1928	27	56	30	82	-	-	6	25
1937	98	30	73	137	21	5	3	393

일제는 비록 식민정책의 수단이지만 사회사업의 프로그램으로 ① 고아사업, ② 연소 노동자 교육 사업, ③ 맹아교육사업, ④ 의료사업, ⑤ 빈민구제사업, ⑥ 양로사업, ⑦ 갱생보호사업, ⑧ 상담사업, ⑨ 인보사업, ⑩ 숙박구호사업, ⑪ 직업소개사업 등을 행하였다.

3. 일제시대의 사회정책 ; 구빈정책

일제시대의 사회정책은 식민지 통치를 목적으로 한 구빈정책 또는 구빈사업이다. 식민지 시대에 사용된 구빈정책 및 구빈사업은 대부분 사회사업의 개념과 거의 동일시 하였다. 사회사업의 정책지침을 보면, 진휼구호(이재구호, 궁민구료, 행려병인 구호, 군사구호, 방면위원, 양로사업 등), 보건진료, 아동보호, 복리시설, 노동보호에 관한 것이 있으나 대부분 사회교화사업에 관한 것이었다.[6] 이러한 일제시 사회정책은 법적 제도적 근거가 대단히 빈약하였으며 그 조치도 매우 일시적인 것이라 할 수 있다.

그러면, 일제시대에 제정된 구빈정책이 어떠한 것이 있었는 지를 본다.

1) 1910년 **임시은사금 관리규칙** ; 일본 황제의 하사금으로 퇴직한 한말 관료들 회유책인 이재구호기금임, 그 후 행려병자 구호자금으로 사용함.
2) 1912년 **조선총독부 제생원 관제** 제정; 고아, 장애인의 구료와 교육을 위한 시설보호, 이것은 종래 서양인과 한인의 시설보호의 대치용임.
3) 1917년 **군사구호법**의 제정 ; 군인들이 전투나 공무상 상해, 질병, 유족 구조를 위한 것임.
4) 1918년 **은급과 유족부조령** 공포 ; 한국 군인과 그 유족에 대한 연금과 장례비 지급
5) 1922년 **직업소개소** 설치 ; 경성부에 실업문제 해결을 위하여 구인·구직 신청을 받아 고용계약 지원
6) 1923년 **조선감화령** 실시 ; 불량청소년을 보호하기 위한 것임.
7) 1927년 **방면위원제도** ; 빈민문제를 해결하기 위한 빈민조사와 구호사업 실시
8) 1931년 **조선입영자 직업보장법**
9) 1938년 **토막민의 구제·교화사업** 실시 ; 1932년 화전민조사위원회 규정을 폐지하고 사회사업단체에 의한 사업 실시
10) 1932년 **빈민을 위한 의료사업** 실시 ; 1932년 하사금(75,000엔)과 국고금(81,200엔)을 기금으로 실시
11) 1934년 **조선총독부 나병요양소 관제**의 제정 ; 나병환자의 구호 및 요양 실시
12) 1934년 **수해복구자금 융통에 관한 건이** 공포, 실시
13) 1938년 **조선이재구조 기금령**과 동시행 규칙의 실시

---

6) 조선총독부 학무국 사회과, 「朝鮮 の 社會事業」, 1933 참조할것.

14) 1938년 **조선광부 노무부조 규칙** 제정 ; 산업재해에 대한 사회보험제도 마련

15) 1939년 **임시재해대책위원회**의 설치 ; 한해 대책을 심의, 지원함.

16) 1940년 **직업소개령**의 제정, 실시

17) 1940년 **노무자 가족 수당**의 제정 ; 실적이 거의 없음

18) 1942년 **전시재해구호법**의 시행 ; 전시재해를 당하나 사람이나 가족에게 구료, 부조 및 급여금을 지급함.

19) 1944년 **조선 구호령**의 제정, 실시 ; 1929년 제정된 일본 구호법을 15년 후 한국인에게 실시한 공적 부조이다. 이 법은 공적부조의 명확화, 구호사업의 체계화 및 민간시설의 통제관리가 명시되었다.[1] 이 법은 1961년 생활보호법으로 대치되었다.

이와 같이 일제가 식민지 조선에 내한 사회정책은 주로 구빈정책이며, 비록 방빈정책(의료보험법 등)을 제정하였으나, 그것은 일본에서만 실시하였다. 심지어 공적 부조제도인 조선 구호령 까지 일본에서는 이미 이것을 1929년에 실시하였으나 그간 식민지 조선에서는 유보하여 오다가 제 2차 세계대진 전시인력 동원을 위하여 한국인 징병제도와 힘께 국가전시체제를 실시하였다.

그러면, 일제가 실시한 조선 구빈정책의 운영주체, 적용대상, 접근방법, 재원조달 등을 중심으로 자세히 고찰하여 본다.

1) 구빈정책의 기관

1894년 일제의 입김이 작용한 갑오개혁 이후에는 혜민원이 폐지되고 그 후 소극적인 구빈행정을 전개하였다. 1910년 한일합방 이후 조선총독부 내무부 지방국 지방과에서 구휼 및 자선에 관한 사업을 담당하다가, 1921년 내무국에 새로운 사회과가 신설되어 그 후 사회과가 사회정책에 관한 사업을 관장하여 왔다. 종래의 사회정책이 구빈적 성격이 대단히 강하였지만 일제는 식민지 통치의 필요성에서 소위 방빈적, 교화적 사회정책을 말년에 강

1) 일본의 구호법의 내용은 '일본의 사회복지제도'(김영모, 「사회복지학」, 고헌, 1991, 2006, 제 4장 3절)를 참고하기 바람.

구하였다.

제 1차 세계대전 이후 물가 앙등으로 말미암아 노동자 및 중산층 이하의 생활안정을 도모하기 위하여 직업소개, 인사담당, 공익시장, 공설주택, 노동숙박 등의 방빈사업을 실시하였다. 이것은 당시의 사회문제를 해결하는데 역부족이었으며 오히려 국민정신진흥운동, 자력갱생, 민력함양운동, 청소년 단체의 지도, 국민체육의 증진운동 등 교화사업이 발달하였다.

이러한 사업을 실시하기 위하여 조선총독부 사회과의 직원은 사무관(사회과장)이 1명, 겸임사무관이 1명, 총독부속이 8명, 총독부 기수가 1명, 동 촉탁이 12명, 동 고원이 21명 등 모두 44명이었다. 그리고 각 도에서는 사회정책을 지도, 통제하기 위하여 1924년에 내무부 지방과에 사회계를 설치하였고 경성부에는 1932년에 사회과를 신설하였다. 그 밖에 부(府)에는 내무과 또는 내무계에서 사무를 취급하였고 각 군·도는 서무계에서 이 사무를 취급하였다. 그러면 각 도 및 부에 있어서 그 조직과 사회사업 사무담임 직원 수를 보자.2)

<표 4> 각 도 사회사업 사무담임 직원수

	사회주사	도속	사회서기	촉탁	고원	활동사진 사무	합계
경기	(1)	1	1	1	1		5
충북		1	1	1	1	1	5
충남			(1)	1		1	3
전북		1	1	1	1	1	5
전남	1	1	1	1	1	1	6
경북	1	2	1		(1)	1	6
경남	(1)	1		1	1		4
황해		2	1	1	2		6
평남	(1)	2	1	1			5
평북		2	1	1	1	1	6
강원		1	1	1		1	4
함남	1	1	1		1	2	6
함북		1	1		2		4
합계	6	16	12	10	12	9	66

(비고) ( ) 는 결원임.

2) 「朝鮮年鑑」, 1934, p.373

일제 후기 사회과는 3개의 계가 있어서 그것이 관장하는 주요한 사회정책(사회사업)의 내용을 보면 다음과 같다.[3)]

① 서무계 : 인사, 문서, 물품, 예산, 노동보호, 직업소개, 실업구제, 소자대부(小資貸府), 기타 복리시설
② 보호계 : 진휼구호, 행려병사인 구호, 군사구호, 아동보호, 방면위원, 제생원, 감화원
③ 교화계 : 사상선도, 지방개량, 생활개선, 청소년단체, 청년훈련소, 사회교육, 체육, 향교재산, 경학원, 명륜학원, 도서관, 교화단체, 강습강연

이와 같은 사회과의 주요한 업무를 본다면, 1910년 조선총독부령에 의하여 사립 경성고아원사업을 계승한 제생원이 설립된 후 공설 일용품시장(1933년), 인사상담소(1922년), 경성부립도서관(1922년), 방면사업(1927년), 공익전당포(1929년) 등 방빈시설이 나타나고 있었으나 그것은 매우 느린 편이었다. 그리고 이러한 보호사업 보다도 오히려 사회교화사업이 더욱 빨리 발달하였다.

그러면, 이러한 사회과의 업무가 지방, 특히 경성부의 경우 어떠하였는가를 보기로 하자.

1937년 지나사변 이래 경성부의 급속한 팽창과 더불어 서민의 선린협조, 상부정신을 강화시키고 시민의 생활안정을 도모하기 위하여 시립인보관이 5개가 설립되 었고(서부, 용강, 성동, 영등포, 종로) 방면위원제도가 개혁되었다. 1941년 경성부 사회과의 경우 과거에 비하여 직원도 늘었고(과장 1명, 주사 2명, 부속 7명, 서기 10명, 촉탁 4명, 고원 10명, 부고원 18명 등 모두 52명) 또 사무도 다음과 같이 늘었다.[4)]

이러한 경성부 사회과의 업무는 내무국(학무국) 사회과의 업무 이외의 것이 추가되고, 특히 체육 및 노무에 관한 업무까지 관장하였다. 그리고 과거에 있었던 업무가 누락된 것을 볼 수 있다. 예컨대 궁민구조, 행려병인, 기아, 고아, 정신병자 감호, 직업소개소, 실업구제, 사회관, 공원, 관광 등이 제외 되었다.[5)]

---

3) 「朝鮮の社會事業」, 1933, pp.34~36
4) 「京城府 社會事業概況」, 1941, pp.2~3

<표 5> 각 부 사회사업 사무담임 직원 수

	부이사관	부속	부서기	촉탁	고원	합계
경성부	1		1	1	3	7
인천부		1				1
개성부			1			1
군산부				1		1
목포부		1			1	2
대구부		1			2	3
부산부			4		2	6
마산부		1				1
평양부		1				1
진남포부		1				1
신의주부		1	1			2
함흥부		2				2
원산부		2	2			
청진부		1			2	3
합계	1	11	11	2	10	35

조선총독부는 1940년에 노무과를 사회과로 부터 분리시켜 신설하였고 1941년에는 후생국을 설치하였다. 후생국의 설치는 일본에 있어서 사회사업의 개념을 국민후생의 개념으로 전화시킨 주요한 계기가 되었다. 즉 전시하의 사회사업 체제로서는 현재의 사회상황이 식민지 및 국민의 갈등을 초래하였기 때문에 전시에 동원할 수 있는 국민의 건강을 향상시키기 위한 것이라고 볼 수 있다.

(1) 사업계

① 기밀에 관한 사항
② 일반서무에 관한 사항
③ 물품의 출납 및 보관에 관한 사항
④ 예산의 편성과 경리에 관한 사항
⑤ 일반 사회사업단체에 관한 사항
⑥ 과내 타계에 속하지 않는 사항
⑦ 부민원에 관한 사항
⑧ 공익전당포에 관한 사항
⑨ 노동숙박소 및 세탁장에 관한 사항
⑩ 이재자 구조에 관한 사항
⑪ 구휼자선에 관한 사항
⑫ 토막정리에 관한 사항
⑬ 사회조사에 관한 사항

5) 「京城社會事業要覽」, 1927, pp.4~5

(2) 교화계

① 방면사업에 관한 사항
② 생업자금 대부에 관한 사항
③ 감화원에 관한 사항
④ 인보사업에 관한 사항
⑤ 부민관에 관한 사항
⑥ 교화단체에 관한 사항
⑦ 사원, 종교, 향사(享祀)에 관한 사항
⑧ 고적 및 명승에 관한 사항
⑨ 기타 사회교화에 관한 사항

(3) 체육계

① 운동장에 관한 사항
② 체육장려에 관한 사항
③ 체육단체에 관한 사항
④ 훈련원회장에 관한 사항
⑤ 기타 체육에 관한 사항

(4) 노무계

① 노무조정에 관한 사항
② 개척민에 관한 사항
③ 국민직업능력 신고에 관한 사항
④ 국민 징용에 관한 사항
⑤ 취업시간 제한에 관한 사항
⑥ 기능자 양성에 관한 사항
⑦ 종업자 이동방지에 관한 사항
⑧ 청소년 고입제한에 관한 사항
⑨ 지대가입경제에 관한 사항.
⑩ 주택의 공급개선에 관한 사항
⑪ 부영주택에 관한 사항
⑫ 임금통제에 관한 사항
⑬ 사변의 영향으로 인한 실업자 구제에 관한 사항
⑭ 노무동원 계획에 관한 사항

2) 사회정책의 대상

일제시대에 있어서 사회정책의 주요한 대상은 임금노동자라기 보다도 오히려 빈민과 이재민이라고 볼 수 있다. 임금노동자의 노동조건이나 생활상태가 대단히 나빴지만 호구지책이 어려운 부랑자와 빈민 및 이재민이 대단히 많아서 이들을 위한 긴급보호가 요구되었다. 이러한 요보호자들이 엄청나게 많았지만 일제는 이들을 보호할 수 있는 능력이 부족하였고 또 무관심하였던 것이다. 일제시대의 요보호자가 얼마나 되는가를 정확히 말하기는 어려우나 당시에 총독부의 조사자료 또는 신문지상에 나타난 것을 보면 짐작할 수 있다.

먼저 일제시대 직업인구의 거의 대부분을 차지한 농민들의 토지소유관계를 보면, 불과 4% 미만의 지주와 약 80%의 소작농으로 구성되어 있고 자작농은 말기에 이르러 18%에 미달하고 있다. 1910년대 토지조사사업이 종료될 때 지주와 소작농의 비율이 급격히 증가하고 자작농이 감소하였다. 그후 해가 갈수록 지주의 수와 비율이 증대하고 자작농이 감소하였으며 소작농이 계속 증가하였다. 이것을 보면, 지주부농과 소작빈농으로 농민층의 양극분해가 일어나고 있음을 알 수 있다. 즉 1914년 1.8%의 지주가 1944년에 2.2%로 증대되어 가는 다수 소작농의 양극화 현상이 일어나고 있는, 반면에 자작 및 자작 겸 소작농이 몰락되어 가고 있었다.

한편, 전체 농가의 약 2%의 화전민(6만명)과 약 4%의 피용자(머슴 등 13만명)가 있었는데 이들의 생활조건은 소작농에 비하여 더욱 비참하였다.[6] 일제시 가장 많은 비율을 차지하였던 소작농가의 수입은 약 90%가 영농소득이고 이들은 주로 쌀을 팔아서 값싼 작곡을 주식으로 사용하였다. 소작농가는 음력 9월 부터 다음해 4월 까지 수확한 쌀을 중심으로 그 외 조, 수수, 기장, 콩, 팥의 잡곡을 주식으로 사용하며 5월 부터 8월 까지는 대맥을 중심으로 상식을 하였다. 그러나 음력 1~4월은 식량이 떨어지는 춘궁기이다. 춘궁을 경험한 소작농가는 1930년에 837,511호(총 소작농호의 68.1%)로서 소작농의 2.3을 차지하였다. 특히 남선지역은 춘궁 농가호수의 비율이 상당히 높아서 충북은 76.3%, 충남이 89.6%, 전북이 71.5%, 전남이 81.2%, 경북이 57.8%, 경남이 63.2%였다.[7]

그리고 일제시대의 농촌은 주민의 43%에 달하는 120만호가 춘궁민이라서 초근목피로 연명을 하고 심지어 백토를 먹는 경지에 처하였다고 한다. 사실상 일인이 조사한 자료를 보더라도, 도시민의 9할 이상이 빈자인데, 이들은 대부분 궁민(窮民)이며, 또한 영세민들이다. 농촌이라 할 수 있는 대동군(大同郡)의 경우도 부자가 1.52%이고 빈자가 98.48%라는 것으로 보아, 농촌주민의 생활상태를 짐작할 수 있다.[8]

---

6) 김영모, 「한국사회계층연구」, 일조각, 1982, p.259
7) 朝鮮總督府「小作ニ關スル 參考事項摘要」, p.24, 69

일반적으로 도시에 궁민의 비율이 많고 농촌에 세민의 비율이 많은데 이것은 전자가 대부분 이촌농민, 즉 부랑실업자이고, 후자는 소작인을 의미하는 것 같다. 그러나 소작농민도 후술할 고율 소작료를 생각한다면, 그리고 사회적 상승이동이 가능한 교육기회가 그들에게 주어지지 못하다는 것을 보아도 도시의 궁민에 못지 않는 참상임을 재언할 필요가 없을 것이다. 그러므로 전 농민의 43%가 되는 춘궁민은 거의가 이들일 것이라고 생각한다. 그리고 도시 뿐만 아니라 농촌의 빈자와 소작농은 이미 분석한 바와 같이 대부분 일인이 아니고 한인이라는 점에서 피지배민족의 생활수준이 비참하다는 것을 알 수 있다. 일제시 농촌의 참상이 어떠하였는가는 1930년대에 행한 궁민에 대한 실태조사에서 잘 알 수 있다.[9]

<표 6>을 보면, 궁민이 전국 농가의 48.3%가 되는데, 이것은 춘궁기를 당하여 먹을 식량이 결핍된 세농민을 말한다. 궁민은 농업지대인 남한지역에 많고(55.5%), 또한 소작농이 많아 전국 농가의 68.1%를 차지하고, 자소작농가 37.5%, 그리고 자작농도 18.4%가 이에 해당한다. 이러한 농민의 생활상태는 일제의 약탈적인 식민지 강제수탈정책과 고율의 소작료와 고리대에 의하여 가일층 궁민화 되기 마련이다.

<표 6> 한국의 빈민수

종류 / 연도	걸인	궁민	세민	합계
1926년	10,000	296,000	1,860,000	2,166,000
1930년	-	768,000	3,446,000	4,252,000
1931년	163,000	1,048,000	4,203,000	5,414,000

(자료) 李如星, 金世鎔, 「數學朝鮮硏究」(Ⅰ)

<표 6>에서 볼 수 있는 바와 같이, 해가 갈수록 걸인, 궁민, 세민이 급격히 증가하고, 불과 5년 동안에 걸인은 16.3배, 궁민은 3.5배, 그리고 세민은

8) 조선총독부 조사자료, 「생활실태조사」, 수원부, 제주도, 평양부, 대동군, 경주군, 김영모, 전게서, p.283
9) 김영모, 전게서, p.285

2.3배로 증가하고 있다. 물론 빈곤조사의 기준에 따라 양적 증가의 차이를 보여주겠으나, 조선총독부의 조사임에도 불구하고 이것은 대단히 높은 비율이다. 이러한 빈자의 수는 전체 인구의 25.7%나 되고, 걸인만 하더라도 전체 인구의 0.8%나 된다. 이 걸인은 천애에 의탁할 곳이 없이 유리걸식 하는 전업 걸인을 말하는 것이고, 총독 재등실(齋藤實)의 특산물이었던 '집 가진 걸인' 또는 '계절적 걸인'을 의미하는 것이 아니다.10)

이러한 상태에 놓인 농민은 국내 유민으로 전락했을 뿐만 아니라 국외로도 떠났다. 만주와 시베리아 지방으로 떠난 한인만 하여도 1927년 경에 150만명이나 되었고, 일본으로 도항한 한인 노동자만 해도 1917년에 144,012명이던 것이 점차 해마다 증가하여 1930년 까지 모두 1,134,852명이 되었으며, 1945년 8월의 재일 거주인구는 210만여 명에 달하였다. 이 중에서 대부분은 일제 말기의 강제징용에 의해서 동원된 사람들이다.

이와 같이 몰락한 농민은 정든 고향과 혈족자들과 헤어져 산지사방으로 흩어지게 되었던 것이다. 이러한 유민 가운데서 해외유학민은 그 지역의 하층민을 형성하였다. 일본에의 도항자는 대부분 생산 노동층으로, 1920년대에는 20~44세의 남자 연령층이 남자 총인구의 78%를 차지하였고 1930년대에는 67%를 차지하고 있었다. 일본에의 도항자는 대부분 노동자이고(74.2%), 나머지는 기타(22.1%) 및 부녀자와 학생(3.7%)이었다.11)

한편, 일제시 도시민은 농촌 궁핍으로 인한 이촌농민이 그 대부분을 차지하였다. 1920년 전체 인구의 3.4%가 도시에 거주하였고 1940년에는 14.0%가 도시에 거주하였다. 당시에는 인구의 도시집중에 비해 공업화의 비율이 떨어졌기 때문에 이촌농민의 대부분은 도시의 부랑자 및 실업자가 되었던 것이다. 당시 도시 인구의 85% 이상이 농업에 종사하였다.

조선총독부 조사자료에 의하면, 1920년대 대도시인의 생활수준은 지역에 따라 차이가 있으나 2% 미만의 부자와 9할 이상의 빈민으로 구성되어 있었다고 한다.12) 빈민의 경우 세민이 가장 많고 나머지는 궁민 및 걸인이었다.

---

10) 문정창,「군국일본조선강점 36년사」, 백문당, 1966, p.437
11) 김윤환,「한국의 노동문제 연구」, 고대 아세아문제연구소, 1967, p.60

당시 경성에서도 빈민이 많아 1일 1식하는 극빈자의 호수가 17,000호로 전체 부민호수의 35.2%가 되었다고 한다. 이 밖에도 몰락한 농민들이 도시에 모여 시중은 걸인의 사태요, 각 철도 정거장은 유랑군으로 차 있었다고 한다.[13)]

일제시대에 있어서 노동자수는 1944년경에 약 2백만명으로 추계되고 있다. 이 중에서 공장노동자는 전체의 27.9%로서 가장 많고 그 다음은 토목선설 노동자(20.6%), 광산노동자(16.3%), 수산업 노동자(10.6%), 임업 노동자(9.7%), 운수업 노동자(9.4%), 농업노동자(6.1%) 등이었다. 이러한 노동자수는 일제 초기에 비하여 해마다 증가되어 왔고 특히 일제 말기에 급속히 증가되었다.

이러한 노동자 중에 약간의 일본인(1.3%)과 기타 외국인(2.0%)을 제외하면 모두 한국인이다. 한국인의 노동조건은 일본인에 비하여 매우 심한 차별대우(약 2배의 임금차이)가 있었고 또 유년공과 부녀공의 경우는 남자들에비하여 심한 차별 대우를 받았다. 그리하여 노동쟁의가 해마다 심화되었다. 1921~1924년의 경우 693건으로 증가되었다. 동맹파업의 주요한 원인은 임금인상이 전체의 57.2%이고 나머지는 임금 인하, 대우 개선 등이었다. 이러한 동맹파업의 결과는 40.3%가 실패하였고 나머지는 타협(33.8%)이 강요되었다.[14)] 열악한 노동조건하에서 노동자는 일제의 폭압통치에 의하여 노동쟁의를 제대로 성공시키기 어려웠다. 일제는 노동쟁의를 사회정책으로 대처하려는 생각은 별로 없었고 폭압통치에 의하여 노동력을 착취하는데 관심을 두었던 것이다.

이러한 노동조건하에서도 도시에는 대량의 부랑실업자가 있었고 영세한 이농민이 증가되었기 때문에 노동시장은 식민지 착취를 위하여 더욱 풍부하게 만들어졌던 것이다.

---

12) 文定昌,「軍國日本朝鮮强占36年史」, 栢文堂, 1966, p.425
13) 金潤煥,「韓國의 勞動問題硏究」, 고대 아세아문제연구소, 1967, p.40
14) 愼英弘,「近代朝鮮社會事業史硏究」, 목음서적, 1984, p.14
이 제도는 처음에 '우호방문'(太良), 독일 Elberferd의 구빈위원제도(愼英弘), 또는 제세고 문제 등의 견해가 있다.

한편, 당시에는 수재와 한재 및 화재를 대비하기 위한 시설도 제대로 갖추지 못하여 이로 인한 이재민들이 해마다 많이 발생하였다. 심한 때는 30만호 이상의 이재민이 발생하였다.

이러한 것을 보면, 일제시대에 있어서 도시와 농촌을 막론하고 빈민, 빈곤의 문제가 가장 큰 사회문제였고, 이들의 의·식·주에 관한 욕구를 해결하는 것이 당시의 기본적인 사회정책이 되어야 할 것이었다.

3) 구빈정책의 방법

일제시대에 있어서 주요한 사회문제는 도시민의 9할 이상, 그리고 농민의 4할 이상이 빈민이고 식민지 공업화에 의한 열악한 상태에 있는 노동자를 위한 보호정책이 시급한 상태였다. 이러한 빈곤과 노동조건은 저렴한 노동시장을 창출하기 위한 식민지 정책의 산물이라 할 수 있다. 그러나 이것을 개선하기 위한 노력은 거의 없었던 것이다. 그것은 일본에서 1874년에 제정된 휼구규칙(恤救規則)이 폐지되고 1929년에 최저생계비의 개념이 도입된 구호법을 제정하여 구빈행정을 지탱하여 왔지만, 식민지 한반도에는 군사목적을 수행하기 위하여 1944년에 조선구호령을 마련한 것에서도 알 수 있다. 그렇기 때문에 식민지 조선에 대한 사회정책은 하사금 및 은사금을 통하여 극소수의 빈민과 이재민 등을 보호하는데 그쳤던 것이다.

그러면, 일제 식민지 시대에 있어서 조선총독부가 행한 주요한 구빈정책을 주로 사회사업을 중심으로 고찰하여 보자.

(1) 방면위원제도

방면위원제도(方面委員制度)는 1917년 일본 강산현(岡山縣)에서 시작 되어 그 다음해 대판부에서 실시된 것으로, 그 후 이것이 전국적 수준으로 확대되었다. 이 제도는 동양의 인보상부 정신에 기초하여 생활상태를 밝혀, 생활의 개선, 향상의 자료를 얻고자 한 사회측량기관이었다.[15] 이것이 오늘날 민생위원제도의 기초가 된 것 같다. 우리나라에 있어서는 조선시대의 향약과

---

15) 일본에서는 미곡폭동으로 발전된 빈민의 불만을 예방하기 위하여 시작되었다.

유사하고 오늘날 생활보호법의 생활보호위원의 기능과 매우 유사하다고 볼 수 있다.

이러한 방면위원제도가 식민지 경성부에 도입된 것은 1919년 3·1운동으로 일제의 무단통치가 문화통치로 넘어가는 과정에서 나타난 현상이다. 종래 폭압에 의한 통치로 식민지 약탈을 하다가 이것이 민중봉기, 즉 독립운동의 계기가 된 것으로 생각하여 민생문제를 정확히 조사하여 그에 대한 대응의 필요성에서 도입된 것 같다.[16)]

경성부에 방면위원제도가 설립된 것은 1927년 12월이었다. 이 때 어의동공립보통학교와 매동공립보통학교에 동부 및 서부의 두 방면사무소를 설치하였다. 이 사무소의 방면위원 수는 동부가 7명이고 서부가 5명이었다. 그 후 사업이 더욱 필요하여 1931년 3월에 향상회관내에 북부방면사무소를 설립하였고 위원수는 동부가 14명, 북부가 12명, 용산에 11명의 위원을 위촉하였다.

또한, 취급사무가 급증하여 동부사무소를 동부인보관 내에 이전하고 북부사무소를 사직단공원 내에, 남부사무소를 직업소개소 내에 그리고 용산사무소를 부립병원 용산분원에 이전하였다. 위원수는 동부에 19명, 북부에 18명, 서부에 18명, 용산에 12명으로 증가하였고 이들이 취급한 카드세민인구는 약 3만명 이상이 되었다.[17)]

1937년 4월에는 경성부역이 확장되어 영세민지구가 급증하여 동부출장소 및 영등포출장소에 방면사무소를 설립하여 위원이 증원되었는데, 1941년 2월에 방면위원회 규정이 전면 개정되어 경서방면이 신설되었다. 그리하여 모두 8개의 방면에 250명의 위원이 위촉되어 방면사업을 강화하였다.

이러한 방면위원회의 지위와 직무를 규정한 것에 따르면 부(府)내 필요하다고 인정한 구역에 방면위원 약간 명을 두고(제 1조), 방면위원은 명예직으로 부윤의 촉탁이며(제 3조), 방면내 사무의 연락 및 통일을 도모하기 위하여 방면마다 상무위원 1명을 두고 이를 위원이 호선하게 되어 있다.(제 4조)

---

16) 「京城府社會事業要覽」, 1927, p.9
17) 愼英弘, 전게서, p.33

그리고 방면사무소에 전속 방면서기를 둘 수 있다. 이러한 방면위원의 직무(제 2조)는 ① 관계구역내의 일반생활상태를 조사하여 이것의 개선, 향상을 도모하고, ② 보호 또는 지도가 필요한 자에 대하여 그 사정을 정사하여 적절한 방법을 강구하며, ③ 사회적 시설에 도움이 될만한 각종의 조사를 행하고, ④ 그 밖에 특히 위촉된 사항의 조사를 실행한다고 규정되어 있다.

이러한 것을 보면, 방면위원의 개념은 빈민 상태를 상세히 조사하여 그 진상을 아는 것이 제 1단계의 일이고, 다음에 조사에서 빈곤의 원인을 판명한 후 개개인의 사정에 따라 적절한 선도, 교화, 구제의 방법을 강구하는 것이 제 2단계의 일이라고 하지만[18], 그들의 목적은 그것 뿐만 아니라 일반생활상태를 조사하여 효율적인 식민정책 특히 질서유지의 수행에 있었던 것이다.

그러면, 이러한 방면위원이 취급한 사업건수가 어느 정도 되는 가를 보기로 하자.

<표 7> 방면사업 실적

방면사업	1929	1930	1931	1932	1933	1938	1939	1940
보호구제에 관한 일	774	1,541	1,112	1,356	9,151	10,692	11,935	14,329
상담지도에 관한 일	16	2	5	224	4,779	14	14	216
직업 등 주선소개의 일	10	48	27	129	72	12	12	41
호적정리에 관한 일	5	3	6	8	3			24
보건구호에 관한 일	76	96	231	2,935	2,681	1,756	1,756	1,603
기타의 일	17	89	69	149	309	253	253	204

(자료) 경성부 사회과

<표 7>에서 볼 수 있는 바와 같이, 방면사업 실적이 매년 증가되었고, 특히 보호구제와 보건구호에 관한 사업이 가장 많았다. 이것을 보면, 경성부민을 위한 생활빈곤 구제가 그 핵심이었는데, 이것은 당시의 빈곤부민의 일부에 지나지 않는다는 것을 앞의 빈곤한 경성부민의 자료에서도 볼 수 있

18) 方面委員 처리세목 및 취급소속개요에 명시된 내용을 요약했다.「京城府社會事業要覽」, 1927,..13~16

다.

<표 7>에서 지적된 방면사업의 주요한 내용은 다음과 같다.[19]

(1) 보호구제의 경우

① 부랑아·불량아 또는 가정보호가 적절하지 못한 유소년 보호는 그 보호자를 도와 선도하고 가정보호가 어려워 방치하는 경우, 협의하여 감화원에 입원시킨다.

② 노고자로 자활의 능력이 없는 자는 사설 양로원 등에 수용보호를 의뢰하고 여의치 않으면 부와 협의 조치한다.

③ 피학대자의 보호는 그 보호자를 설득하고 그렇지 않는 경우 경찰의 보호를 받도록 한다.

④ 기아·미아·행려병인을 발견시 경찰에 인도한다.

⑤ 정신병자는 경찰에 의뢰 보호하고 부양자가 있는 경우 부양자에게 보호하도록 하며 없는 경우 부속병원에 위탁, 수용한다.

⑥ 이재자 보호는 공비구제 이외의 경우는 상부정신에 의하여 보호한다.

⑦ 석방자의 경우 석방후 친족, 근린 등에 의뢰하고 본인의 사상, 행동에 유의하고 경성구호해 직업소개소에 연락해서 개과 천선하도록 한다.

⑧ 나환자는 소독 및 대구 등 병원에 보내고 마약중독자의 경우 범죄 우려가 있으면 도경찰부에 수용치료를 의뢰하고 항상 지도, 간호한다.

⑨ 금품 급여는 구제 필요가 있을 경우에도 가능한 피한다.

(2) 상담지도의 경우

상담지도 방면사업 중 가장 취급하기 곤란한 사업으로 이 사업의 골자라 할 정도로 중요한 사항이기 때문에 원인은 항상 신중한 태도를 지니고 시의에 응하여 적당한 처리를 강구하고 그 지도를 요구한다.

(3) 주선 또는 소개의 경우

① 해당 기관과 연락하겨 부당한 집세로 고생하는 거주자에 대한 임대주택, 셋방 소개

② 직업소개소와 연락한 직업소개.

---

19) 「京城府社會事業要覽」, 1927, p.17

③ 생계여유가 없는 자에 대한 부업 알선

(4) 호적정리의 경우

호적은 사람의 신분을 공증하여 권리, 의무의 기초를 명확히 하며, 호수, 인구를 상세히 하는 등 개인과 국가에 극히 중요한 사항인 고로 제출 기간을 태만히 하지 않고 정리가 필요한 것은 방면사무소와 협의하여 철저를 기한다.

(5) 보건구호의 경우

① 시료 환자의 취급물 부립·부민병원 또는 경성제대부속병원·세브란스병원에서 적당히 처리하고 단 입원치료를 요구하는 경우 미리 전기 병원에 연락하여 처리한다.

② 방역취급은 구역내 법정전염환자가 발생한 경우에 부 및 경찰청에 연락하여 만전을 기하고 교통차단이 되는 경우 식량품과 음료수의 급여를 알선한다.

③ 종두의 이행.

이러한 방면사업이 요구되는 카드세민과 방면사무소의 위원이 몇 명인지를 1934년 3월 말의 경우를 보자.[20]

<표 8> 방면사무소의 현황

	위원수		카드세민	
	사무원	위원	호수	인구
동부방면	1	19	1,064	5,061
북부방면	1	28	1,599	7,398
서부방면	1	22	1,304	5,679
남부방면	1	17	719	2,894
용산방면	1	19	1,755	7,243

<표 8>에서 나타난 카드세민은 제 1종과 제 2종이 있다. 제 1종은 ① 빈궁, 질병, 기타의 사유에 의하여 공사의 구조를 받는 자와, ② 독신으로 자활할 수 없는자, 독신은 아니지만 부조자가 자활할 수 없는 자 및 질병, 기타의 사유로 자활이 곤란한 자이며, 제 2종은 ① 자활하지만 사고시에는 자

20) 「朝鮮社會事業」, 제 20권 제 11호, 1942, p.3

활이 곤란해질 가능성이 있는 자와, ② 가족원수, 직업상태 등에 따라 다르겠지만 월수입 30원 정도 내외의 이하인 자로 가계의 여유가 없는 자이다.

이러한 방면사업이 어느 정도 복지적 효과가 있었는지는 자료가 없어서 잘 몰라도 이러한 영세민의 분류는 우리나라 생활보호사업의 대상자의 분류기준에 참고가 되었다.

방면위원제도는 일본에서는 '방면위원령'이 있어서 적극적으로 확산될 수 있었지만 우리나라에서는 제도화 되지 못해서 주로 인천, 개성, 부산, 평양, 대구, 광주, 목포, 신의주, 함흥, 원산 등 11부청에서 실시되었고, 45개의 방면수와 469명의 방면위원이 있었으며, 1만 2천여 건의 실적이 있었다.[21]

이러한 방면위원제도는 일제 말기에 전시총동원체제로 들어가고 기존의 사회사업이 국민후생사업으로 전환하면서 방면위원의 변질이 초래되었다. 그것은 방면위원이 취급하는 사업이 대부분 군사원호 사업이있다는데서 잘 알 수 있다.[22]

방면위원의 새로운 목표는 생활곤궁자 또는 사회조직, 경제조직의 결함에서 나타난 사람들에 대하여 개인적 연민의 정으로 부터 행하는 것이 아니라, 전쟁수행이라는 입장에서 하나의 목표를 향하여 전진하는 것이었다. 구체적 활동목표로서 ① 사회사상, 국가상황의 변화에 따라 방면위워 활동 대상자의 근본적인 변화, ② 군인 유가족에 대한 보호 지도, ③ 산력증강정책에의 협력, ④ 인구 증강정책에의 협력, ⑤ 전시 국민생활의 구체적 지도 등이라고 제시하였다.[23]

일제는 제 2차 세계대전에 조선인의 적극적 참전을 유고하기 위하여 내선일치 등 민족동화정책을 실시하면서 식민지 조선에도 1932년 부터 일본에서 실시하던 구호법(1929년 제정)을 원용하여 1944년 3월에 '조선구호령'을 실시하였다.

---

21) 조선총독부 ,「朝鮮事情」, 1939, p.54
22) 岸田到, 最近に 於けゐ 方面事業 の 動向 と今後 方面委員 の 追むべ道,「朝鮮社會事業」, 제 21권 7호,1943, p.14
23) 「東亞日報」, 1932년 11월 30일자

이것은 일본의 구호법을 기초로 하여 모자보호법과 의료보호법을 부분적으로 보완한 것이다. 조선구호령의 적용대상은 ① 65세 이상의 노쇠자, ② 13세 이하의 유아, ③ 임산부, ④ 불구, 폐질, 질병, 상이, 기타 정신 또는 신체의 장애로 인하여 노동을 하기에 지장이 있는 자였다.(제 1조) 그리고 급여의 내용은 ① 생활 부조, ② 의료, ③ 조산, ④ 생업 부조, ⑤ 장제 부조로 한정되어 있었다.(제 10조) 또한 구호는 신청주의에 의하여 실시하고 자산조사를 하게 되어 있으며 거택보호를 원칙으로 하였다. 이것은 1961년 우리나라 생활보호사업의 주요한 특징으로 되었다. 그 밖에도 일제는 1944년에 퇴직금제도를 연금보험으로 고쳤다.

이와 같이 일제는 식민지 조선에 차별적인 사회복지정책을 실시하면서도 내선일치를 부르짖는 모순에 빠져 있었다.

(2) 궁민구조사업

일제시대에 궁민이 너무 많아서 이것을 제대로 보호한다는 것은 식민정책을 포기하는 수 밖에 없을 것이다. 이러한 궁민 또는 빈민을 보호 구제하기 위하여 방면위원제도가 실시되었지만 그것의 구빈적 효과는 불확실한 것이다. 그러나 심한 궁민의 생활상태를 방지하기 어려워서 조선총독부는 나름대로 궁민구조를 행하였다.

총독부는 궁민구조는 대정 4년, 소화 2년의 어대례(御大禮)를 맞아 자혜구제(慈惠救濟)를 위하여 하사금을 조선총독부에 주었다. 이 하사금을 총독부가 관리하여 매년 발생되는 이자수입을 재원으로 하여 은사진휼자료 궁민구조규정에 의하여 궁민을 구제하였다.

<표 9>를 보면, 은사금 이자로 궁민구조사업을 하기 때문에 은사금이 증액된 1927년 이후 궁민구제가 급격히 늘어났다가, 1941년 부터 구조 궁민은 감소되고 있다. 이러한 궁민은 주로 구조미대를 지급받고 궁민중에 사망시에는 장의의 실비를 제공 받았다. 실제로 연간 보조금이 1인당 10~20원에 불과하였다. 따라서 궁민의 빈곤한 생계에 약간의 보탬이 될 뿐이었다.

<표 9> 궁민구조

(단위 ; 엔)

	신구호자			폐정(廢停)			사망			연도말 현재인원			구호비
	계	남	여	계	남	여	계	남	여	계	남	여	
1916	776	440	336	231	145	86	22	14	8	535	287	248	854
1917	19	16	6	-	-	-	6	4	2	28	18	10	476
1918	15,961	9,521	6,440	14,453	8,699	5,754	21	15	6	1,521	818	703	5,769
1919	185	118	67	2	-	2	14	12	2	143	96	47	1,980
1920	5,128	2,658	2,470	3,993	2,069	1,924	3	3	-	1,177	619	558	13,349
1921	444	314	130	378	270	108	9	5	4	143	92	51	3,804
1922	2,569	1,676	893	1,373	739	634	56	35	21	1,277	982	295	7,786
1923	511	491	20	910	720	190	16	9	7	161	101	60	5,091
1924	49	32	17	7	5	2	12	8	4	168	104	64	5,755
1925	50	31	19	48	23	25	27	14	13	204	123	81	9,692
1926	151	108	43	34	27	7	47	33	14	274	172	102	9,594
1927	4,383	3,060	1,323	2,695	1,910	785	105	69	36	1,857	1,253	604	21,268
1928	3,425	2,498	927	3,256	2,386	870	122	80	42	625	364	261	25,587
1929	3,248	2,374	874	2,510	1,945	565	87	53	34	651	376	275	25,687
1930	398	205	193	13	5	8	112	68	44	932	513	419	27,012
1931	346	202	144	22	14	8	172	90	82	1,083	610	473	30,089
1932	1,406	910	496	1,163	791	372	179	102	77	1,144	624	520	37,087
1933	16,895	11,508	5,387	16,334	11,213	5,121	244	137	87	1,477	778	699	43,947
1934	26,588	15,268	11,320	24,804	14,361	10,443	234	135	99	1,550	772	778	51,937
1935	3,579	2,116	1,463	289	172	117	245	139	106	2,467	1,269	1,198	52,810
1936	2,486	1,476	1,007	1,211	771	440	281	168	113	1,499	1,255	1,244	55,389
1937	1,811	1,112	699	1,428	913	515	303	166	137	1,809	867	942	62,895
1938	3,561	1,948	1,613	2,939	1,591	1,348	275	149	126	1,088	1,015	1,073	65,422
1939	3,257	1,907	1,350	2,643	1,430	1,213	312	168	144	2,434	1,399	1,035	72,192
1940	4,127	2,447	1,680	1,892	1,344	548	313	202	111	1,918	908	1,010	83,628
1941	984	612	372	227	144	83	281	153	128	1,784	811	973	83,423
1942	1,140	739	401	1,128	816	312	301	143	158	1,949	917	1,032	83,901

(자료) 「조선총독부 통계연보」, 각 연도

이러한 궁민구제의 대상은 노유, 불구, 폐질 또는 60세 이상의 노쇠자가 생업을 영위할 수 없고, 또 의지할 수 있는 친척, 친구가 없는 독신자이거나 가족이 있더라도 노유, 폐질 질병, 불구자 또는 실종, 도망, 재감 등 이유로 급여를 받을 능력이 없는 경우에 구조를 받을 수 있다. 구조의 방법은 식량 급여에 한하고 구조의 결정은 부윤, 군수, 도사의 신청에 의하여 각 도시자가 허가하였다.

<표 10> 구휼 어하사금

(단위 : 엔)

	총액	경기	충북	충남	전북	전남	경북	경남	황해도	평남	평북	강원도	함남	함북
1911	13,200	64	275	1,276	1,150	421	164	1,494	5,483	1,467	536	580	290	-
1912	2,700	492	366	891	617	-	116	95	-	-	45	78	-	-
1913	9,800	-	-	-	-	-	-	-	464	441	295	-	6,609	1,991
1914	7,600	405	-	-	-	-	1,174	696	-	1,562	1,884	199	-	1,680
1915	5,700	110	75	263	1,540	241	998	1,573	-	-	-	900	-	-
1916	2,200	95	141	145	803	31	121	790	44	-	-	30	-	–
1918	1,500	-	-	-	-	-	1,310	190	-	-	-	-	-	-
1920	21,600	2,780	200	110	3,150	330	2,90	5,230	1,880	810	-	160	3,200	860
1922	10,300	2,337	1,000	40	-	140	600	550	4,433	468	-	416	316	-
1923	22,300	200	-	600	-	-	1,300	-	2,050	8,000	8,850	100	200	-
1924	2,000	650	-	-	-	-	-	-	1,200	-	-	150	-	-
1925	50,000	23,300	1,500	1,300	1,100	100	3,850	14,550	500	-	-	3,800	-	-
1926	3,000	-	-	-	-	-	-	-	-	-	3,000	-	-	-
1928	15,000	-	-	-	-	-	-	-	-	-	-	-	13,650	1,350
1930	36,000	1,366	735	1,366	3,990	195	4,257	2,723	-	-	-	12,405	2,820	143
1931	15,000	1,093	179	1,465	2,319	7,938	54	434	605	15	136	62	434	266
1932	800	-	-	-	-	800	-	-	-	-	-	-	-	-
1933	36,000	314	149	131	896	7,177	5,659	19,886	47	-	13	928	633	167
1934	47,000	-	219	3,288	2,330	4,881	10,694	23,612	1,738	-	262	-	-	-
1935	10,000	483	-	-	-	-	-	-	156	-	8,797	564	-	-
1936	120,000	2,003	4,698	1,966	8,004	19,618	18,032	45,051	137	-	40	20,209	17	244
1937	22,000	-	3	90	646	7,000	39	3,761	-	-	10,070	329	-	62
1938	30,000	-	-	-	-	-	-	-	-	819	229	-	22,500	6,425
1939	100,000	10,703	8,589	13,249	15,063	15,943	23,788	12,665	-	-	-	-	-	-
1940	-	-	-	-	-	-	-	-	-	-	-	-	-	-
1941	5,000	-	183	922	1,212	442	1,465	212	486	-	-	13	65	-
1942	5,000	265	5	178	2,033	-	-	-	395	1,160	499	-	375	93

(자료)「조선총독부 통계연보」, 각 연도

한편, 일제시 궁민 구제사업이라는 간판아래 전국적으로 시행중인 사방공사나 토목공사에 있어서 한인과 일인간의 노임 차이가 약 4배가 되었다고 한다.24)

그러면, 주로 궁민구조에 사용된 구휼하사금이 1911년 이래 1942년 까지 각 지방별로 어느 정도 배분되었는 지를 보기로 하자.

<표 10>을 보면, 연도에 따라 차이가 있지만 주로 경기와 남선지방에 많

24) 「京城府 社會事業要覽」, 1927, p.24

이 배분되었음을 알 수 있다.

(3) 행려병인 구호

행려병자는 사건발생지의 부윤, 읍면장이 담당하여 취급하였다. 이에 필요한 비용은 부양의무자로 하여금 변상케 하지만, 그것이 불가능한 경우에 한해서 도비 또는 국고에서 지급하도록 되어 있었다.

원래 조선에 있어서 행려병자는 지방부락민 또는 독지가가 구호하는 미풍이 있었다. 그러나 도시에는 이러한 미풍을 발견하기 우려웠다. 그리하여 임시 은사금 분배잔액 및 그 예금이자를 기금으로 하여 1915년 4월에 행려병인 구호자금을 설정하였다. 이 자금에서 생기는 이자수입을 설비비 및 유지비에 보조하였는데, 경성부에서는 경성불교자체원 행려병인구호부를 선정하여 행려병인을 구호하고 있었다.25)

<표 11> 행려병자 및 행려병 사망자 구호

	신구호자		전치		사망		연말 현재		행려사망자	
	남	녀	남	녀	남	녀	남	녀	남	녀
1912	312	51	116	19	144	20	11	1	878	107
1913	477	101	189	51	188	28	34	7	1,788	265
1914	653	107	302	46	209	32	33	16	1,900	350
1915	535	113	156	36	210	45	38	17	1,441	299
1916	487	98	137	22	230	44	49	22	1,551	248
1917	517	127	190	41	224	62	57	19	2,362	565
1918	613	115	252	44	294	51	31	16	3,346	601
1919	536	106	169	24	228	50	51	10	1,986	419
1920	386	92	94	20	232	49	33	14	1,775	372
1921	464	78	150	18	218	34	46	15	1,428	242
1922	566	115	142	36	306	54	65	23	1,798	327
1923	593	134	168	40	310	59	60	33	1,941	363

(자료)「조선총독부 통계연보」, 각 연도

그러면, 1912년부터 1942년 까지의 행려병자의 발생과 사망자의 현황을 보기로 하자.

---

25) 「京城府 社會事業要覽」, 1927, p.5, 25, 194

<표 12> 행려병인과 행려사망인 구호

	행려병인								행려사망인	
	신구호		전치		사망		연말현재			
	남	녀	남	녀	남	녀	남	녀	남	녀
1924	862	189	254	66	367	64	81	42	2,350	397
1925	1.055	229	356	80	429	112	80	33	2,805	636
1926	1.039	254	272	63	464	111	97	64	2,970	639
1927	1.177	330	306	83	500	134	108	77	3,501	774
1928	1,045	276	304	84	407	110	106	69	3,101	787
1929	1,286	435	317	89	461	159	205	97	2,883	666
1930	1,407	428	344	115	462	129	139	104	3,681	774
1931	1,331	449	385	112	486	164	151	136	3,674	762
1932	1,582	618	434	166	536	181	198	175	4,568	1,020
1933	1,575	474	422	148	543	205	432	276	3,944	807
1934	1,543	476	486	111	550	182	511	347	3,833	758
1935	1,717	628	521	135	555	225	582	456	4,124	851
1936	1,688	610	523	146	628	208	694	504	4,354	1,093
1936	1,474	655	528	170	561	212	597	557	3,845	948
1937	1,480	504	418	138	608	217	676	592	3,380	744
1938	1,769	567	530	186	680	186	758	647	4,093	662
1940	2,066	646	615	168	642	251	1,047	704	3,863	622
1941	1,423	457	397	96	510	246	906	571	2,708	514
1942	2,177	632	686	146	658	221	1,306	776	3,271	612

(자료) 조선총독부 통계연보

<표 11>을 보면, 행려병자는 해마다 많이 발생되고 일제 후기에는 해마다 약 2천여명 이상이 발생되고 있다. 1942년의 경우 2,809명이 새로 발생되었는데, 그 중에서 832명이 완치되고 879명이 구호중 사망하였으며 현재 2,082명이 구호중이다. 그 밖에도 행려 사망인이 3,883명인 것을 보면, 행려병인에 대한 구호가 제대로 실시되지 못하였기 때문에 이 같이 사망자가 많이 발생되었던 것 같다. 그것은 행려병인에 대한 구호비가 매우 영세하다는 것에서도 알 수 있다. 예컨대 1921년에 보통 행려병인의 구호비가 연간 1인당 30엔이고 행려사망인의 매장비는 7, 6엔이며, 정신병자의구호비는 429엔, 기 · 미아의 경우는 89엔이다. 그리고 1940년에 보통 행려병인의 경우 16.9엔이고 정신병자의 경우 354엔이며 기아, 미아, 고아의 경우는 72.3원, 그리고 행려사망인의 매장비는 12.9엔이다.[26] 이것은 매우 영세한 구호액이다.

(4) 이재구조

우리나라에 있어서 이재구조는 매년 실시되었다. 조선시대에 있어서도 천후가 불순하여 수해, 냉해, 풍해, 상해, 무해, 한해 등이 있었고 또 화재와 같은 재해가 많이 발생하여 이로 인해 발생된 재민구호는 연례행사가 되었다.

<표 13> 이재자 구휼 사업

	구휼				구휼 금액 (엔)						
	횟수	호수	실원	연인원	합계	국비	지방비	임시 은사금	은사이 재구조 기본금	어하 사금	의연금
1915	72	8,787	15,908	54,684	20,861	-	2,573	5,618	5,070	7,600	-
1916	38	42,245	52,391	78,189	39,053	-	3,460	15,643	14,250	5,700	-
1917	30	4,159	6,472	25,279	6,990	-	2,592	2,198	-	2,200	-
1918	42	3,898	6,863	23,475	6,225	-	2,492	3,289	444	-	-
1919	104	16,261	55,231	391,523	80,722	9,753	12,612	46,062	769	11,526	-
1920	145	30,282	63,074	494,997	138,519	-	70,852	42,504	1,062	21,101	-
1921	28	1,712	4,791	14,419	7,582	-	6,906	411	-	-	-
1922	204	14,560	39,631	242,055	125,197	-	10,506	102,794	1,372	10,525	-
1923	151	30,555	82,056	514,892	251,877	-	138,345	33,808	58,425	21,399	-
1924	127	82,549	239,827	1,348,358	287,794	-	175,403	98,158	12,394	1,839	-
1925	162	107,104	250,286	3,894,094	683,337	-	608,759	17,802	3,105	52,671	-
1926	56	20,640	43,250	169,560	70,328	-	61,631	5,697	-	3,000	-
1927	43	6,466	17,607	40,330	11,848		7,855	1,966	2,027	-	-
1928	103	79,540	454,137	1,118,364	378,680	-	338,313	25,367	-	15,000	
1929	35	116,882	223,503	1,111,377	241,015	-	219,763	12,752	8,500	-	-
1930	27	29,729	91,758	438,936	280,097	95,745	50,188	71,675	32,489	30,000	-
1931	77	21,166	79,778	392,055	108,437	-	62,108	29,911	1,646	14,772	-
1932	44	77,953	225,363	2,476,548	258,218	-	219,084	17,523	20,648	963	-
1933	46	93,528	230,211	1,539,841	732,393	319,691	116,888	59,159	15,205	36,000	185,450
1934	44	161,294	615,946	10,661,813	1,522,257	706,009	312,149	34,551	7,036	47,024	406,488
1935	36	171,663	466,660	1,423,020	895,368	222,864	496,471	22,780	6,089	10,000	137,164
1936	54	220,049	597,303	2,349,423	1,999,944	247,793	1,158,797	21,012	36,882	120,019	415,441
1937	18	28,310	111,186	377,102	243,779	11,703	177,205	1,314	763	21,912	30,882
1938	28	34,481	144,717	641,424	594,436	1,120	415,270	80	2,239	28,586	147,141
1939	50	107,051	225,772	4,392,618	2,396,275	1,714,065	273,553	-	480	-	408,177
1940	19	88,099	164,078	2,735,548	552,209	158,416	88,201	-	3,054	-	302,538
1941	15	12,213	42,380	124,587	104,570	34	15,472	-	-	5,000	84,064
1942	39	312,512	751,885	66,112,061	9,089,115	5,838,901	2,532,873	-	6,128	5,000	706,213

(자료)「조선총독부 통계연보」, 각 연도

26) 「京城府社會事業要覽」, p.51

조선시대의 이재민 구호도 다액의 내탕금과 하사금에 의존하였는데, 일제 강점기에도 1910년 이해 1930년 9월 까지 하사금이 총 40회 47만 7천 7백 엔이었다.

이재민을 구호하기 위한 기금은 주로 ① 임시은사금, ② 은사이재구조기금, ③ 국고 및 도비에 의존하였다. 그 밖에 피해가 심한 경우 조선사회사업협회와 같은 기관에서 조선내 뿐만 아니라 일본, 대만, 만주 등에서 의연금을 모집하여 구제에 협력하였다.

<표 13>을 보면, 이재민이 해마다 증가되고 구휼금액도 많이 지급되고 있다. 그러나 이재민에 비하여 지급된 이재민은 많은 편이 아니다. 예컨대 1942년의 경우를 보면, 이재민이 75만 1천 885명인데 이재금이 약 9백만엔이 되어 1인당 12엔이 지급되었다. 이것은 매우 영세한 이재구호금이다.

이재민을 발생시킨 주요한 피해는 해마다 차이가 있으나 가장 큰 원인은 수해라고 볼 수 있다. 그러나 1942년의 경우 풍수해로 인한 이재민 보다도 한해로 인한 이재민이 더 많이 발생하였고 나머지는 화재 등이었다.

(5) 직업알선사업

식민지 정책의 결과는 많은 농민을 이촌시켜 도시의 부랑노동자로 만들었고, 반면에 공업화가 지체되어 이들을 흡수하지 못하여 많은 실업자와 토막민들이 발생하였다. 도시의 실업자는 그래도 부랑노동자가 많겠지만 농촌의 경우는 과잉 잠재실업자가 많았던 것이다.[27] 이들에게 취업의 기회를 주고, 또 전직의 기회를 마련하기 위한 직업소개사업이 약 15개의 공익 직업소개소를 중심으로 전개 되었다.

<표 14>를 보면, 일반직업소개는 구인자 보다도 구직자의 수가 더욱 많고 해마다 상당수가 취직하는 것으로 나타나 있다. 1930년대 취직율은 대개 40% 전후였다. 그러나 일용 노동자는 <표 15>와 같이 구인과 구직 및 취직이 동일한 수치(약 100%)를 보여 쉽게 직업알선이 이루어지고 있다. 이것은

---

27) 1932년 전국 실업조사결과에 의하면, 실업자 수는 16만 6천 549명으로, 이것은 전 조선인구의 0.8%에 해당된다. 이 수치는 매우 의문시 된다.

궁민 구제공사 등을 소개한 연고이기 때문에 높은 편이다. 그런데 일반 직업 소개의 경우 일본인도 상당히 있는데 반하여 일용노동 소개의 경우 전무한 편이다.

<표 14> 공익 직업소개 사업

(일반통계)

	구인수			구직자수			취직자수		
	총수	남	녀	총수	남	녀	총수	남	녀
1927	8,244	5,812	2,412	15,356	13,244	2,112	5,449	4,029	1,420
1928	10,026	5,792	4,234	17,091	12,683	4,408	5,100	3,243	1,857
1929	11,329	5,816	5,513	20,973	13,357	7,616	6,330	3,409	2,921
1930	16,326	8,702	7,624	28,816	20,808	8,008	9,293	5,085	4,208
1931	18,140	8,384	9,756	36,002	24,237	11,765	11,353	5,403	5,950
1932	22,129	10,003	12,126	43,103	26,940	16,163	14,085	6,066	8,019
1933	27,339	11,607	15,732	46,037	27,030	19,007	16,938	6,838	10,100
1934	33,505	14,050	19,455	47,754	27,441	20,313	19,341	8,210	11,131
1935	30,364	13,161	17,203	41,834	24,631	17,203	18,797	8,565	10,232
1936	33,130	15,664	17,466	44,771	27,948	16,823	19,170	9,507	9,663
1937	40,397	18,573	21,824	54,430	34,327	20,103	24,984	11,823	13,161
1938	45,301	21,332	23,969	48,407	30,430	17,977	27,014	13,749	13,265
1939	47,054	24,574	22,480	48,333	30,524	17,809	27,768	14,657	13,111
1940	53,702	32,399	21,303	52,141	36,438	15,703	27,658	16,871	10,787
1941	63,191	41,195	21,996	62,523	46,739	15,784	34,772	23,957	10,815
1942	79,119	59,336	19,783	88,417	72,305	16,112	54,375	42,557	11,818

(자료)「조선총독부 통계연보」, 각 연도

1934년 조선총독부 사회과가 조사한 18개 직업소개소에서 취급한 구인수에 대한 구직자의 비율은 37%에 불과하다. 이것을 남녀별로 보면 남자의 구직율이 23.3%이고 취직율은 25%인데, 여자의 구직율은 11.3%로서 그 취직율이 여자의 절반 밖에 되지 않는다. 그리고 취업자 중에서 가장 많은 것은 가내 사용인이고 그 다음은 상업과 농림업이며, 구직율이 제일 높은 것은 통신운수업과 농림업이다. 그리고 취업자 중에서 가장 많은 도는 경기도와 경상남도이고 제일 적은 곳은 강원도이다.[28)]

이러한 것을 보면, 직업알선의 내용이 대단히 부실하다는 것을 알 수 있다.

---

28) 「조선일보」, 1934년 9월 8일자.

<표 15> 공익사업소개 사업

(일용노동소개)

	구인 수			구직자 수			취직자 수		
	총수	남	녀	총수	남	녀	총수	남	녀
1927	6,080	5,620	460	8,012	7,621	391	4,362	3,989	373
1928	9,272	9,237	35	5,815	5,782	33	1,963	4,931	32
1929	13,768	13,742	26	13,180	13,153	27	11,587	11,561	26
1930	7,511	7,487	24	8,353	8,326	27	6,652	6,628	24
1931	49,553	48,796	757	53,901	53,143	758	49,376	48,619	757
1932	186,757	184,341	2,416	194,737	192,311	2,426	188,314	183,894	2,420
1933	325,447	320,585	4,862	328,478	323,616	4,862	324,166	319,304	4,862
1934	177,668	175,172	2,496	180,493	177,997	2,496	177,581	175,085	2,496
1935	22,096	21,434	662	23,040	22,378	662	21,689	21,027	662
1936	15,483	15,202	281	16,628	16,347	281	15,316	15,035	281
1937	21,433	19,672	1,761	22,142	20,361	1,781	20,660	18,899	1,761
1938	110,235	99,390	10,845	111,350	10,485	10,865	110,175	99,310	10,865
1939	145,316	128,861	46,455	146,664	130,209	16,455	145,316	128,861	16,455
1940	19,410	18,201	1,209	19,825	18,634	1,194	19,372	18,181	1,191
1941	12,961	12,137	824	11,792	11,228	564	11,792	11,288	564
1942	9,995	9,633	362	9,995	9,633	362	9,995	9,633	362

(자료)「조선총독부 통계연보」, 각 연도

경제적 보호사업은 주로 공설일용품시장과 공익전당포 및 생업자금 대부 등을 지적할 수 있다. 이 중에서 공익 전당포와 생업자금 대부의 현황이 어떠하였는 가를 보기로 하자.

공익 전당포와 대부자금은 <표 16>에서 볼 수 있는 바와 같이 해마다 증가되고 있다. 공익 전당포는 소액 소득자의 서민금융기관으로서 건축비의 5할과 경영비의 1/3을 국고에서 보조하였다. 공익전당포를 이용하는 사람은 <표 17>과 같이 노동자가 가장 많고, 그 다음이 농업자와 봉급생활자 및 소공업자이다.

이러한 것을 보면 공익 전당포의 기능이 소시민, 소생산인을 보호하는데 기여하고 있음을 알 수 있다. 왜냐하면 공익전당포의 대부이율이 월 1분 5리이고 4개월 동안 동산을 담보하여 1구에 20원 이내에서 1세대가 50원 이내를 대부할 수 있기 때문이다. 그리고 담보의 내용은 의류와 장신구가 가장 많고 심지어 가구와 유가증권(논 문서)까지도 저당하는 것을 보면 생활이 매우 어렵다는 것을 알 수 있다.

<표 16> 공익 전당포 사업

연도	개소	대부자 금액(엔)	대부		수려			유질		
			구수	금액(엔)	구수	원금(원)	이자(원)	구수	원금(원)	이자(원)
1929	4	80,000	4,453	16,767	1,060	3,704	62	-	-	-
1930	9	160,000	34,763	161,340	24,387	108,806	5,486	1,988	7,901	591
1931	11	190,000	57,403	282,215	49,396	249,214	14,186	4,393	20,644	1,659
1932	11	183,750	89,789	401,246	82,217	378,338	20,223	5,384	21,693	1,767
1933	15	212,250	104,641	486,091	95,490	444,111	24,760	6,177	25,991	2,278
1934	16	278,500	135,686	672,443	128,079	605,731	32,192	6,321	22,150	2,095
1935	16	278,500	151,680	776,982	143,529	719,168	39,300	8,102	28,442	2,343
1936	17	298,500	151,953	867,771	147,896	834,375	35,040	8,195	35,562	2,848
1937	17	298,500	149,645	962,168	147,423	925,215	49,671	7,752	35,008	2,710
1938	17	298,500	144,073	1,047,151	145,860	1,041,410	53,612	5,777	33,251	2,204
1939	21	343,500	134,241	1,041,878	133,201	999,891	52,008	4,724	30,905	2,060
1940	21	377,100	127,214	1,137,337	124,375	1,084,652	58,751	6,235	39,318	2,998
1941	24	422,100	123,209	1,238,929	119,228	1,157,381	63,184	7,237	59,811	4,449
1942	26	442,100	47,228	548,314	116,551	1,384,979	80,328	5,328	54,033	3,730

(자료)「조선총독부 통계연보」, 각 연도

<표 17> 공익전당포 이용자의 직업 및 저당율

	이 용 자 직 업(내부구수)								질 물 의 종 류(점수)					
	노동자	급료 생활자	소 공업자	소 상인	농업 자	어 업자	예창기 중거	기타	구수	유가 증권	가구	장신 구	의류	기타
1929	380	867	333	1,430	34	13	15	1,381	4,619	60	735	1,040	2,483	331
1930	3,423	6,426	2,275	11,194	369	131	410	10,535	34,997	12,990	15,171	4,775	631	1,143
1931	10,620	7,625	3,504	19,022	956	476	721	14,479	57,404	1,032	3,802	29,324	18,311	1,935
1932	14,642	15,410	4,776	29,941	1,637	536	1,085	21,762	89,756	1,452	13,032	34,609	36,331	4,332
1933	104,641	20,596	17,498	5,736	32,779	1,845	638	1,292	161,208	1,668	24,738	34,866	90,243	9,693
1933	145,761	38,430	21,758	7,058	40,527	1,944	664	1,734	452,815	2,430	82,141	47,006	289,950	31,288
1934	151,679	41,064	22,097	6,969	42,662	1,771	474	1,626	462,489	7,583	81,300	49,274	289,886	34,446
1935	151,963	39,144	22,578	7,435	43,798	2,162	398	2,221	433,969	2,422	87,681	56,698	255,285	31,883
1936	149,645	35,287	23,483	8,788	40,256	2,257	452	2,730	396,321	1,898	84,723	61,211	219,295	29,214
1937	144,073	30,701	25,518	7,715	41,744	2,271	444	2,118	362,982	2,325	82,630	63,251	191,250	23,524
1938	134,241	31,568	24,838	7,649	34,490	2,168	263	1,647	381,522	3,860	85,977	43,040	219,141	29,504
1940	127,214	23,707	28,247	6,862	28,658	4,247	253	1,737	321,089	7,577	56,375	23,667	205,929	27,541
1941	123,209	21,594	31,365	7,158	27,537	4,339	208	1,695	325,980	12,392	33,433	16,646	237,084	26,425
1942	117,474	21,958	30,245	8,920	23,497	3,679	152	1,245	326,761	13,718	18,254	12,550	259,927	22,312

(자료) 「조선총독부 통계연보」, 각 연도

그리고 소농 생업자금 대부사업은 영세민이 이용할 수 있는 저리의 금융사업이다. 생업자금 대부는 1933년 부터 시작하였는데 이것은 1개년도 예산범위 안에서 1세대 당 대부금 30원 이내를 연 4분 8리의 이율로 대부하여 10개월의 월부로 상환하는 제도이다. 대부를 받을 수 있는 자격 요건은 근면성실하고 생업에 자금을 사용할 수 있으며 방면위원이 심사한다.

<표 18> 소농 생업자금 대부사업

	대부자금 총액	사업실시 읍면수	조합 수	조합 원수	대부		조합원 저금		회수		미회수	
					인원	금액	인원	금액	원금	이자	원금	이자
1933	3,179,766	1,977	5,003	146,276	135,953	2,820,597	110,345	497,617,7	1,994,149	233,036	122,189	14,766
1934	3,408,096	1,983	5,401	155,684	145,313	3,078,402	135,642	05,392	2,062,731	259,826	145,611	16,662
1935	3,482,280	1,982	5,536	158,734	148,146	3,196,408	137,252	791,341	2,185,070	278,035	174,485	21,492
1936	3,500,868	1,979	5,682	159,763	150,065	3,271,170	136,646	825,001	2,176,132	280,463	195,717	23,249
1937	3,437,719	1,909	5,603	156,664	145,795	3,216,745	133,662	825,192	2,228,577	312,192	175,601	21,629
1938	3,372,518	1,877	5,575	153,110	142,743	3,162,292	132,994	929,086	2,167,972	285,961	155,194	19,641
1939	3,302,263	1,849	5,569	150,470	138,834	3,106,967	130,009	905,873	1,690,026	279,276	236,474	20,835
1940	3,223,669	1,846	5,524	145,807	134,174	3,003,791	127,460	939,024	1,886,458	281,908	151,354	15,984
1941	3,073,188	1,757	5,377	137,108	121,123	2,828,120	118,767	1,052,017	1,905,913	266,416	134,425	13,743
1942	2,888,995	1,686	4,991	115,023	104,532	2,701,176	102,731	1,075,859	1,486,943	233,841	125,650	11,378

(자료)「조선총독부 통계연보」, 각 연도

생업자금 대부는 <표 18>에서 볼 수 있는 바와 같이 약 2천여개 읍면에 3백여만원의 대부자금이 공급되고 있는데 조합원 1인당 평균 20원씩 생업자금이 대부되는 것을 부면, 그 실효성이 의문시 된다. 왜냐하면 미회수금이 연도별로 약 15만원 정도가 되는데 이것은 소농의 경제적 어려움이 크다는 것을 의미한다.

(6) 복지시설

일제시 복지시설로는 대도시 주민을 위한 공영 주택과 공익 시장, 노동자를 위한 공동 숙박소와 간이 식당, 그리고 공익 이발소, 공익 전당포 등이 있겠으나 구체적으로 어떠한 것이 있었는 가를 보기로 하자.

그리고 <표 19>과 <표 20>에서 볼 수 있는 바와 같이 일제 초기에는 이러한 구제소가 모두 60여개가 되었으나 해마다 증가되어 1942년에는 619개가 되었다. 일제 초기의 구제시설은 대부분 빈민, 고아, 출옥인, 행려병자를 보호하기 위한 시설이었고, 이것의 경영자는 일본인이 많았고 나머지는 외국인과 한인이 관리하였다.

<표 19> 구제소 사업

	출옥인 보호	맹아 교육	고아 또는 빈아 교양	빈민 구조	행려 병인 구호	빈민 시료	나환자 구료	아편 모르퍼중 독자	노동 자숙박	합계	경영자 국적				경비	
											일본인	조선인	외국인	합계	세입	세출
1915	20	1	6	9	1	18	2	3	1	61	34	6	21	61	118,988	106,715
1916	20	1	9	11	1	19	2	1	1	65	33	5	27	65	182,942	170,210
1917	20	1	9	10	3	20	3	-	-	66	35	5	26	66	241,632	199,965
1918	20	1	13	13	7	20	3	-	-	77	43	7	27	77	277,285	240,054
1919	20	1	15	13	6	20	3	-	-	78	40	14	24	78	346,666	308,961
1920	21	1	15	17	10	19	3	-	2	88	48	12	25	85	494,115	443,519
1921	24	2	16	12	11	15	3	-	3	86	52	13	21	86	607,405	557,972
1922	26	2	21	10	12	25	4	-	4	104	64	15	25	104	572,000	570,218
1923	26	2	20	10	13	25	4	-	5	105	67	14	24	105	697,759	697,759

(자료)「조선총독부 통계자료」, 각 연도

1909년 조선총독부 통계연보에 의하면, 조선인이 설립한 자선단체는 고아원(설립자, 兪世春), 기아수용소(崔瑗植), 자혜부인회(趙民熙 부인), 자선부인회(車天慶), 구읍고아원(張永化외 1명) 등이 있었고, 나머지는 미국인이 설립한 구제소(니콜즈외 1명), 아소자혜병원(市斯世)이 있었으며, 나머지 5개는 일본인이 설립하였다. 1910년에 유길준이 관리하는 고아원, 1912년에 이두황이 관리하는 전주보호회(면수보호) 등 조선인이 설립 또는 관리하는 자선단체 및 구제소가 있었으며 나머지는 영국인, 프랑스인, 일본인 등이 관리하였다.[29)]

이러한 것을 보면, 조선말기에 있어서 서양인 신부 또는 수녀들의 설립한 고아원과 행려병인 수용시설 등이 있었으나 1910년 조선총독부령에 의하여 시립경성고아원을 계승한 제생원이 설립되면서[30)] 일본에 의한 시설보호

29) 兪吉濬은 1896년 「西見聞錄」에서 자기가 돌아본 유럽 등 사회복지시설에 대한 최초로 장문의 소개를 하고 있다.

30) 1942년 제생원의 직원은 모두 28명(일본인 17명, 조선인 11명)이고 수용된 생도는

사업이 발달되기 시작하였다. 제생원에서는 양육부와 맹아부가 있어서 아동 보육과 특수교육을 실시하였다.

<표 20> 사회사업 시설 보호

	총수	사회사업 조사연구	일반 구호사업	구료 사업	아동 보호 사업	경제적 보호 사업	실업 보호 사업	사회 교화 사업	석방자 보호 사업	군사 원호 사업
1924	212	4	25	48	31	78	-	-	26	-
1925	212	4	25	48	31	78	-	-	26	-
1926	210	4	25	48	29	78	-	-	26	-
1927	226	6	27	57	29	80	-	-	27	-
1928	226	6	27	56	30	82	-	-	25	-
1929	246	2	26	55	32	104	-	-	27	-
1930	257	2	27	55	32	114	-	-	27	-
1931	257	2	28	59	36	107	-	-	25	-
1932	360	5	36	64	43	99	19	67	27	-
1933	375	3	37	64	45	105	21	74	26	-
1934	287	4	46	30	51	95	24	10	27	-
1935	286	4	46	31	49	95	24	10	27	-
1936	393	3	70	45	81	141	20	8	25	-
1937	393	3	98	30	73	137	21	5	26	-
1938	498	4	103	66	90	144	20	6	26	39
1939	407	3	157	69	70	112	18	10	26	42
1940	581	4	73	37	73	242	-	25	25	102
1941	586	14	56	38	114	172	28	16	26	122
1942	619	19	80	38	133	114	-	157	36	42

(자료) 「조선총독부 통계연보」, 각 연도

일제 후기에 올수록 공익전당포, 공동숙박소 등의 경제적 보호시설과 행려병인, 석방자 보호, 양로사업, 빈아교육 등 일반 구호 시설이 많았으며 그 밖에도 육아 등 아동보호시설과 구료시설이 대부분이었다. 특히 일제 말기에는 사회사업의 개념이 국민후생사업으로 전환되면서 군사원호시설이 급증하고 있었다.

모두 481명(양육부의 259명과 맹아부 222명)이다.

4) 사회정책의 재원

일제시 사회정책의 가장 중요한 진휼구호를 위한 재원은 은사금과 하사금이고, 그 다음은 국비와 도비라고 말할 수 있다. 이미 앞에서 본 바와 같이 주요한 사업비의 주요한 재원이 은사금과 하사금을 기금으로 한 이자수입에서 마련되고 있었다.

이와 같이 사회사업기금은 모두 2백만엔이고 그 이자수입이 이재민, 행려병인 구호사업에 사용 되었다. 이러한 하사금으로 재원이 마련되고 있다는 것은 군주의 인정에 의하여 사회복지가 이루어진다는 봉건적인 온정주의 정신에 기초하고 있음을 알 수 있다.

한편, 사회정책의 주무부서인 학무국 사회과의 1932년과 1936년도 예산을 비교해 보면[31] <표 21>과 같다. 사회과의 연가나 총 예산은 44만엔 이상이 되고 여기에서 도비 까지 합치면 이것은 사회사업 기금의 이자수입 보다는 훨씬 많다고 볼 수 있다. 그러므로 사회정책의 재원은 결국 국고와 지방비에 많이 의존하고 있음을 알 수 있다. 또한 식민지 통치에서 의연금의 모금이 있을지라도 그것은 많지 않았다.

이와 같이 마련된 사회정책의 재원은 총독부의 총예산에 비하면 매우 적은 비중을 차지하였다.

<표 21> 사회사업 기금

(단위 : 엔)

기금 종류	1932	1936
1. 은사이제 구조기금	415,000	415,000
2. 행려병인 구호자금	317,757	321,487
3. 은사진휼자금	1,135,000	1,210,000
합 계	1,867,757	1,946,487

일제시의 사회정책은 이미 지적한 바와 같이 온정주의적 구빈행정의 특

31) 경성일보사, 「朝鮮年鑑」, 1934, pp.373~374;
「朝鮮社會事業要覽」, 1936, p.163

징이 강하다. 구빈행정이라 하더라고 소득, 보건, 교육, 주택과 같은 기본적인 욕구, 즉 민생문제를 해결하기 위한 근대적인 것이 되지 못하고, 이재민, 행려병인, 궁민들을 보호하기 위한 전통적인 진휼구호 사업이었다. 이러한 사업을 은사금과 하사금의 기금으로 운영케 하는, 군주의 인심혜정, 즉 온정주의적 성격이 매우 강하였다.

<표 22> 사회과 예산

(단위 : 엔)

사업	1932년	1936년
1. 경상비		
감화원비	32,042	43,603
제생원비	79,597	81,858
직업보도비	31,378	31,378
사회교화 시설비	28,279	33,385
도서관비	40,605	75,804
소 계	202,201	266,028
2. 임시비		
감화구제 및 지방개량사업 보조	51,479	43,605
직업소개사업 보조	6,460	13,452
공익전당포 보조	13,324	21,624
근농공제조합 보조	47,461	47,461
사회교화사업 보조	48,250	86,757
경학원 보조	9,052	9,025
사회교육시설 보조	22,123	23,373
교화사업 보조	40,375	81,247
은사구조비		10,521
소 계	238,497	337,055
3. 인건사무비 ; 제외		

이러한 사회사업, 사회정책은 일제 식민정책의 결과에서 비롯된, 수많은 빈민과 부랑민을 제대로 구호할 수 없을 정도로 정책과 예산이 대단히 부족하였으며 단순히 자선사업으로 생색을 내려는 것에 불과하였던 것이다.

일제는 이러한 자선적인 구빈행정을 체계화 시키기 위하여 일본에서 10여년전 시작된 방면위원제도를 1927년에 도입하였지만, 이것은 효율적 식민지 통치와 사회적 통합을 과학적으로 접근하기 위한 것이었지만 당시의 빈민을 비롯한 사회문제를 해결하는 데는 매우 미흡하였다. 그 후 일제가 도입한 경제적 보호정책이나 일제 말기에 사회사업의 개념을 국민후생의 개념으로 전환시킨 것도 일제의 전쟁 수행을 위한 국민총동원체제를 확립하기 위한 수단이었다.

한편, 일제는 사회정책에 있어서도 식민지와 본국간의 차별정책을 실시하였다. 근대적인 공적 부조제도인 조선구호령은 일제가 본국에서 10년전에 실시한 구호법을 도입하였다. 일제 말기에 퇴직금을 폐지하고 국민연금법을 제정하는 등 근대적인 사회정책 법령을 도입하면서 식민지 조선에는 이것을 채용하지 않고 소위 민족동화정책에 역행하는 차별정책을 실시하였던 것이다.

이와 같이 식민지 사회정책은 당시의 사회문제를 근본적으로 해결하려 하지 않고 오히려 식민통치의 필요성(노동시장)과 질서유지(사회통합)를 위한 구빈정책을 실시하는데 그치고 있었다. 이러한 구빈정책, 즉 사회사업도 일제 말기에는 전시체게 아래 요구되는 국민후생의 새로운 개념으로 전환되었다.

5. 결 론

일제는 식민지 약탈정책을 수행하였기 때문에 농촌에 있어서 봉건직 생산관계, 즉 소수의 지주부농(대부분 일민과 동척 등 토지회사)과 다수의 소작빈농(한인)의 계급 양극화가 심화 되었다. 그리하여 소작빈농은 이촌하여 부랑노동자 또는 광공업 노동자가 되거나 고율의 소작료에 시달리면서 궁핍한 생활을 영위한다. 이러한 사회문제를 해결하는 사회정책이 되어야 하나 일제는 오히려 저렴한 노동려을 공급받기 위하여 궁민들의 구빈사업에 급급하였다.

일제는 조선시대의 사회정책(구빈정책)인 구황제도와 혜휼제도를 효과적으로 운영하기 위한 창제가 있었으나, 이것을 폐기하였고, 또 한말부터 있었던 한인과 서양인에 의한 시설보호의 구빈사업도 조선총독부가 직영하는 제생원으로 통합시켰다.

이와 같이 빈민들을 위한 구호사업이 일제시 사회정책의 핵심이었다. 이러한 구빈정책(조선구호령)도 식민 모국에 비하여 10여년이 지난 후에 실시되었다. 1927년에 실시한 구빈사업인 방면위원제도는 효율적인 식민지 통치와 사회통합을 위한 것이었다. 또한, 일제는 1929년에 구호법을 제정하여 실시하였지만 1941년 식민지 조선에 도입하였다. 그 만큼 차별화한 구빈정책이었다.

이러한 구빈정책(사회사업)도 제 2차 세계대전시에는 국민총동원을 목적으로 전시체제에 요구되는 국민후생의 개념으로 전환되었다.

< 찾아 보기 >

<항 목>

(ㄱ)

(ㄴ)

<인명 색인>

< 저자 소개 >

서울대학교 사회학과 졸업(학사, 석사, 박사)
하버드 대학교 사회학과 수학(객원 교수)
서울대, 고려대, 연세대, 이화여대 및 동대학원 강사
중앙대학교 문과대학장, 사회개발대학원장, 부총장
한국사회학회장, 한국사회복지학회장
중앙대학교 명예교수

< 주요 저서 >

한국사회학(법문사, 1972)
조선지배층연구(일조각, 1977)
한국지배층연구(일조각, 1982)
한국사회계층연구(일조각, 1982)
현대사회계층론(한복연 출판부, 1982, 1999)
한국빈곤연구(한복연 출판부, 1991)
한국사회보장개혁론(중앙대 출판부, 1995)
한국중산층연구(중앙대 출판부, 1998)
한국권력지배층연구(고헌, 2009)

일제하 한인지배층 연구　　정가 18,000원

2009년 4월 5일 발행
2009년 4월 5일 1쇄

저　자 : **金 泳 謨**
발 행 처 : 高獻 출판부
서울특별시 동작구 흑석동 186-64
등록 2000년 1월 27일 제 17-316호
연락처 : TEL 824-3127·3132 FAX 824-3128

ISBN 978-89-90435-22-4-93330